我
们
一
起
解
决
问
题

企业财务风险预警与防范

袁国辉　著

人民邮电出版社

北　京

图书在版编目（CIP）数据

企业财务风险预警与防范 / 袁国辉著. -- 北京：
人民邮电出版社，2020.11
　ISBN 978-7-115-54958-7

　Ⅰ．①企… Ⅱ．①袁… Ⅲ．①企业管理－财务管理－
风险管理－研究 Ⅳ．①F275

中国版本图书馆CIP数据核字(2020)第185019号

内 容 提 要

　　企业各项经营活动均存在财务风险，这会给企业的发展带来不确定性。对此，企业应主动分析财务风险的主要特征及其发生的原因，并据此制定科学的风险预警机制与防范措施。

　　《企业财务风险预警与防范》是作者20年财务工作经验的总结。书中内容源于实践，基于实战，从会计实务、财务管理、税务管理、财务人员管理4个方面详细讲述了企业财务风险的规律性及其联系。全书内容聚焦实务、立足疑难，就财务常见问题给出了解决方案，能够帮助企业理顺财务关系，做好纳税筹划，降低投融资风险，找到减少坏账损失和提高偿债能力的有效途径，达到切实控制与防范财务风险的目的。

　　这是一本难得的财务会计工作指南，既适合财务管理人员和一线会计人员阅读使用，也可作为企业财务人员的培训用书。

　◆　　著　　袁国辉
　　　　责任编辑　付微微
　　　　责任印制　彭志环
　◆　人民邮电出版社出版发行　　北京市丰台区成寿寺路11号
　　　邮编　100164　　电子邮件　315@ptpress.com.cn
　　　网址　https://www.ptpress.com.cn
　　　涿州市京南印刷厂印刷
　◆　开本：787×1092　1/16
　　　印张：21.5　　　　　　　　　2020年11月第1版
　　　字数：360千字　　　　　　　2020年11月河北第1次印刷

定　价：95.00元

读者服务热线：（010）81055656　印装质量热线：（010）81055316
反盗版热线：（010）81055315
广告经营许可证：京东市监广登字20170147号

自序：徐行会计路

当年我参加华为新员工培训时，最后一个环节是辩论赛，正反两方就"爱一行，干一行"，还是"干一行，爱一行"展开唇枪舌剑的辩论。说实话，这不是个好辩题，因为两个观点的视角各异，并非截然对立。"爱一行，干一行"是择业观，"干一行，爱一行"是就业观，一个主动，一个被动。喜欢钻牛角尖的年轻人不理解个中差别，硬用这种辩证去谋求从业的答案，难免陷于缘木求鱼。我已忘记当年这场辩论赛的结果，但记得绝大多数同事举手表示认同正方观点，我也是如此。

能干爱干的事无疑是幸福的，很遗憾，迫于家境和现实，十七八岁的年轻人填报高考志愿选择未来的职业时未必能心随所愿，大多数人都会向世俗或父母的意愿妥协。1996 年高考时，我填报了会计专业，但学会计绝非我之本心。大学四年、研究生三年课堂上的"借"与"贷"相比高中的数理化无趣得多，却又容易得多，至今我都固执地认为会计专业并不需要接受如此漫长的高等教育，有高等教育基础的人士皆可自学成才。24 年前的选择已成为人生无法改变的事实，因此我只能勇敢地接受"干一行，爱一行"的职场定律了。

2003 年研究生毕业时，我曾肤浅地认为做会计难有作为，所以想进高校当老师。但当时研究生在北京留校实有难度，自己又不愿意去外地，此梦难圆。上天没给我太多时间做选择，4 月"非典"闹得人人自危，我没有太多的"勇气"去继续追寻所谓的理想工作，匆匆与一家上市公司签约后，不情愿地开启了自己的"借贷"人生。

我在读书时发表过十多篇论文，颇有几分自负，但单位没因我自视"甚高"就给予"重要"安排。我有过苦恼、抱怨，但理性让我老老实实地从费用岗位开始做起，做过成本会计、总账会计，再做合并报表、财务分析和预算。我领略过月底结转成本费用时的紧张，尝试过做财务分析时查找差异的痛楚，承受过做预算怎么也弄不平资产负债表的尴尬……几乎所有财务的岗位我都走过一遍，感受最深的是一年一度的预决算犹如炼狱，一月一次的结账意味着加班。

经历了会计实务，我不再高谈阔论、纸上谈兵，不再简单评判会计"管理活动论"与"信息系统论"。涉身其间，才真正发现会计的魅力难以言表。存货管理、应收管理、预算管理、盈余管理、财务分析、税收筹划、内控建设……每一个模块都值得玩味。做好会计工作需要不断学习，初期是学习专业知识，延展自己的专业深度；后期需要拓宽基础，开阔自己的视野。有的东西能学习借鉴，有的只能在职场岁月的摸爬滚打中慢慢感悟。

选择了会计职业，不仅选择了辛劳，选择了不断学习，也选择了不停考试。我曾不厌其烦地参加注册会计师考试和会计职称考试，其他与会计相关的考试更是多不胜数。"变"的哲学内涵在会计上表现得淋漓尽致，税法在变，制度在变，准则在变。每一次变化都会增加我们的新奇，彰显我们的分量，也会让考试内容随之变化。说来真的很委屈，今年没过的考试，明年还要重新掏钱买教材。

工作年头渐长，职位渐升，我从财务主管、副经理、经理做到财务总监。十多年的职场生涯中，一些年轻的财务人员被提拔为公司副总，这让许多从事研发、制造的同事羡慕不已。有人戏谑说，会计是科学，但会计工作是艺术。会计是国际化大公司较为看重的，但一些国内企业却不太看重，理念差异有时难免会造成工作中的尴尬。

会计工作，一面需要服务经营，一面需要监督管控。服务与监督本就是矛盾的，特定场合自然无法兼容。这时唱红脸、得罪人就在所难免了。被告状、被写举报信是很多财务职业经理人心酸的经历。打铁还要自身硬，扛住了风吹浪打，自然历久弥坚，往后才能在职场闲庭信步，会计的艺术性在此刻才是最完美的诠释。矛盾的煎熬提升了韧性，也让会计人员特别是高端会计人员的情商得到了历练。因为工作的特殊性，会计职场中情商不高的人是很难做上高端职位，抑或很难坐稳高端职位的。

然而，职位高了，专业技能反倒不那么重要了，许多一流企业的财务总监甚至是由非财务人士担任的。财务总监不再是技术干部，而是经营班子成员了。实际上，企业规模越大，财务总监需要直接负责的具体会计事项会越少，而所要承担的经营决策会越来越多。决策的功夫在决策之外，岗位不同，要求不同。如果没有前期较好的积累和对所决策事项的深入了解与思考，很难做出准确的判断。优秀的财务总监需要具备较高的前瞻意识、大局意识、全局视野和沟通艺术，不仅要对企业的生产、研发、销售、市场有全面的了解，还应对风险的把控准确到位。

职场的道路是漫长的，开放的人才市场让会计人有了更多的选择。当发展通道不顺时，我们可以大胆地选择跳槽。只要决策适当，跳槽能实现跳跃式的发展。但不管走到哪里，会计人的原则性不能丢，必须坚持自己的职业操守。也许销售人员可以把客户带入新单位，但会计人绝不能把财务信息泄露给新公司。

经历过会计实务工作，人会变得定性、定型、定格。会计人普遍具有细致、耐心、谨慎的特质，并非因为我们具备了这些品质才选择了会计职业，而是这份职业需要这种品质。在漫长的职场岁月中，我们被锻造成了"鹅卵石"。"会计"这个词，在词典中有三个概念，一是会计职业，二是会计学科，三是会计人。会计人是职场中易被调侃的对象，因为在很多同事的心目中，我们有刻板、胆小、抠门的印记。平心而论，大家的这种印象并非毫无道理。

我曾不止一次向同事、朋友解释"财务与会计的概念孰大孰小""财务与会计的职能孰重孰轻""总会计师与财务总监的职位孰高孰低""高级会计师与注册会计师的水平孰优孰劣"……每解释一次我都会释怀一次：又有一个朋友理解了我的工作，理解了会计。繁多而不重复的解释见证了我的转变与成长，让我深刻并一点点地领悟会计人生的真谛。

我是一个怀旧的人，总觉得逝去越久的日子越让人留恋。在不断加快的生活节奏中，每当自己从"理想化"过渡到"理性化"，美其名曰"成熟"的时候，我也在不断地提醒自己，我是不是变得庸俗了。其实，在会计职场无须设定太高的目标，谨慎地走好每一步就是我们的理性选择。人到四十，需要做的是坚守一份稳定的职业；人到四十，需要做的是给孩子一个健康的身心；人到四十，需要做的是给父母一个舒心的晚年；人到四十，我要成为一个拿得起、放得下的人；人到四十，我不用再轰轰烈烈地规划未来，因为把眼下的路走好就是通往理想的天梯。

学会计是迷茫的，考会计是变化的，做会计是艰辛的，懂会计是曲折的。会计带给我的不仅是荣誉、是职业，更多的是从无知到有知，从有知到新知、到运用、到驾驭的成就感。

会计人生虽非我的志愿，但它却绚丽多彩！

前言

　　很多人觉得会计无趣，这真是误会了会计。会计之趣在于日常的领悟，唯有相与深，方可相知甚，唯有相知，方能有趣。如果只是把会计当工作，你会"日坐愁城"；如果把会计当朋友，你会"两情相悦"。我的微信公众号"指尖上的会计"的介绍语就是，"会计是我们工作的技能，也应是我们生活的乐趣。"只要找到了会计工作的乐趣，你就会爱上它。我始终相信，"干一行"久了能"爱一行"，"爱"才能干出彩。如果你始终发现不了会计工作的乐趣，无论你做多久，职位有多高，都不能称之为好会计。

　　这本《企业财务风险预警与防范》是我 20 年财务工作经验的总结，内容虽不完美，但有一点我可以保证，它源于实践，基于实战，不故作高深，不讲空洞的大道理，不搞对而无用的说教。全书分为四大部分：会计实务、财务管理、税务管理、财务人员管理，内容涵盖了企业财务工作的主要方面。一般会计人员阅读本书，能收答疑解惑之效；财务经理人阅读本书，可竟拓展思维之功。

　　写这本书也是我基于乐趣为之。不信，你打开本书，随意翻阅一章，您定能感受到里面的文字是轻松愉悦的。书中的文字没有"板着脸"，绝无"一脸严肃"。我很怕读那种"表情凝重"的会计书，正因为自己害怕，所以万万不能让我的读者也害怕。轻松之余，你会发现本书有三个特点：

　　（1）内容与实务工作相关；

　　（2）问题在工作中常见；

　　（3）给出了解决问题的思路和建议。

　　自媒体的读者与作者是互为依存的，本书能出版首要应该感谢我的七万微信粉丝，正因为有粉丝朋友们专业与挑剔的眼光关注着，所以我不敢懈怠、常存敬畏。同时也要感谢人民邮电出版社的编辑老师，我的几本书能高效出版，与编辑老师的辛劳付出分不开。自 2016 年我在人民邮电出版社出版第一本书，这是我写的第五本书了。近五年来，自觉与人民邮电出版社的合作是愉快的，我坚信自己与人民邮电出版社的合作还会继续！

这本《企业财务风险预警与防范》捧在掌心沉甸甸的，但我更看重它在读者心目中的分量。会计时刻处于变化之中，我会把眼前这本书当作一件可持续维护的产品，不断打磨、增删修补。与此同时，"指尖上的会计"仍将砥砺前行，不断创作出有深度、有锐度、有温度的会计文章，为本书修订提供素材，让它始终与会计实务同频共振，始终作为会计人的工作指南。

由于自身水平有限，即便付出了十二分努力，书中也难免有错讹。如果读者阅读此书时发现有表达不当之处，或有修改建议，烦请不吝赐教，关注我的微信（ID：30825800）即可留言指正。

这本书远未结束，惊喜或许还在后面！

目录

第 *1* 部分
会计实务

第 2 部分
财务管理

第 4 章　漫谈管理会计 /81

第 5 章　内部控制 /93

第 6 章 营运资金管理 /106

第 11 章 财务分析 /185

第 12 章　资本市场 /206

第 13 章　向华为学财务管理 /224

第 3 部分
税务管理

第 14 章　税务处理 /245

第 15 章 税收筹划与税务稽查 /277

第4部分

财务人员管理

第16章 财务岗位的责任与风险 /299

第 17 章　财务经理人 /310

第 1 部分

会计实务

第1章　账务规划

账务规划是会计核算的原点，能决定未来会计核算的质量。科学、合理的账务规划是组织会计工作，进行会计核算的前提。企业账务规划应符合三个要求：（1）适合本企业所属行业的特点；（2）能正确、及时、完整地提供本企业各层次、各维度的会计信息；（3）账务处理程序应力求简化。

1.1　财务共享服务中心的发展趋势

财务共享服务中心（Financial Shared Service Center）是近几年流行起来的一种会计核算管理方式。它将不同国家、不同地区的实体会计业务拿到一个共享服务中心来记账和报告，保证了会计记录和会计报告的规范性与结构统一性，而且，由于不需要在每个公司和办事处都设会计岗位，因此能节省部分系统和人工成本。

1.1.1　建立财务共享服务中心的益处

如果企业达到了一定规模、拥有众多分支机构，且经营内容相对单一，同时总部又有集中财务管理、强化对分支机构管控的需求，即可考虑选择财务共享服务。目前，建立财务共享服务中心已得到集团型企业的广泛认可，把总部和各分子公司的会计核算集中到一起处理，具有以下四点益处：

（1）会计核算效率高、成本低；

（2）账务处理偏实；

（3）会计独立性高，监控能力强；

（4）会计数据口径统一，使绩效考核更加公平。

财务共享服务中心建立后，会计核算工作会实现集中处理，零散的会计核算业务会被整合为标准化模块。会计核算是规则性极强的工作，目前由计算机系统自动生成会计分录替代手工录入凭证已不存在任何技术障碍。在运算逻辑上，会计核算完全可做到自动化，通过标准化的流程，把会计分录的编制规则定义好，输入系统中，系统将依照会计工程师设定的规则把账务处理好，不再需要人的判断和操作。

1.1.2　财务共享服务中心的普及

财务共享服务中心的普及还需要一段时间，会计人对它的认识尚需一个过程。例如，原始单据的传递就令很多人担心会丢失。越往后，票据传递越不是障碍，现在的做法是通过快递公司寄送，汇集到财务共享服务中心，或者通过影像系统采集，实现原始凭证电子储存。随着电子发票的普及，企业账务处理将不再需要物理层面的票据，会计凭证附件可完全实现电子化。

1.2　财务共享服务中心对人的要求

财务共享服务中心建立后，账务处理会呈现两种趋势：一是片段化，分工越来越细；二是人工智能化，系统生成替代手工录入。

1.2.1　片段化

会计核算的分工越来越细，复杂的工作会被肢解，例如，单据收集、单据审核、电子签批审核、批量付款、批量生成会计分录、凭证打印、凭证装订等都会有专人负责。片段化的工作易上手、易熟练、不易出错，会极大提升工作效率，但它对财务人员的经验与技能积累是有限的，不利于财务人员全面发展，对财务人员规划未来职业方向是不利的。

1.2.2　人工智能化

规律的记账工作由计算机系统自动完成。财务共享服务中心对会计工程师的要求较高，他们需同时是会计专家与 IT 专家。在会计工程师制定好记账规则并输入系统后，后续工作就需要计件制"会计工人"来完成。财务共享服务中心对财务人员计酬甚至可以采用凭证计件模式。

受片段化和人工智能化这两种趋势的影响，财务共享服务中心的工作变得简单、重复、机械，基本不需太多的智力投入，对财务人员的要求体现为黏性化（要坐得住）

和非专业化（可降低学历与专业要求）。

此外，财务共享服务中心的建立还会影响审计领域。企业为什么要做财务报表审计呢？因为财务报表不一定能反映真实的经营成果与财务状况。财务人员工作不认真、能力水平不够，或是与业务合谋舞弊，都可能导致财务报表不实。财务共享服务中心一方面隔离了财务人员与业务人员；另一方面实现了记账自动化，只要会计工程师录入 IT系统的记账规则不出错，在核算端自动生成的会计分录就不会出现错误。这种情况下，如果财务报表依旧出现数据错误，就不是会计核算造成的，而是从业务前端传递过来的。如此一来，传统基于账务合规性的审计的意义则不大。

未来的审计工作重心应由立足于会计端前移到业务端去，直接对业务合规性进行审计。例如，华为内审工作 95% 的精力已经前移到业务环节。

1.3　财务分工片段化的利弊分析

如前所述，财务分工片段化的优点很明显：第一，分工细化，员工上手快，有利于提高工作效率；第二，肢解工作内容，把复杂的工作分解细化，使工作改进变得容易；第三，财务工作不因员工变动受到影响。但其弊端也很明显，员工的工作技能与工作经验积累比较单一，不利于员工成长。

1.3.1　财务分工片段化的优点

财务共享服务中心的建立，可以打破法人实体的架构，使整个集团看起来更像是一个有机体。这种组织架构的设置可以先把零散的工作集中起来，再对工作进行重新分类，这样下来每类工作的体量都会有保证，因此可以细化工作分工，实现复杂工作分工片段化。例如，把费用报销工作细化为差旅费报销、招待费报销、通信费报销等。

以财经体系涉及数千名员工的集团企业为例，这数千人对应的财务岗位是有数的，把这几千人分配到每个岗位时，每个岗位的工作还需要进一步细化，而每个人分到的工作就成了非常小的一块。虽然小，但工作量依旧饱和。这样一来，财务工作就如同流水线作业，每个人的工作只是流水线中的一环，员工就像流水线上的一颗螺丝钉。

另外，对于一个企业来说，如果存在太多的员工都是企业经营不可或缺的人才，那么是非常危险的。一旦员工凭借自己的经验和能力"要挟"企业，企业就会非常被动。

把员工的工作片段化，企业可以避免被员工"绑架"，特别是被优秀员工"绑架"。

1.3.2　财务分工片段化的弊端

财务分工片段化的弊端也很明显，即员工工作技能与工作经验积累比较单一，不利于员工成长。或许员工在工作期间并未受到分工片段化的不利影响，甚至更容易出成绩，但若员工离开企业，问题就会出现，因为社会上很多企业还做不到分工片段化，它们更需要财务多面手，而非某一个点上的专家。

针对这个问题，能否通过轮岗把员工的工作面拓宽，让其积累更多的工作经验呢？在一定程度上是可以的，有些集团型企业就有员工轮岗制度。但问题在于，轮岗是有周期的，而所轮换的岗位工作也可能是片段式的。问题该如何解决呢？这需要企业用特殊的方式和手段培养员工的全局化视野。例如，让财务人员参与项目管理。任正非曾表示，如果一个财务人员没有参与项目管理，那他不可能成长为 CFO。任总之所以非常看重项目管理经验，是因为员工完整地参与到项目中去，可以在项目管理中培养全局观，同时可以在短时间内了解企业业务运行的全貌。

站在财务人员的角度，如何才能规避片段式分工的弊端？一方面，财务人员应服从工作安排；另一方面，财务人员要做有心人，主动接触企业的各个管理层面，多了解企业业务与管理，让自己的工作积累更有层次。

总体来看，财务分工片段化有利有弊，它虽然能提高财务人员的工作效率，但却限制了财务人员全面经验的积累。财务分工片段化的关键是要做到扬长避短，把"利"发挥好，把"弊"控制住。

1.4　会计核算工作会被人工智能替代

人工智能第一次进入会计领域是二十多年前普及会计电算化。在手工账时代，月末结账时一次性把报表做平是件不容易的事情。因为漏登一笔分录，或者记错了科目，又或点错了小数位，都需要财务人员一点点排查出来，对账要耗费大量的时间。实现会计电算化后，再粗心的会计也不至于让借贷方不平。做不平账，已成了会计人遥远的记忆。

1.4.1　人工智能对会计岗位的影响

首先，会计电算化让月末结账变得轻松，实现了财务部门的第一轮瘦身。初步估算，会计电算化至少让企业精简了三分之一的财务人员。随着财务共享服务中心与人工智能全方位渗透会计核算领域，这一减员效应还会加剧。如果经济实体数量大体相当，可预见职场对财务人员的需求量会大幅减少。当企业集团建立财务共享服务中心后，会计核算工作会被有效整合，每个岗位的工作量会变得饱和。例如，集团内每个子公司的固定资产采购发生频次不高，会计核算偶尔为之，但将母公司与所有子公司的固定资产购置汇集起来，针对固定资产购置的会计核算就可能达到一定体量。

其次，以往分子公司各自设立财务部的做法也将得到改进，"麻雀虽小，五脏俱全"的管理模式会被颠覆，一个集团只需要成立一个财务部，集中于总部即可。这样的财务架构无疑是最经济的，人员也可极大精简。假如集团有 30 家子公司，以往每家子公司需要配备一名出纳，财务共享服务中心建立后，子公司的这 30 名出纳都可以裁减。

最后，计算机系统会淘汰部分会计岗位。以费用报销工作为例，这类业务量大且重复发生，非常符合人工智能做账的要求。将费用报销 App 审批记录与财务软件对接，依据确定好的记账规则就可以自动生成会计凭证了；将费用报销 App 审批记录与网银系统对接，则可以实现自动付款。如此一来，原有的费用会计岗位将不再需要，出纳岗位的工作也将得到精简。

1.4.2　财务人员应如何转型

技术的进步既让人兴奋，又让人心酸。一方面，人工智能与财务共享服务让财务人员摆脱了简单重复的低价值劳动，实现了时间的解放；另一方面，人工智能会淘汰至少70% 的财务人员，主要是会计核算人员，这意味着会计职场会升级。未来 1 900 万财务人员该何去何从呢？任正非给财务人员提出了四点建议：

（1）财务人员要懂业务，否则只能提供低价值的会计服务；
（2）财务人员必须要有渴望进步、渴望成长的自我动力；
（3）没有项目经营管理经验的财务人员难以成长为 CFO；
（4）称职的 CFO 应随时可以接任 CEO。

这四点建议总结成一句话就是，财务人员应融入业务。这需要财务人员转型。

由财务会计向管理会计转型无疑是最基本的要求，低价值的会计服务不仅没有前途，甚至会不复存在。未来财务工作会呈现两极化，一极是低端的体力劳动，非财务专业人员也可参与岗位竞争；另一极会变得高端，将是强者与智者的工作。

或许有人会觉得自己供职于中小微企业，这样规模的企业与财务共享服务中心的概念相距遥远，他们不会因此受到太大的冲击。需要明确，财务共享服务中心并非由大型企业集团专享，它也可以向外界提供有偿服务。中小微企业可以将会计核算外包给财务共享服务中心。这意味着财务共享服务中心不单会影响集团企业的会计从业人员，也会影响中小微企业的会计从业人员，它对会计核算领域的影响是全方位的。

1.5　两维账务体系建设的思路与方法

基于内部管理和考核的需要，许多企业集团实现了资金集中和账务集中管理。账务集中管理的优点主要体现在三个方面：

（1）有利于加强总部的监管；

（2）有利于节省成本；

（3）有利于细化财务分工，提升财务岗位的标准化建设。

下面以 H 集团的具体操作为例，探讨子公司与产品线两维账务体系建设的思路。

1.5.1　子公司与产品线两维管理模式

H 集团以北京公司为总部，目前拥有四家子公司：上海子公司、深圳子公司、武汉子公司和西安子公司。总部与子公司产品线的构成如表 1-1 所示。H 集团对产品线明确了利润中心的定位，各产品线总监表达了要以市场为导向、以利润为标杆，从产品线维度加强管理的想法。基于此，产品线各部门也向财务部提出了独立确认收入、核算成本费用，每月报送产品线财务报表的要求。

表 1-1　总部与子公司产品线的构成

法人	A 产品线	B 产品线	C 产品线	D 产品线	E 产品线	公共
北京公司（总部）	√	√	√			√
上海子公司	√		√	√		√
深圳子公司			√	√	√	√
武汉子公司		√			√	√
西安子公司	√	√		√	√	√

从公司管理的需要出发，H 集团共有六个自然利润中心和五个人为利润中心（不含表中"公共"部分）。

第一类：H 集团。

第二类：北京公司（总部）、上海子公司、深圳子公司、武汉子公司、西安子公司。

第三类：A 产品线、B 产品线、C 产品线、D 产品线、E 产品线。

从理论上讲，会计组织结构从属于公司组织机构。会计账务处理的基本思路是财务部以法人实体为平台建立账套，然后通过公司组织结构和内部部门，映射出公司的会计组织结构，从而实现每个账套的会计核算囊括产品线信息。

1.5.2　两维账务体系会计核算的思路

传统会计核算以法人实体为基础，设置虚拟利润中心使法人与产品线交叉，同时从法人和产品线两个维度进行账务核算。两维账务体系的建立是 H 集团财务管理的一个创举，它把管理会计从财务分析层面引入会计核算层面，对财务部而言既是创新也是挑战。为此，H 集团做了很多努力，对产品线和子公司业务进行了深入调研，目的是使会计账务能清晰地反映出各产品线的投入、产出、资源占用以及现金收支情况，从而为各产品线的经营管理、决策、绩效评价提供数据支持。

H 集团要实现这一目的，需要对现行账务体系进行重新规划。具体工作包括以下几项。

1. 确定核算字段

每笔分录的会计科目后记录产品线信息，即将产品线作为二级科目纳入账务系统规划。以往，H 集团财务部通过账外手工调节填报产品线报表，这种填报方式效率低、准确性差。通过此规划，财务人员在录入会计凭证时将"产品线"作为必要"字段"，能从数据源头确保产品线内部管理报表与公司法人报表取数依据一致。

2. 账务初始化

期初余额的确认依据是期初余额可以确认的部分计入相应产品线。每个平台管理部门、销售部门、资源部门不能确定为特定产品线服务所发生的费用，以及属于公司层面的课题项目（如标准项目）等不能清晰界定产品线的费用计入"公共"。

【例 1-1】1 月 1 日，A 产品线分担公共库材料费 10 000 元。

第一步，使用人填制库房材料调拨单，将材料从公共库调拨到产品线项目库，财务凭调拨单进行账务处理。

借：原材料——A 产品线　　　　　　　　　　　　　　　　　　　　10 000

应交税费——应交增值税——A 产品线——进项	1 300
贷：银行存款——A 产品线——内部银行	11 300
借：原材料——公共	10 000
应交税费——应交增值税——公共——进项	1 300
贷：银行存款——公共——内部银行	11 300

设置"内部银行"科目反映产品线之间的虚拟结算，将产品线内部的资产调拨货币化。月底"内部银行"科目的余额为 0，不影响子公司层面报表数据。

第二步，生产部门领料。

借：制造成本——A 产品线——×× 部门——×× 项目	2 000
贷：原材料——A 产品线	2 000

3. 会计记录原则

（1）每笔分录要求区分是为哪条产品线的哪个项目发生的。

（2）每笔分录只能在产品线内部发生，保证借贷平衡，不能跨产品线处理。

（3）提现、转户这类只涉及现金、银行之间结转，没有债权债务、收入、成本费用发生的业务，产品线填"公共"。

【例 1-2】1 月，人力资源部发放 A 产品线人员工资（含代扣五险一金）100 万元。

借：应付职工薪酬——A 产品线	1 000 000
贷：银行存款——A 产品线——×× 银行 ×× 账户	1 000 000
借：生产成本——A 产品线——×× 部门——×× 项目	1 000 000
贷：应付职工薪酬——A 产品线	1 000 000

4. 制定固定资产、无形资产购置与调配管理办法

财务部与资产管理部门一起制定固定资产、无形资产购置与调配管理办法，在账务系统中明确体现资产在产品线的占用情况，按照产品线计提折旧、摊销无形资产。

【例 1-3】某机器设备原值 120 万元，无残值，预计使用 10 年，在 A 产品线使用 5年后调拨给 B 产品线使用。

第一步，A 产品线调出该固定资产的账务处理。

借：固定资产清理——A 产品线——机器设备	600 000
累计折旧——A 产品线——机器设备	600 000
贷：固定资产——A 产品线——机器设备	1 200 000

借：银行存款——A 产品线——内部银行　　　　　　　　　　600 000

　　贷：固定资产清理——A 产品线——机器设备　　　　　　600 000

第二步，B 产品线调入该固定资产的账务处理。

借：固定资产——B 产品线——机器设备　　　　　　　　　1 200 000

　　贷：累计折旧——B 产品线——机器设备　　　　　　　　600 000

　　　　固定资产清理——B 产品线——机器设备　　　　　　600 000

借：固定资产清理——B 产品线——机器设备　　　　　　　600 000

　　贷：银行存款——B 产品线——内部银行　　　　　　　　600 000

第三步，B 产品线调入该固定资产后按月计提折旧。

借：制造成本——B 产品线——×× 部门——×× 项目　　　10 000

　　贷：累计折旧——B 产品线——机器设备　　　　　　　　10 000

5. 公共费用分摊的处理

每笔费用的发生应尽可能细分到产品线，财务部、人力资源部等部门不宜直接对应产品线的费用，应在会计期末（绩效考核期末）按照一定的标准分摊到各产品线。分摊标准包括收入规模、人数、成本动因等。

6. 虚拟记录各产品线的财务费用

财务部根据产品线资金额度（包括现金和银行存款）、内定资金占用费率（如年利率 6%）虚拟记录各产品线的财务费用。虚拟记录的产品线财务费用视同产品线向公共平台存贷款利息。

【例 1-4】A 产品线的月初资金如表 1-2 所示。A 产品线向公共平台融资 3 344 400 元。月底，A 产品线内部利息费用为 16 722（3 344 400×6%÷12）元。

表 1-2　A 产品线的月初资金

单位：元

科目	账户	借方	贷方
现金		5 600	
银行存款	建行 001 账户	100 000	
	建行 002 账户	6 200 000	
	工行 003 账户		650 000
	内部银行		9 000 000
合计		6 305 600	9 650 000

第一步，确认 A 产品线的内部利息费用。

借：财务费用——A 产品线——内部利息　　　　　　　　　　　　16 722

　贷：银行存款——A 产品线——内部银行　　　　　　　　　　　16 722

第二步，确认公共平台内部利息收入。

借：银行存款——公共——内部银行　　　　　　　　　　　　　　16 722

　贷：财务费用——公共——内部利息　　　　　　　　　　　　　16 722

财务费用内部利息的余额为 0，不影响子公司财务报表数据。

7. 在财务软件中定义各产品线维度的财务报表

常用的财务软件都有此功能，财务部可以灵活实现财务报表自动抓取，最后再根据各子公司产品线报表合并生成集团层面的产品线合并报表。

1.5.3 两维账务核算体系的意义

尽管两维账务体系的建设不尽完善，但从账务核算的结果看，基本目的都已实现。

- 从资源配备看，单一账套下财务人员占公司总人数的比例一般为 1%~1.5%，财务软件的收费依据一般为账套与站点多寡，两维账务模式在实现财务数据精细化的同时不增设账套，节省了人力、物力。

- 在账务处理时，录入了更多的辅助信息，可使财务数据更明晰。从法人和产品线两个维度生成的财务报表同出一源而又互相独立，使报表编制更加严谨。

- 从企业集团、跨国公司管理变革的潮流看，矩阵式、扁平化管理是趋势，两维账务核算迎合了企业矩阵式管理的需要。将管理思维融入传统账务核算，可以从预算、分析、决算、考核四方面"一条龙"支撑矩阵管理模式。

- 相比单一维度的账务核算，两维模式下预算控制、财务分析、成本管理的对象更明确，财务管理有的放矢，能有针对性地服务于各利润中心。

- 因核算颗粒度更精细，与之对应的预算管理、标准控制、审核审批必然也更细化、更规范。例如，一笔费用的发生需要得到法人与产品线两个维度主管的审核，这样自然可以强化制衡机制，完善企业内部控制。

- 随着集团精细化管理要求的提升，两维核算可以向三维、四维迈进，如华为技术的核算维度就有子公司、产品线、客户群、地区部等。两维模式的原理可复制到更多维度，通过增加账务核算维度使财务数据的实现更及时、更准确、更可靠、更明细，进一步提升财务对业务发展的支持。

1.6 中小企业如何进行账务规划

账务规划是会计核算的原点，能决定未来会计核算的质量。相对而言，大企业积淀厚重，账务规划相对科学；中小企业底子薄，账务规划及改进空间较大。

1.6.1 账务规划是会计核算的源头

中小企业账务规划的主要问题是缺乏系统性与长远眼光，或是非常粗，不考虑必要的核算颗粒度。例如，成本费用不按部门、项目、标的归集，只有"大账"，没有"小账"。一旦总经理要对各部门进行费用考核，财务人员就要做各类账外处理，"整"出总经理需要的数据。或是非常细，生搬硬套大企业的做法，不能与本企业的发展阶段相匹配，不符合企业财务管理的实际需要。

1.6.2 中小企业账务规划的关注点

中小企业账务规划的关注点主要在以下几方面。

1. 能满足未来多维度、多口径提取财务数据的需要

一般来说，会计核算的颗粒度越细，数据的价值越高。例如，华为的财务数据要核算到区域、产品线、客户群等维度。会计核算颗粒度越细，未来取数越方便，但颗粒度太细又会增加核算成本，所以企业要把握好度。

2. 适应未来组织架构调整后账务接驳的需要

随着企业不断发展壮大，组织架构调整会是常态，但会计账务初始化不应成为常态，这就需要中小企业在做账务规划时考虑未来组织架构变革的可能，预留出端口。

3. 满足未来会计科目扩容的需要

企业较小时，会计核算相对简单，涉及的会计科目不多，甚至只会用到几个会计科目。中小企业做账务规划要有远见，要想到企业未来业务扩张的可能，预留出未来可能用到的会计科目。

4. 遴选财务软件要考虑与企业整体信息化建设兼容

财务软件与企业 OA 系统及其他办公软件打通是趋势，这种情形下，财务软件做二次开发时就需要注重功能的便捷性。

5. 成本费用的归集、收入的确认依据要清晰

会计核算的重头戏，一是收入，二是成本。中小企业在做账务规划时，应把收入、成本的明细科目与辅助核算框定清楚，提升会计数据的使用价值。

6. 满足税收筹划的需要

税收筹划的要诀是早一些动手，事先的账务规划要优于事后做账务调整。例如，享受研发费用加计扣除，先要在做账时清晰地归集研发费用；发生兼营业务，如果不想多交增值税，那么高低税率的收入要分类确认。

1.6.3 账务规划的基本要求

科学、合理的账务规划是中小企业组织会计工作，进行会计核算的前提。在实际工作中，不同的企业对账务规划可能有不同的选择，但一般都应符合以下三个要求。

第一，要符合本企业所属行业的特点。在设计账务处理流程时，企业要考虑自身的规模、业务性质和繁简程度，同时还要考虑是否有利于分工协作和内控合规。

第二，要正确、及时、完整地提供本企业各层次、各维度的会计信息。在保证会计信息质量的前提下，满足各部门和社会相关监督机构的信息需要。

第三，账务处理程序应力求简化。中小企业应尽量减少不必要的会计处理环节，节约人力、物力、财力，不断提高会计工作的效率。

1.7 两套账的违法表现

两套账又叫内外账，其中一套账对内，给老板看，相对真实，叫内账；另一套账对外，给第三方（如税务、银行、投资人）看，叫外账。有些企业存在两套账的原因在于以下四点：

（1）两套账能带来直接或间接的利益，有天然的驱动；

（2）两套账由来已久，短期内不可能完全消失，许多企业老板还存在侥幸心理；

（3）目前，对两套账的治理没有行之有效且成本低廉的好办法，给了两套账可乘之机；

（4）企业为了减轻税负，少交税，不惜铤而走险。

1.7.1　设立两套账涉嫌违法

两套账之间最大的差别在于"内真外假"，最常见的手法是一部分收入不计入外账之中，外账多计成本费用。

如果外账有部分收入未做进来，自然对应的回款也不会做到企业账目中，这部分资金会直接进入老板个人的腰包。一旦收入不入账，成本自然无法结转，外账账面会表现出存货虚高。

多数情况下，企业设立两套账的目的是老板想逃税。这里要说清楚，设立两套账"节税"，是逃税而不是税收筹划，因为这种做法是违法的。企业设立两套账的逃税性质恶劣，既逃了增值税与附加税，又逃了企业所得税与个人所得税。

（1）账面不确认收入，当然不用交增值税，附加税也会少交。

（2）收入没入账，利润自然少，企业所得税也会少交。

（3）将企业的钱直接转入个人账户，规避了利润分红，个人所得税也会少交。现在税务机关已经联合银行开始紧盯企业老板们的私人账户，公对私的大额资金转账是监控的重点，这样操作税务机关很容易会发现企业隐瞒收入不做账的线索。

1.7.2　财务管理最糟糕的情形

一般来说，两套账的操作手法比较拙劣，会计做账时的掩饰行为比较明显。稍稍细看，很容易发现其中的端倪。很多民营企业两套账的做法就是自己糊弄自己，只寄希望于税务机关不要来查。一旦税务稽查，两套账会无可遁形。

民营企业做两套账还不是最糟糕的情形，做两套账至少说明企业还保有做一套真账的习惯，以及有一天准备从内账向外账过渡，从客观上说，企业做了相应的财务合规准备。最糟糕的情形是企业只做一套假账。

有人会疑惑，如果只做一套假账，不做真账，岂不连真实的财务数据都没有，这怎么支撑相应的决策，怎么管理，企业会不会出乱子呢？有些民营企业的老板经过多年的"摸索"，找到了一套"行之有效"的管理方法，即不看会计账，只看银行的资金流水账。部分老板干脆把银行的 Ukey 捏在自己手里，企业每出一笔钱，都要经过他的把关。他通过 Ukey 审批了，钱才能支付。

如果企业的规模不大，业务不太繁杂，老板基本上一眼就能看穿整个企业的运营，头脑中自然会有企业的全盘账务。他们认为只要拿住了银行 Ukey，管住了企业的钱，也就控制住了风险，即便没有真实的会计账，管理上也不会出现重大失误。

但恰恰因为这点才让人担心。财务管理最糟糕的情形就是只有一套假账，此时企业的经营全部装在老板一个人的脑子里，后续想做财务合规性改造的基础都没有。

1.7.3 "两账合一"

多数情况下，"外账"会做小收入和利润，目的是想少交税。当然，两套账也有不为逃税而设立的。如果企业想融资（包括贷款融资与股权融资），会想办法让报表更好看，这时外账就要做高收入与利润给投资人与金融机构看。

最典型的操作是虚增收入与成本费用不入账。虚增收入可以通过现金流与往来款进出发现。虚增收入如果涉及虚开发票，金税三期很容易发现。如果虚增收入通过关联交易实现，税务机关一般不关注，这属于财务粉饰的问题。成本费用不入账，可以通过其他应收款挂账诊断。

操作两套账带有明显的功利性，只要明白了做外账的意图，就容易识别两套账。企业做两套账是违法行为，财务人员承担着极大的风险。企业发展到一定阶段，基于风险考虑，有必要实现"两账合一"。"两账合一"的整体思路是拒绝增量、削减存量。

第一步，要从当下做起，规范会计处理。企业要严格按照会计制度与会计准则做账，确保不出现新的两套账。

第二步，逐步将以往未入账的经济事项遵照"实质重于形式原则"录入会计账，影响数跨年的，可通过"以前年度损益调整"进行规范。具体做法如下：

（1）确认无票收入的，同时结转销售成本，减少库存商品，将老板私户占用的资金转入企业账户或确认为其他应收款；

（2）成本费用按发生时的性质正常入账，没有取得发票的做纳税调整处理；

（3）补账时，由近及远进行。

"两账合一"最大的痛点在于补税，这是企业的原罪。从某种程度上讲，"两账合一"有点像企业的自我救赎。

如果企业想做大，"两账合一"势在必行，越早越好；如果老板想降低自身风险，"两账合一"也势在必行，越早越好；如果财务人员想降低自己的职业风险，应该积极劝导老板实现"两账合一"，至少要做到从眼下开始不做两套账。

1.8 慎用财务软件的反结账功能

一般的财务软件都有反结账功能，我认为这一功能有悖于会计伦理。

1.8.1 反结账的原因分析

现在企业会计核算基本已实现会计电算化。实现会计电算化必然要选择财务软件，国内企业一般都愿意选择使用用友、金蝶、浪潮等财务软件。这些软件不仅价格优惠，很多功能用起来也很方便。特别是反结账功能，很多财务人员都觉得很受用。原因主要在以下两方面：

第一，财务人员结账后，发现出错了，想不留痕迹地修改正确；

第二，企业基于一些功利的目的，要修改财务数据应对各类检查。

通常，第一方面的原因居多。财务人员把账做错后，如果按照标准做法，应在当期先做红字冲销，然后再做一笔正确的会计分录。很多企业对调账有约束性规定，财务人员如果做了一笔错账又要红字冲销，一般需要上报财务部领导审批。财务人员自然不愿意走这个流程，谁愿意把自己的错误告诉领导，并让领导审批呢？

如果当月发现错误，把分录直接改过来即可，只当错误不存在。如果跨月了才发现，在错误分录不影响财务报表时，在财务软件中反结账，把分录直接改过来，仍可当错误不存在。

只有当错误分录影响到财务报表时，反结账才行不通，必须做调整分录，先用红字做一遍原分录，然后再做正确的分录。

第二方面的原因让人难以启齿。有些企业为了应付审计、检查、验收，需要掩饰会计账面的不堪，会要求财务人员做假账。例如，企业拿了政府的项目资金，却未按立项申请使用资金，等到项目验收时，如何应对验收就成了问题。这时有些企业会"灵机一动"，让会计"调账"，这种情况下自然要用到反结账功能。从这点来看，反结账不光掩盖了财务做账的旧错误，还可能助长后期弄虚作假的新错误。

1.8.2 慎用反结账功能

我认为反结账功能有悖于会计伦理，其在方便财务人员的同时，也可能误导财务人员。财务人员为什么要反结账，因为要改账；为什么要改账，背后原因多多，有的原因只怕当事人不好启齿。如果前期账做错了，本不必劳神费力反结账，红字冲销，重新记账即可。就怕反结账不光掩盖了前期错误，还会助长新的"错误"。

财务人员用惯了反结账功能，可能会形成一种依赖，总想着"账做错了也没有关系，通过反结账功能可以改正"，久而久之会降低其做账时的谨慎。

第2章 会计实操

会计实操对企业财务工作的开展至关重要。会计实操是财务人员必备的一项工作技能,也是财务人员进入企业从事财务工作的门槛之一。绝大多数财务人员的职业发展都是从这项基础工作起步的,从基础做起可以积累经验,更深入地理解财务工作的方方面面,培养自己的职业敏感度。

2.1 会计凭证的处理规范

处理会计凭证是企业财务工作的基础部分。企业财务工作的格局如何,除了看内控与制度,还要看接地气的东西,即凭证装订、单据填写、发票粘贴等基础工作,从这些事项中能够看出一些端倪。会计凭证处理合格、规范的企业,财务基础工作不会差,因为有会计人员的态度作为根基;反之,就要留神了。

在会计凭证中,记账凭证后一般应附原始凭证。原始凭证既包括外部取得的票据、文书,也包括内部自制的签批单、流转单,原始凭证的作用在于对记账凭证记录的经济事项予以佐证。但世事无绝对,以下两种情况例外:

(1)结账的记账凭证,包括成本、费用、收入的结转;

(2)更正错误的原始凭证,建议在凭证摘要中对错误事项予以说明。

2.1.1 如何编写会计凭证摘要

会计凭证摘要的编写要与单位的业务实际紧密结合,力争做到便于查询、统计、汇总、分析,同时摘要应语义通顺、简明扼要。摘要书写规范,一方面是会计基础工作扎实的体现,另一方面也便于后续工作的开展。

根据《现代汉语词典》的解释,摘要一词意为"摘录下来的要点",又称概要、内容提要。摘要是以提供内容梗概为目的,不加评论和补充解释,简明、确切地记述重要内容。可以这样理解，"摘要"就是择其精华而记之。

会计凭证摘要是对经济业务主要内容的简要记录，可以帮助会计人员理解会计分录。会计凭证摘要怎么写才算规范呢？我将其总结为以下几点，如表 2-1 所示。

表 2-1　会计凭证摘要的编写规范

	编写规范	具体要求
1	摘要应与附件保持一致	在实际工作中，笔误、对业务不理解及隐瞒业务真相等情况，都可能导致凭证摘要与附件不一致。例如，当报销存在"替票"现象时，摘要就很容易出现此类问题。因此，会计做账应该以发票记录为准，摘要应与主要附件保持一致
2	格式统一	摘要应为完整的主谓宾句式，写清楚部门、经办人、经办事项，如"财务部李四借差旅费"。凭证摘要的书写虽不像设置会计科目那样有规范的标准，但作为财务人员，应努力提高自己对经济业务的表达和概括能力，力求使摘要的书写标准化、程式化
3	简洁明了	摘要应以简洁明了的语言把意思表达完整。"简洁"的量化标准是每条摘要力争控制在 15 个字以内，"明了"则是指不能出现歧义。例如，采购部李某借款购买原材料，就不能写为"采购部李某借款"，这会让人误解为李某个人借款，正确的写法是"采购部李某借购料款"
4	一事一记	现行的借贷记账法和《会计基础工作规范》允许编制一借多贷、一贷多借的会计分录。对于一借多贷、一贷多借的会计分录，应分别撰写摘要，不能一条摘要管到底
5	对反复发生的经济事项，须注明时间	例如，"2020 年 2 月房租分摊""计提 2020 年 3 月建行贷款利息"。这样记录的目的是防止发生漏记、重记，且便于查账
6	对频繁发生的经济事项，有必要注明数量	例如，"财务部采购联想计算机 2 台"。这样注明后，相关人员可以不用翻阅后面的原始凭据就能做统计分析
7	更正会计分录时，摘要应说明原错误凭证的凭证号	例如，"更改 2020 年 2 月第 35 号凭证"。如果更正错账时没有原始凭证或附件，那么摘要应写明冲账原因或业务内容，如"更正 ×× 号凭证错账：冲减退货进项税额"

2.1.2　会计凭证出现断号怎么办

凭证断号，相信大多数财务人员在月末结账时都遇到过。现在的企业基本都实现了使用财务软件记账，由系统记录的会计凭证编号理应是连续的，但为什么会出现断号呢？原因在于，财务人员记账后因种种原因删除了某些凭证。前面的凭证被删除，财务软件在功能上没有实现后面的凭证递次前移，也没有实现让最新记录的凭证递补断号，被删除凭证的编号自然就成了断号。

避免凭证断号的根本原则是财务人员在记账时争取做到不删除凭证。要达成此目的，一方面，需要财务人员提升专业素养，同时工作要认真，避免出错；另一方面，错误发生后，不能删除凭证掩盖错误，规范的做法是先用红字做一遍原分录，冲销错误分录的影响，然后再做一遍正确的分录。

在实际工作中，财务人员大都不愿意使用红字冲账的方法更正错误，特别是当错误发生在当月时，财务人员更不想自找麻烦、自曝短处。原因主要有以下两方面。

第一，不愿意留"案底"。一般企业的会计核算制度都会规定，财务人员在做红字分录时要针对错误写出书面说明，报经财务部领导签字确认后方可操作。这无异于要求财务人员把错误赤裸裸地曝光给领导，估计没有哪个财务人员内心愿意这么做。

第二，图省事。相对于做红字分录，直接删除原错误凭证更为省事。一方面可以少做一份凭证，另一方面省去了向领导做解释说明。

如此一来，凭证断号的现象就有了存在的土壤，如果企业对删除凭证没有禁止性要求，凭证断号现象还会长期存在。企业该如何从技术层面解决这一问题呢？最简单的思路是对凭证号一一改写。问题在于，清理断号时往往濒临结账。如果凭证量大，改写的工作量可能会很大。例如，一个月有 2000 份凭证，第 500 号凭证被删除了，等于要把501 ～ 2000 号凭证全部改正。此外，改写会导致之前打印出来的纸质凭证和软件系统里的凭证不匹配，编号对不上。可见，逐一手工修改凭证编号既不严谨，也不经济。

真正可行的方法是什么呢？我的建议是"后号前填"，意思是把尽可能靠后的凭证提前，填补断号。但这样做有个细节需要注意，即"后号"业务发生的时间，要看凭证附件记录的时间是否在"断号"之前。如果在"断号"之后，那么记账逻辑是经不起推敲的，会计记账时间不能领先于业务发生的时间。因此，会计人员在选择凭证填补断号时，要做到发票和原始单据的时间不晚于凭证记录时间。

如果后面的凭证不适合填补断号，还有一个可行的方法，尽量选择时间因素不明显的分录填补断号。换言之，可以用诸如计提折旧、费用分摊、计提减值等分录填补断号。这类分录一般在月末结账之前才记录，以之填补断号对整个做账几乎不会造成影响。

凭证断号虽是小问题，但有时会折射出大问题。频繁删除凭证本身就是会计基础工作没做好的表现，有时还会衍生出随意篡改账务、内控不严谨的问题。

凭证出现断号是不应该的，填不好断号就更不应该了。

2.2 容易混淆的专业名词

在财务工作中，有些专业名词很容易让人混淆，对此财务人员一定要分清楚。

2.2.1 法人与法定代表人

很多人把法人当成了法定代表人的简称。这是不对的，法人与法定代表人这两个词有不同的含义。

（1）法人不是"人"，而是拟人化的实体组织。

（2）法定代表人则需要由自然人来担任。例如，上海竹佳会计咨询有限公司就是法人，董事长为袁竹佳，董事长可担任法定代表人。

2.2.2 起征点与免征额

媒体上经常有人说要提高个税起征点，谬矣。起征点与免征额的差别，你都搞清楚了吗？

（1）起征点，指对征税对象开始征税的起点数额。

（2）免征额，指课税对象全部数额中免予征税的数额。

起征点概念专用于货物与劳务税类的税种，如增值税；免征额概念专用于所得税类的税种，如个人所得税。二者的根本差别在于，起征点是对超过标准的全部应税收入征税；免征额仅对超过标准的部分应税收入征税。

2.2.3 增值税的税率与征收率

增值税的税率与征收率是两个概念。

（1）税率有三档：6%、9%、13%。

（2）征收率有一档：3%。

税率与征收率有何差别呢？从纳税人角度而言，都是交税的比率，只是数量不同，性质没什么不同。从税务的角度看，征收率针对非一般征收而言，涉及小规模纳税人、营改增过渡阶段的简易征收和特定事项的简易征收。

2.2.4 个税专项扣除与个税专项附加扣除

个税专项扣除和个税专项附加扣除不可混为一谈。

（1）个税专项扣除主要是指"三险一金"，包括基本养老保险、医疗保险、失业保险和住房公积金的扣除。

（2）个税专项附加扣除是新出现的概念，包括子女教育、继续教育、大病医疗、住房贷款利息、住房租金和赡养老人这六项。

2.3 收入与成本确认的规范

企业会计确认收入，需要同时满足四点：商品或服务已交付、风险已转移、货款能回收及收入成本可计量。成本与费用究竟如何界定？关键是看费用能否与收入相对应，只要明确了是为某项收入（合同）支出的费用，就应记作成本。

2.3.1 收入的确认

企业在确认收入时应注意以下两点。

1. 会计与税务确认收入的依据

如上所述，企业会计确认收入需要同时满足商品或服务已交付、风险已转移、货款能回收及收入成本可计量这四点，而华为在确认项目收入时，还要求同时满足以下四个条件：

（1）已签订销售合同；

（2）产品已交付并安装调试完毕，取得客户终验证明；

（3）已向客户开具发票并被客户签收；

（4）收到合同约定的首付款。

会计确认收入的依据很严谨，对企业有利。但税务有其他规定，税务确认收入有五个标准：收钱、开票、发货、进度、合同，取其中一点即可。在纳税时点，税务看哪个标准确认收入的时间早、金额大，就会认可它作为计税依据。

2. 确认收入时尽量通过"应收账款"中转

有的会计人员为了图省事，会在现金销售时直接做分录"借：银行存款，贷：主营业务收入"。省事了未必就是明智的，不妨多走一步，"借：应收账款，贷：主营业务收入；借：银行存款，贷：应收账款。"这样中转的好处在于：

- 未来对账方便；
- 可借助软件里的应收账款模块归拢客户数据。

对收入的确认，我认为以收付实现制确认收入是解决上市公司粉饰利润的好思路。我有个设想：在资产负债表中增加"已交付的商品或服务"科目，待回款后再转入主营业务收入。这样一来，收入、利润、现金流就匹配上了，会计信息质量会大大提高，可以从一定程度上防止做假账。倘若税务机关也能依据收付实现制征税，对企业而言无疑是一种有力的支持。

2.3.2　成本与费用的界定

会计中有个恒等式：收入－费用＝利润。有些人会疑惑，这个恒等式中怎么不见"成本"呢，为何不是"收入－成本－费用＝利润"？显然，这个恒等式中的"费用"是一个大概念，它包括了成本。成本与费用究竟如何界定？我们先厘清两个概念，何谓成本、何谓费用？成本是特殊的费用，是对象化了的费用，与收入有清晰的配比关系的费用才能记作成本。虽然概念说清楚了，但在实际业务中想分清成本与费用的边界却并不容易。

2.3.3　确认收入时是否必须同步结转成本

有位读者曾问我："我们公司确认了技术服务收入，不知该如何结转成本？"我猜想这位读者应该是困扰于收入与成本的配比，估计有此困惑的财务人员不在少数。

我记得上大学时学到的会计知识是"确认收入时要同步结转成本"，理论上这叫"配比原则"。这个原则有时候很折磨人，每当会计做账要确认收入时，都要费劲地去匹配相应的成本。这里要明确一点，配比原则最初是针对商品销售设计的。有卖，自然就有存货减少，所以确认收入要同步结转存货成本。明确配比原则，可以有效避免企业做假账，少结转成本，虚增库存。但当第三产业（服务业）兴起后，问题就出现了，服务收入与服务成本的对应关系非常模糊，配比原则又该如何遵循呢？

很多服务型企业做账时都采用简单化处理，不分成本费用，全部当期费用化。这么做亦无不可，甚至更符合谨慎性原则。但也有一点不利，就是不能准确地判定服务业的毛利水平与保本点。那么，企业应如何划分成本与费用呢？有一个简易标准企业可以借鉴，即费用如果能被准确断定为某项或某几项收入发生，就应直接记作成本。

以足疗店为例，收入来自于客人买单，那成本呢？技师的单笔提成是成本，足疗使用的药材与热水也是成本。模糊区域在于，有些费用与收入相关，但又不能直接与收入一一对应，如技师的基本工资、足疗包间的房租、水电气暖费用等，它们都需要分摊确认为成本。有些会计做账时为了省事，对那些归集起来很烦琐的成本往往会简化处理，直接将其视作期间费用，足疗技师的基本工资、足疗包间的房租就不用分摊算作成本了。这种省事的做法符合成本效益原则。

总之，对于生产制造企业与商业企业而言，配比原则的必要性与重要性不言而喻；但对于服务型企业与研发型企业而言，配比原则就要灵活变通了。服务类收入不能也不必死抠配比原则，以免把会计核算复杂化。如果会计做账时能根据服务项目明确归集成本，届时将归集起来的成本结转为销售成本即可。如果平时已将项目成本费用化，就不必强求收入与成本配比了。

2.4　长期挂账的"其他应收款"的处理

长期挂账的"其他应收款"该如何处理呢？如果有证据表明是费用，没有发票同样可以入账，只是费用不能在所得税前扣除。既没有发票，又没有证据表明是费用的，可能会面临偷逃个税的风险。实在收不回来的，建议计提坏账。其中，企业要特别注意大股东占用企业资金存在的风险：第一，法律层面的风险；第二，税务层面的风险；第三，债务层面的风险。

2.4.1　长期应收款应该如何平账

经常有读者问我，企业长期挂账的"其他应收款"应该如何平账？正常而言，"其他应收款"科目的余额不应该太大；如果余额居高不下，那就要思考"其他应收款"核算内容的实质了。一些企业的"其他应收款"早已变味，它们中绝大部分是收不回来的，如没有取得发票的费用、送出去的"人情"、利益方拆借的资金、老板拿走的分红及变相的薪酬等，当初之所以把它们记作"其他应收款"，其中有许多现实的"无奈"。现在的问题是，企业账务必须规范化，长期应收款该如何处理呢？

1. 没有发票也可以入账

如果费用真实发生了，没有发票该怎么办？无须着急，没有发票一样可以入账。如果有证据表明其他应收款是挂账的费用，那么可以按费用正常入账，入账时提供的证据可以是收据、小票等，只是这部分费用不能在企业所得税前扣除。

实务中虽然存在费用发生后拿不到发票的情形，但大多数情况下没有发票并非对方不开具，而是企业选择了不要发票。例如，商家为了逃税，会提出不要发票可以降价的条件。不少企业会选择低价格，放弃发票。这时不要发票是企业"自私"的选择，不能抱怨无法取得发票。这样的选择务必要谨慎，不要发票虽然能享受一些价格优惠，但后续可能会多交企业所得税、增值税及附加税。

2. 凭票入账不等于找替票入账

财务人员有根深蒂固的"凭票入账"的观念。有些人在找不到合情、合理、合法的发票报销的情况下，会想走"邪路"，找替票报销。所谓替票，通俗地讲就是用 A 类发票报销 B 类费用。这种做法是违法违规的，对此财务人员要有红线意识。

3. 不能证实费用真实发生的，有被认定偷逃个税的风险

极端的情况是，既没有取得发票，又没有证据表明挂账的"其他应收款"是正常的费用。这时会计做账要小心了，这种情况下如果直接将之做费用化处理，费用除了不能在企业所得税前扣除，还可能涉嫌偷逃个税。属于内部员工挂账的，税务机关会把这种情况视为企业给员工发放薪酬福利；属于外部人员借款的，会被视为企业支付劳务报酬。

4. 计提坏账也是一种处理方式

长期挂账的"其他应收款"除了做费用报销外，还有没有稳妥点的处理办法呢？有，企业可以考虑计提资产减值，其他应收款也能计提坏账准备。

总之，做账与计税是两个不同的概念。针对长期挂账的"其他应收款"，会计应分类处置，属于费用的，应费用化；属于薪酬、劳务费、分红的，应补交个税。实在收不回来的借款，会计做账时可以根据会计政策计提坏账。但要注意，计提的坏账不一定能得到税务机关的认可，汇算清缴时要记得做纳税调整。

2.4.2 大股东借钱不还的风险

有些企业为了帮股东逃避个税，会将工资、奖金、分红等长期挂在"其他应收款"，这种自作聪明的做法会被税务机关处罚。还有一种情况是股东从企业把钱拿走了，这是很敏感的事情，如果金额比较大，上述介绍的处理方式都不适用。特别是在民营企业，"家财务"的现象是一大顽疾：老板的钱就是企业的钱，企业的钱也是老板的钱，混淆

了法人与个人的界限。老板从一开始就把企业当成自己的提款机，甚至没有考虑过这么做会存在风险。

在会计核算上，大股东从企业把钱"拿走"或借走，会计分录为：

借：其他应收款——大股东

　　贷：银行存款

这样做分录等于是确认大股东对企业负有一笔债务。债务长期挂账可能会触及以下三个方面的风险。

1. 债务风险

欠债还钱是天经地义的事。如果企业股东只有大股东一人，或大股东夫妻两人，这笔债务企业不会主动向大股东追偿。一旦企业发生了股权变更，第三方股东就可能要求大股东归还所欠企业的债务。

另外，如果企业到期不能偿还外部债务，而大股东却又占用企业大额资金，那么债权人可以向法院提起诉讼，让大股东承担连带偿还责任。

2. 税务风险

按照税务的规定，股东借款超过一年没有归还，且不能证明是用于生产经营的，税务会将之视作分红，按 20% 的比率征收个税。不少企业的大股东个人资金、企业资金不分，或许无心逃税，但可能会"躺着中枪"。对此，大股东要有这方面的税务风险意识，至少做到在年末把钱还给企业。

3. 违法风险

大股东从企业借款且手续不完整的，极易触发刑事责任，如挪用资金或职务侵占。当大股东从企业借钱且未取得小股东的同意时，一旦被小股东举报且举报成立，大股东的借钱行为无论被定性为挪用资金还是职务侵占，都要承担相应的刑事责任。

大股东因为有企业的实际控制权，所以在资金安排上有极大的便利。但便利行事不可糊涂行事，大股东一定要保护好自己，千万不要仅凭股东关系或口头约定就轻易从企业借款，建议履行以下手续：

第一，借款之前通过董事会决议或股东会决议，取得股东或董事的支持，明确大股东借款不是个人私下的行为；

第二，签订借款协议，约定借款期限与借款利息，企业逐月计提借款利息，明确借款属性。

当然，杜绝此类风险的最佳方法是大股东能公私分明，企业规范财务管理。

2.5 企业向个人借款的会计处理

当企业资金紧张时，对外融资是一种必然选择。如果股权融资有困难，借款就成了必需。企业可以向银行借款，也可以向其他企业拆借，还可以向个人借款。特别是对中小企业而言，由于其抵押与担保能力受限，因此企业在缺钱时，向个人借款（尤其是向股东借款）成了一种普遍现象。本书主要介绍企业向个人借款时的账务处理及借款利息的涉税处理。

2.5.1 签订借款合同很重要

企业向个人借款时，一定要签订借款合同，合同中要明确借款额度、借款期限和借款利息。签订借款合同之所以重要，主要有以下三个原因。

（1）明确债权债务关系，避免后期出现不必要的争执和麻烦。

（2）未来企业向个人还款时，可以从容应对金融管制。企业向个人转款，如果没有正当理由，额度是受限的，这种情况下企业需要向银行提交借款合同以备审查，审查通过后企业方能正常向个人账户进行大额转款。

（3）个人到税务机关代开借款资金使用费发票时，税务机关也会查看借款合同。

2.5.2 借款的账务处理

个人把资金借给了企业，企业自然需要将之确认为债务。这里要特别说明的是，会计在进行账务处理时，不能将这类业务记作"短期借款"或"长期借款"。"短期借款"和"长期借款"科目主要核算企业向金融机构的借款，企业向个人借款只能通过"其他应付款"科目进行核算，明细科目可设定为借款人姓名。

1. 借款时的会计分录

借：银行存款

　　贷：其他应付款——张三

2. 还款时的会计分录

借：其他应付款——张三

　　贷：银行存款

3. 支付利息时的会计分录

企业向借款人支付利息时，要记得代扣代缴个税，将利息确认为"财务费用"。

借：财务费用——借款利息

　　贷：银行存款

　　　　其他应付款——代扣代缴张三个税

2.5.3　借款利息的涉税处理

企业（债务人）向个人（债权人）支付借款利息时，有个问题比较棘手，就是个人（债权人）不能开具发票。企业若不能取得发票，就意味着利息费用不能在企业所得税前扣除，汇算清缴时需要做纳税调整处理。

个人（债权人）虽不能开具发票，但可以通过税务机关代开发票。企业（债务人）可以要求个人（债权人）到当地税务机关申请代开发票，此类事项税务机关能代开名目为"资金使用费"的发票。

需要注意，针对资金使用费，税务机关只能代开增值税普通发票，增值税征收率为3%，税额须由个人（债权人）先行缴纳，并要同步缴纳附加税（增值税税额的12%）。此外，在代开发票时，个人（债权人）须就取得的利息收益预缴1.5%的个税，其余个税由企业代扣代缴。现在部分地市税务在给个人代开发票时，已经不要求个人预缴个税了。如果税务机关不要求预缴，个税（利息收益的20%）将由企业全部代扣代缴或预扣预缴。

【例2-1】甲公司向张三借款100万元，约定年利率为12%，一年期满后甲公司向张三还本付息112万元。张三到税务代开资金使用费发票，缴税情况及税后利息收益如下：

增值税 =［（1 000 000×12%）÷（1+3%）］×3%=3 495.15（元）

附加税 =3 495.15×12%=419.42（元）

个税预缴 =1 000 000×12%×1.5%=1 800（元）

企业代扣代缴个税 =（1 000 000×12%-3 495.15-419.42）×20%-1 800=21 417.09（元）

税后利息 =120 000-3 495.15-419.42-1 800-21 417.09=92 868.34（元）

这笔借款名义利息为 120 000 元，但张三税后实际能收到的利息仅为 92 868.34 元，增值税、附加税及个税合计占到了利息总额的 22.61%。

现实操作中，个人（债权人）往往会要求企业（债务人）代为承担各种税费，如增值税、附加税及个税，如果企业（债务人）接受，企业（债务人）代付这些税费时只能将之记入"营业外支出"科目，且不得在企业所得税前扣除。

借：营业外支出——代扣代缴张三税费

　　贷：银行存款 / 现金

2.5.4　借款利息在企业所得税前扣除的上限

对于企业（债务人）来说，取得了个人从税务代开的"资金使用费"发票后，利息费用是否就能在企业所得税前全额扣除呢？不一定，还要对照税务认可的扣除标准，即不高于金融机构同期贷款的利息水平。也就是说，不高于金融机构贷款利息水平的部分，允许在企业所得税前扣除，超出的部分不得在企业所得税前扣除。

针对这种情况，我给企业和个人一个建议，即企业向个人借款，个人找税务代开发票时，可将开票金额设定为能在企业所得税前抵扣的金额。

2.6　从商超购进的购物卡如何做账

购物卡销售由于涉嫌逃避国家税收、易滋生腐败及扰乱金融秩序等原因，国家曾多次禁止使用。但由于其便利性，且能对商家起到提前回笼资金、减少现金流通、促进商品销售等作用，所以市场中依然存在。

现在，我们到加油站给汽车加油，购买超市购物卡、京东购物卡和淘宝购物卡，发票开具名目为"预付费"，不能再选择办公用品、劳保用品等品类开具发票了。对此，买家与商家该如何对购物卡记账，又该如何进行税务处理呢？

下面我们分别站在购买方与销售方的角度来分析购物卡的会计处理与税务处理。

2.6.1　购买方的会计处理与税务处理

对买家而言，购买购物卡只是取得了提货的权利，并非真正消费，其本质是预付账款，实际消费之前应视作债权核算。

　　购物卡如何记账取决于购物卡的用途。如果购物卡是企业内部使用，行政部门用作办公用品采购，记作"办公用品费"是合适的。如果购物卡用于给员工发放福利，这时须记作"职工福利费"，且须并入员工薪酬代扣代缴个税。

　　现实中，很多企业购进购物卡后用于对外赠送。如果这一目的是明确的，送购物卡与送礼品本质上没有区别，这时购物卡支出须记作"业务招待费"。根据现行企业会计准则，账务处理如下：

　　借：管理费用——业务招待费
　　　　贷：库存现金
　　借：营业外支出——代扣代缴个税
　　　　贷：应交税费——应交个人所得税

　　送礼应按"偶然所得"项目代扣代缴 20% 的个人所得税，名义上该项个人所得税需要由收礼人承担，但实际操作中都是由企业代付。企业代付的这部分个税不属于正当的经营活动支出，因此，在汇算清缴时应调增应纳税所得额。

2.6.2　销售方的会计处理与税务处理

　　对销售方而言，出售购物卡不代表真正实现了收入。商家在销售购物卡时，不能确定持卡人要购买哪种商品，更谈不上风险已经转移，显然不符合收入确认的主要条件。销售购物卡收到的款项本质是预收账款，因此商家在销售购物卡时，会计应记作"预收账款"，待购物卡实际消费时再结转为收入。

　　另外，销售购物卡后，商家一般要同步开出发票。这就造成了商家开票时间与确认收入时间不一致，此时纳税时间该如何确定，历来都有争议。一种观点认为，应当按开具发票的时间或收款的时间（即销售购物卡时）纳税。另一种观点认为，货物实际发出的时间才是纳税时间。

　　实际执行过程中，税务机关为了方便管理，不以商家开具发票的时间征税，而是以 POS 机实际收到货款的时间征税。因为商家在出售购物卡时就收到了款项，自然要同时缴纳增值税。

2.7 商业折扣、现金折扣与销售折让

商业折扣、现金折扣、销售折让，这三个概念财务人员不会陌生。从字面看，这三个名词都有一个共同的字眼"折"。的确，这是三者的共同点，都是销售方在商品最初定价的基础上做出一点价格上的让步。虽然同为让步，但让步的理由却各不相同，在会计处理上也不尽相同。

2.7.1 打折的理由

商业折扣：销售方为鼓励购货方多购买其货物（限时折扣或捆绑折扣）而给予的折扣。

现金折扣：销售方为鼓励购货方及早付款而给予的优惠条件，本质是一种理财方式。

销售折让：由于商品的质量、规格等不符合要求，销售方同意在商品价格上给予的减让。

商业折扣与现金折扣是销售方的主动选择，销售折让是被动选择，迫不得已而为之。

2.7.2 会计上的处理

举个例子来说明，一件商品定价 1 130 元（含增值税 130 元），商业折扣、现金折扣、销售折让均为 95% 的情况下，确认收入与开票金额，具体如表 2-2 所示。

表 2-2　确认收入与开票金额

单位：元

分类	价 + 税	折扣比例	收入	增值税	开票金额
商业折扣	1 130	95%	950	123.50	1 073.50
现金折扣	1 130	95%	1 000	130	1 130
销售折让	1 130	95%	950	123.50	1 073.50

商业折扣：做账时直接按折后价处理，不体现折扣金额，按折后金额开具发票。

现金折扣：商品卖出后，想让客户快还钱，少收款项相当于应收账款贴现的代价，记作"财务费用"，确认收入与开票均按折前价格操作。

销售折让：因商品有瑕疵而豁免部分货款，视同销售减少处理，类似销售折扣的会

计处理方式。开具发票后发生销售折让的，在收回原发票并注明"作废"字样后，重新开具销售发票，这种情况下要记得冲减销售收入。

2.7.3 商业折扣与现金折扣的税负比较

以表 2-2 为例子，对销售方而言，在税负上是采用商业折扣合适，还是采用现金折扣合适呢？

采用商业折扣时，收入 950 元，销项税额为 123.50 元。

采用现金折扣时，收入 1 000 元，销项税额为 130 元，记入"财务费用——现金折扣"科目的金额为 56.50 元。

这样算下来，采用商业折扣比采用现金折扣利润多 7.28 [950-（1 000-56.50）+0.78] 元，需多交企业所得税 1.82 元，可少交增值税 6.50 元，少交附加税 0.78 元，因此采用商业折扣比较合适。具体如表 2-3 所示。

表 2-3　商业折扣与现金折扣的比较

单位：元

项目	商业折扣	现金折扣	比较
销项税	123.50	130.00	-6.50
附加税			-0.78
财务费用		56.50	-56.50
利润影响			7.28
企业所得税影响			1.82

2.8 关于"磅差"的会计处理

磅差是指供应商发货前货物的过磅数量与货物到达采购方后过磅数量的差异。它实际反映卖方发货的实际验收数量与合同约定的数量之间的差额。磅差不超过有关主管部门规定（没有主管部门规定的由当事人约定）范围的，不按多交或少交论处，双方互不退补；超过规定范围的磅差，按照实际交货数量计算多交或少交的数量。

采购材料入库时，库管人员、采购人员、财务人员对材料数量（件数、重量、长度等）的核对涉及三个方面：合同数量、发票数量、验收数量。理论上，这三个数量应当一致。但在实际中，因各种原因经常会出现不一致的情况，甚至这三个数量互不相同。

这就是制造型企业在购入原材料验收时经常出现的"磅差"问题。针对磅差，企业应分不同情况做出账务处理。

2.8.1 合同数量＝发票数量＜验收数量

如无特殊情况，供货方交付材料时，开具发票的数量（以下简称"发票数量"）应与签署的合同数量相等。移交材料时，若实际验收入库的数量（以下简称"验收数量"）大于发票数量且供货方不知情，无论差异多大，购货方通常不会主动告知供货方。此时，购货方往往会按照发票数量填写入库单，同时库管人员对此差异做好备查账登记，待盘点时可做盘盈处理。

若实际验收数量大于发票数量且供货方已知情，则根据验收数量与合同数量、发票数量间的差异大小进行处理：若差异较大且超过合同约定的差异范围，采购人员须及时通知需求部门，决定是退掉多余部分还是接收多余部分。如拟接受多余部分，则经相关领导审批后办理合同变更，同时要求供货方补开多余部分的发票，最终财务部按照实际数量与供货方进行结算；若决定退掉多余部分，则直接退回，并按合同数量、金额进行结算，以免造成资金占压。

验收数量与发票数量差异较小时，在供货方不额外要求增加货款的情况下，可遵循以下三种处理方式。

（1）材料入库单上的数量与实际入库数量保持一致，总金额与发票保持一致，摊低采购单价。此方法等于将合理溢余摊入材料单价中，优点为仓库账、财务账与实际一致，实际操作时适用于误差为称重物资重量的5‰以内的情况。

（2）材料入库单上的数量、金额与发票数量、金额保持一致，同时仓库须将差异登记做备查账，并按照该材料领用数量及次数，分次分摊计入各批次领料中。此方法较为合理，对于单价较高且到货量较多的材料，不会因为将差异一次性领出而影响当月产品成本。但是，这种处理方式的操作流程较为复杂，在实际操作中不易实现。

（3）材料入库单上的数量、金额与发票数量、金额保持一致，同时在材料入库当月由采购人员申请填写材料出库单，经相关领导审批后，将差异一次性领出。月底，财务部汇总合理损耗（溢余）的出库单，将合理损耗（溢余）的金额计入制造费用进行摊销。此方法操作性较强，在实际中应用较多。

2.8.2　合同数量＝发票数量＞验收数量

一般以发票数量的 5‰ 为基准，根据合同数量与验收数量差异大小不同，可分为两种情况进行处理。

第一种情况是合同（发票）数量大于验收数量，幅度超过发票数量的 5‰，此时采购人员需要根据签订合同时与供应商约定的结算方式（如多退少补）、交货地以及结算要求，及时与供应商进行协商，并以协商后的材料数量、价格为准开具发票。另外，也有一些企业与供应商选择与第三方单位签订合同，过磅时，以第三方单位确认的数量作为材料入库的数量，并开具发票。此方式避免了与供应商发生扯皮现象，虽然流程上处理简单，但成本较高。

第二种情况是差异幅度小于发票数量的 5‰，且差异幅度在合理损耗范围内。这种情况下，企业可以选择以下三种处理方式。

（1）材料入库单上的数量与实际入库数量保持一致，总金额与发票保持一致，摊高材料单价。此方法将合理损耗摊入材料单价中，优点为仓库账、财务账与实际一致，适用于合理误差为称重物资重量的 1‰ 以内的情况。若超出此范围，则易导致财务记账不严谨，且存在税务风险，必要时须将差异部分的进项税额转出。

（2）材料入库单上的数量、金额与发票数量、金额保持一致，同时仓库须将差异做备查账，并按照该材料领用数量及次数，分次分摊计入各批次领料中。此方法较为合理，对于单价较高且到货量较大的材料，不会因为将差异一次性领出而影响当月产品成本，但是流程较为复杂，在实际操作中不易实现。

（3）材料入库单上的数量、金额与发票数量、金额保持一致，在材料入库当月由采购人员申请填写材料出库单，经领导审批后，将差异一次性领出。月底，财务部将合理损耗的出库单汇总，计入制造费用进行摊销，同时按年汇总各家供应商本年"缺斤少两"的数量及金额，汇总结果可作为选择供应商的依据之一。此方法操作性较强，在实际中应用较为普遍。

2.8.3　合同数量≠发票数量＝验收数量

1. 合同数量＞发票数量＝验收数量

合同数量与发票数量不一致的情形较少发生，企业在采购特殊定制材料或不易截取的材料时可能会出现这种情况。此时，若发票数量与验收数量一致，但合同数量大于发票数量，根据差异大小有两种处理方式。

（1）若差异较小，且差异不足以影响企业生产，则办理合同变更，并按照实际到货数量、金额进行结算。

（2）若验收数量小于合同数量且差异较大，且可能影响企业生产，采购人员须及时与供应商联系，同时知会需求部门，研究是否有必要补发合同数量与验收数量差异部分，如分析后认为少发货的数量可能影响企业生产进度，则要求供货方尽快补发货。若已到货数量满足现阶段企业需求，则可以按照实际验收数量及金额进行结算，同时办理合同变更。

2. 合同数量 < 发票数量 = 验收数量

若是合同数量小于发票数量，而发票数量与验收数量一致，此时也有两种处理方式。

（1）比较合同数量、金额与发票数量、金额的差异，如差异较小且在合同规定范围之内，可协商办理合同变更，并按照实际到货数量、金额进行结算。

（2）若实际到货数量大于合同数量且超出合同约定范围，须及时与需求部门联系，确认是否可接收超过合同数量部分的材料，若经过领导审批后接收，则按照材料实际验收数量办理合同变更，并完成结算；若经分析后，超出合同部分的数量企业暂用不了，则尽快办理退货，避免形成呆料或账龄较长的存货，造成资金占压。

2.8.4 合同数量≠发票数量≠验收数量

若合同数量与发票数量以及实际验收数量均不相同，则须先联系供应商，再比较实际验收数量与发票数量、合同数量的差异，根据实际情况选择处理方式。

1. 合同数量≠发票数量<验收数量

（1）若验收数量大于发票数量，且差异部分在企业可接受范围之内，则根据实际验收数量补开发票，同时办理合同变更。

（2）数量差异较小时，可与供应商进行谈判协商，将差异部分作为商业折扣，视同获取相应优惠，同时流程上只需办理合同变更。若供应商有较强竞争优势且打算长期合作，此时可与其协商，按照发票数量办理材料验收入库，同时将合同变更为与发票数量、金额一致，待下次采购时将差异部分计入新的合同。

（3）若此次采购为"一锤子买卖"，则须一次结算清楚。

（4）若实际验收数量与合同数量一致，但因开票失误造成开票数量明显小于验收数量与合同数量，此时须补开（增值税）发票，同时要求供货方办理合同变更。

2. 合同数量≠发票数量＞验收数量

（1）若验收数量小于发票数量，且差异部分足以影响生产进度，或因其他原因企业不可接受，则可以与供应商协商，尽快补发差异部分材料，同时办理合同变更。

（2）若验收数量小于发票数量，但差异较小，可采取与供应商协商的方式，按照发票数量办理材料验收入库，同时将合同变更为与发票数量、金额一致，待下次采购时补齐差异部分。

（3）若验收数量与合同数量一致，但因开票失误造成开票数量明显大于验收数量，此时须退回发票，并要求供货方以实际验收数量为准重新开具（增值税）发票。如果此材料需要长期采购使用，或供应商开具的增值税专用发票已"跨月"，考虑到重新办理开票手续太烦琐，财务部一般暂按发票数量入账，仓库保管人员登记差异备查账，同时要求供货方补齐差异部分的材料数量。

2.9 年终奖的会计处理

年终奖不是企业的法定义务，员工拿不到愁，拿到了也愁。企业的年终奖政策一般都有明确的目的，一些民营企业甚至将它作为留住人才的手段。年终奖在个税征收上有优惠计算方法，但一年只能使用一次。年终奖在拐点会出现多发一元，个税多千元的奇观。

2.9.1 年终奖的性质：员工参与利润分配

员工有权要求企业按时足额发放工资，但不能要求企业发放年终奖。年终奖可有可无，可多可少，并非企业对员工的法定义务。从这个角度看，愿意为员工支付年终奖的企业都是充满善意的。财务把年终奖当作成本费用，这是曲解了年终奖，我更愿意相信年终奖是股东在讨好员工，允许员工共同参与利润分配。

2.9.2 发放标准：给员工发多少才合适

给员工的年终奖发多少合适呢，常见的发放标准有三种。

第一种，固化为 N 个月的工资。例如，一些企业宣传自己的员工拿 16 薪（16 个月的薪酬），这意味着员工的年终奖为 4 个月的工资。

第二种，从企业的利润中切出一定比例作为年终奖，然后按员工职级确定具体发放金额。

第三种，将超过利润目标的"增量利润"全部或一定比例拿出来作为员工的年终奖，然后按员工职级确定具体发放金额。

2.9.3 发放模式：体现企业的留人策略

年终奖的发放模式各有千秋。大型外企和国企很简洁，年底或来年初一次性给付，以春节前结清的居多。大型民营企业发放年终奖就很有策略了，例如，以前华为的年终奖在次年三季度才兑现，万达的年终奖需分几次兑现。若员工在年终奖发放之前提出离职，有的企业明确规定不再发放。即便照发，一般也会打些折扣。年终奖在一定程度上可以抑制员工的离职冲动，没发放时让人望眼欲穿、欲弃不忍，这时企业的留人策略就算成功了。

2.9.4 年终奖预提：符合条件可以税前扣除

在会计处理上，年终奖可以在发放时作为费用，也可以先预提后发放。那么，企业在年末计提但未发放的年终奖金可以在企业所得税前扣除吗？这要分两种情形看。

（1）如果汇算清缴前实际支付了，可以在企业所得税前扣除；

（2）如果汇算清缴前未支付，就不能在企业所得税前扣除，要延到发放年度扣除。

鉴于此，企业应根据利润情况用好这一规定，尽量把纳税义务发生的时间往后移。

2.9.5 年终奖个税：一年只能优惠一次

2019 年个税改革后，企业可以选择按原年终奖政策执行，或按新政策合并汇算清缴。2019 年至 2021 年，年终奖依旧可以单独计征个税，仍可将之单独作为一个月的工资计税。2022 年后，年终奖须并入综合所得一并计征个税。在三年过渡期，计算年终奖个税的优惠政策一年仍只能用一次，出现第二次时，奖金要并入当月工资计算个税。

怎么用好年终奖个税优惠政策呢？建议如下：

（1）月薪（不含五险一金）超过 5 000 元的，年终奖乘以对应的税率，减去速算扣除数后就能算出要交的个税了；

（2）月薪（不含五险一金）未超过 5 000 元的，先拿出年终奖的一部分填足 5 000

元，再将剩余的年终奖乘以对应的税率，减去速算扣除数后就能算出个税了。

2.9.6　个税摆乌龙：多发一元，个税多千元

年终奖在拐点会出现多发一元，个税多千元的奇观。许多朋友对年终奖多一元，个税多千元不理解，解释如下：

- 年终奖个税计算看似与月工资个税计算相同，实则不同；
- 年终奖个税税率根据奖金总额除以 12 后确定；
- 问题出在速算扣除数上，年终奖个税的速算扣除数比照月工资个税的速算扣除数，但没有乘以 12；
- 年终奖个税在档际间会出现断裂。

2.10　员工离职补偿金的会计处理

对于员工离职补偿金，我们要先明确一点，离职补偿金虽然属于"应付职工薪酬"的核算范围，但它不属于企业所得税规定的"工资薪金"范畴，所以离职补偿金不能作为计提三项经费（福利费、工会经费、职工教育经费）的基数。另外，离职补偿金也不能作为计提残保金的基数。

2.10.1　离职补偿金未超过规定标准

员工离职补偿金若未超过规定标准，会计处理如下：

借：管理费用——离职补偿

　　贷：应付职工薪酬——离职补偿

待实际发放时，再做如下分录：

借：应付职工薪酬——离职补偿

　　贷：银行存款

2.10.2　离职补偿金超过规定标准

如果给员工的离职补偿金超过规定标准，那么超出部分的金额企业需要扣缴个税。具体依据为：计算离职补偿金时，离职员工月工资标准在当地上年职工平均工资三倍数额以内的部分，免征个人所得税；超过三倍数额的部分，不并入当年综合所得，单独适

用综合所得税率表，计算纳税。会计处理如下：

借：应付职工薪酬——离职补偿

　　贷：银行存款

　　　　其他应付款——代扣个税

借：其他应付款——代扣个税

　　贷：银行存款

2.11　暂估如何做账

在解答暂估如何做账这个问题之前，我先说明一下为什么需要暂估，哪些情况下需要暂估。

需要暂估的原因很简单，就是让暂估做账后的数据更客观、更公允。需要暂估做账的情形大致有四种：

第一，费用已发生，尚未取得发票；

第二，材料已收到，尚未取得发票；

第三，暂估入账的资产投入使用，产生折旧费摊销费用；

第四，费用在受益期内尚未付款，没有发票或尚未收到发票，需要做预提处理。

对于这四种情形的会计处理，我们通过以下案例进行说明。

2.11.1　费用已发生，尚未取得发票

【例 2-2】某公司预付了招待费 3 万元，月末尚未收到发票，会计决定对这笔费用暂估处理。会计分录如下：

借：管理费用——业务招待费　　　　　　　　　　　　　　　　30 000

　　贷：预付账款　　　　　　　　　　　　　　　　　　　　　30 000

分录摘要可写明"暂估 × 月业务招待费"。

下月收到发票后，发现招待费发票上的金额为 3.2 万元。会计做账时先要用红字冲销上月的暂估分录：

借：管理费用——业务招待费　　　　　　　　　　　　　　　　30 000

　　贷：预付账款　　　　　　　　　　　　　　　　　　　　　30 000

然后根据发票金额正常做账，会计分录为：

借：管理费用——业务招待费 32 000

贷：预付账款 30 000

银行存款 2 000

我们要注意，暂估入账的费用，不能在企业所得税前扣除，需要做纳税调整处理。

2.11.2 材料已收到，尚未取得发票

【例 2-3】某公司采购的一批原材料已验收入库，价税合计 113 000 元，月底前尚未取得发票，会计决定对这批存货暂估处理。会计分录如下：

借：库存商品——原材料 100 000

贷：预付账款 100 000

分录摘要可写明"暂估 ×× 材料入库"。

需要说明的是，材料暂估入账时，增值税进项税额的处理比较特殊，可遵循以下原则进行。

- 如果企业为小规模纳税人，应将价税合计金额一并作为资产价值暂估入账。
- 如果企业为一般纳税人，约定取得增值税普通发票的，也应将价税合计金额一并作为资产价值暂估入账。
- 如果企业为一般纳税人，约定取得增值税专用发票，暂估入账的金额可以不包含增值税进项税额。一般纳税人购进劳务、服务等，但尚未取得增值税扣税凭证的，比照处理。

沿用【例 2-3】，下月收到增值税专用发票后，会计做账时先要用红字冲销上月的暂估分录：

借：库存商品——原材料 100 000

贷：预付账款 100 000

然后根据发票金额正常做账，会计分录如下：

借：库存商品——原材料 100 000

应交税费——应交增值税（进项税） 13 000

贷：预付账款 113 000

2.11.3 暂估入账的资产投入使用，产生折旧费摊销费用

【例 2-4】某公司采购的一台设备已验收入库，价税合计 113 000 元，月底前尚未取得发票，会计决定对这批存货暂估处理。会计分录如下：

借：固定资产——机器设备 100 000

　贷：预付账款 100 000

分录摘要可写明"暂估 ×× 固定资产入库"。资产暂估入账时，增值税进项税额的处理可参考本节 2.11.2。

暂估入账的固定资产当月已投入使用，该固定资产可使用 10 年。下月仍未收到发票，暂估计提折旧分录如下：

借：制造费用 833.33

　贷：累计折旧 833.33

待下月收到增值税专用发票后，会计做账时先要用红字冲销上月的暂估分录：

借：固定资产——机器设备 100 000

　贷：预付账款 100 000

借：制造费用 833.33

　贷：累计折旧 833.33

然后根据发票金额正常做账，会计分录如下：

借：固定资产——机器设备 100 000

　　应交税费——应交增值税（进项税） 13 000

　贷：预付账款 113 000

借：制造费用 1666.66

　贷：累计折旧 1666.66

2.11.4 在受益期内尚未付款，没有发票或尚未收到发票

费用在受益期内尚未付款，没有发票或尚未收到发票，需要做预提处理。

【例 2-5】某公司 2019 年年底拟为员工发放年终奖 100 万元，年终奖将在 2020 年 2 月发放，但年终奖费用确认在 2019 年。会计分录如下：

借：管理费用——年终奖 1 000 000

　贷：应付职工薪酬 1 000 000

待 2020 年 2 月，实际发放年终奖时，会计分录如下：

借：应付职工薪酬　　　　　　　　　　　　　　　　　　　1 000 000
　　贷：银行存款　　　　　　　　　　　　　　　　　　　　1 000 000

预提的年终奖如果能在 2020 年汇算清缴前按实际发放，那么年终奖费用可以在
2019 年的企业所得税前扣除；反之，年终奖费用只能在实际发放年度的企业所得税前
扣除。

2.12　如何确定办公楼装修费的摊销年限

一般而言，装修费属于大额支出，且属于可长期获益的支出，应作资本化处理。鉴
于此，将装修费在当期全额费用化的做法是行不通的，按照税法规定是不能在当年企业
所得税前全额扣除的。

2.12.1　资本化处理

装修费一经明确要做资本化处理，多数情况是记入"长期待摊费用"科目。但也有
例外，如果办公楼为企业自行营建，且在投入使用前完成装修，发生的装修费可先记入
"在建工程"科目，待办公楼验收后，再将装修费从"在建工程"科目结转到"固定资
产"科目。

2.12.2　装修费资本化后如何摊销

装修费资本化后该如何摊销，以及该按多长年限分摊呢？

第一，已记入"在建工程"科目，转入"固定资产"科目的装修费，直接按房产的
折旧年限分摊（一般不短于 20 年）。

第二，已记入"长期待摊费用"科目的装修费，要分以下两种情况处理。

（1）看办公楼的所有权归属，如果办公楼是企业的固定资产，装修费可直接按装修
的受益年限进行分摊。如果预计 10 年后会再次装修，那么意味着此次装修可受益 10 年，
装修费即可按 10 年进行分摊。

（2）如果办公楼是租来的，装修费的分摊年限就需要考虑以下两个年限后再做决定：

第一个年限，装修费的受益年限；

第二个年限，办公楼的租用年限。

这两个年限哪个更短，装修费就按哪个年限进行分摊。

2.13 存货盘盈或盘亏的会计处理

存货盘点，账实对照，有三种可能：账实相符、存货盘盈、存货盘亏。账实相符无疑是理想状态，不需要做额外的会计处理。如果出现了盘盈或盘亏，就需要财务人员费点心思了，要把多了或少了的存货在账上反映出来。

有一点是肯定的，存货无论是盘盈还是盘亏，都不是正常情况。既然不正常，就需要查明原因，区别处理。在查明原因之前，存货盘盈或盘亏需要先经过一个过渡科目"待处理财产损溢"中转。

如果最终查明存货盘盈或盘亏属正常原因造成，如统计误差、计量错误、合理损耗、水分挥发等，那么应将"待处理财产损溢"冲减或增加"管理费用"；如为非正常原因（如自然灾害）造成盘亏，应将"待处理财产损溢"转入"营业外支出"。

本文主要分析属正常原因造成的存货盘盈或盘亏。

2.13.1 存货盘盈的会计处理

【例 2-6】甲公司年末进行存货盘点，发现盘盈 A 材料 100 千克，该材料最近的采购成本价为每千克 100 元。经查明，盘盈系往年记录错误累积造成，会计分录如下。

1. 发现盘盈时

借：原材料——A 材料   10 000

    贷：待处理财产损溢   10 000

2. 批准处理后

借：待处理财产损溢   10 000

    贷：管理费用   10 000

2.13.2 存货盘亏的会计处理

【例 2-7】甲公司年末进行存货盘点，发现盘亏 B 材料 100 千克，该材料最近采购的成本价为每千克 100 元。经查明，B 材料盘亏系水分挥发造成，会计分录如下。

1. 发现盘亏时

借：待处理财产损溢   10 000

    贷：原材料——B 材料   10 000

2. 批准处理后

借：管理费用　　　　　　　　　　　　　　　　　　　　　　　　　　　10 000

　　贷：待处理财产损溢　　　　　　　　　　　　　　　　　　　　　　　10 000

2.13.3　关键问题答疑

问题 1：存货盘盈或盘亏要调整以前年度会计报表吗？

答：一般而言，存货盘盈或盘亏的金额不会太大，对会计报表数据不会产生重大影响。为简化账务处理，存货盘盈或盘亏先通过"待处理财产损溢"科目核算，再按管理权限报经批准后冲减或增加当期"管理费用"，不用调整以前年度的会计报表。

问题 2：盘盈的存货领用后，结转的成本是否需要做纳税调整？

答：不需要。盘盈的存货入账时已经做调减"管理费用"处理了。

问题 3：存货盘亏，损失能否在企业所得税前扣除？

答：存货盘亏，如属正常损耗，企业应以清单申报的方式向税务机关申报扣除；对于正常损耗之外的存货盘亏，应以专项申报的方式向税务机关申报扣除。

问题 4：存货盘亏，对应的进项税是否要转出？

答：购进的存货因正常原因（如水果的水分挥发）导致盘亏，盘亏存货对应的进项税可正常认证抵扣。

购进的存货因非正常原因导致盘亏，盘亏存货对应的进项税额不得从销项税额中抵扣，进项税额应于发现盘亏时一并转入"待处理财产损溢"科目，即"借：待处理财产损溢，贷：应交税费——应交增值税（进项税额转出）"。

2.14　食堂向员工收取的餐费该如何做账

单位食堂向员工收取餐费的情形比较常见，对此该如何做账呢？我们先要搞清楚食堂的性质，如果单位食堂独立经营、独立核算，就应该将餐费确认为收入，需要缴纳增值税；如果单位食堂非独立经营，那么向员工收取的餐费可作为收入入账，亦可作为职工福利费支出的抵减。

2.14.1　食堂独立经营、独立核算

如果食堂独立经营（进行了工商注册）、独立核算，员工就餐比照市场价格收费，单位食堂就属于市场化运作。此时，食堂收取的餐费应确认为主营业务收入，且需按提供餐饮服务缴纳增值税。因为食堂是独立的经营主体，食堂的成本费用开支不能作为职工福利费处理，而应该记作营业成本入账。

独立经营、独立核算的单位食堂会计做账分录如下。

1. 食堂采购设备设施时

借：固定资产

　　　应交税费——应交增值税（进项税）

　　贷：银行存款

固定资产每月的折旧费可结转至主营业务成本之中。

2. 食堂采购食材时

借：低值易耗品——食材

　　　应交税费——应交增值税（进项税）

　　贷：银行存款

3. 领用食材制作餐品时

借：主营业务成本

　　贷：低值易耗品——食材

4. 向员工收取餐费时

借：现金

　　贷：主营业务收入——食堂餐费

　　　　应交税费——应交增值税（销项税）

2.14.2　食堂非独立经营

如果食堂非独立经营，作为非独立核算单位存在时，若食堂收取餐费，收费一般应低于市场价格。单位食堂无疑具有双层属性：一方面，具有福利性质，单位在贴钱办食堂；另一方面，具有经营性质，食堂向员工收取费用即可视作经营行为。

非独立经营的单位食堂会计做账分录如下。

1. 食堂采购设备设施时

借：固定资产

　　贷：银行存款

2. 食堂采购食材时

借：低值易耗品——食材

　　贷：银行存款

这里要注意一点，非独立核算的单位食堂采购固定资产与食材，取得增值税专用发票的，进项税不得认证抵扣；已认证的，应作进项转出处理。固定资产折旧费计入职工福利费。

3. 领用食材制作餐品时

借：管理费用——职工福利费

　　贷：低值易耗品——食材

正因为单位食堂具有双层属性，所以食堂向员工收费可作为收入入账，亦可作为职工福利费支出的抵减。如果作为收入入账，会计分录如下：

借：现金

　　贷：其他业务收入——食堂餐费

　　　　应交税费——应交增值税（销项税）

如果将食堂向员工的收费作为职工福利费的抵减，会计分录如下：

借：现金

　　贷：其他应付款——食堂餐费

等到食堂采购食材时，就可使用收取的餐费支付货款。但要注意，收取的餐费如果做冲减食堂开支处理，食堂开支被冲减部分不能再记作"职工福利费"。冲减食堂开支的会计分录如下：

借：其他应付款——食堂餐费

　　贷：现金

看完上面的分录，你会发现单位内部非独立核算的食堂在采购时取得的增值税进项不能抵扣，而收取的餐费记作收入时却要确认销项税。因此，我建议单位食堂不要向员工收取餐费，否则会让会计处理复杂化，而且会平添增值税的纳税风险。

2.15 企业捐赠的会计处理

企业捐赠涉及的问题主要有三个：（1）捐钱还是捐物；（2）公益性捐赠还是非公益性捐赠；（3）直接捐还是间接捐。所谓直接捐，就是企业直接将爱心款项或爱心物资交付当事人；间接捐，则是指企业将爱心款项或物资捐给政府部门或公益性社会团体

2.15.1 企业捐赠的账务处理

企业无论捐钱还是捐物，公益与否，或捐给谁，捐赠支出在会计处理上都记录在"营业外支出"科目。会计分录如下：

借：营业外支出——捐赠

　贷：银行存款（现金）

捐物的会计处理较为复杂，有个细节很容易被财务人员忽略，即捐物涉及视同销售的问题，捐赠物资是要缴纳增值税的。捐物的会计分录如下：

借：营业外支出——捐赠

　贷：库存商品

　　　应交税费——应交增值税（销项税）

捐赠物资的计价按下列顺序确定。

第一步，按纳税人最近时期同类货物的平均销售价格。

第二步，按其他纳税人最近时期同类货物的平均销售价格。

第三步，按组成计税价格确定。组成计税价格 = 成本 × （1+ 成本利润率），成本利润率由国家税务总局确定。

2.15.2 能否减免增值税

企业做公益性捐赠，捐赠物资时要视同销售，还要缴纳增值税。但针对某些特定捐赠事项，如对目标脱贫地区捐赠、对地震灾区捐赠，国家税务总局、财政部等部委曾联合发文减免所捐物资的增值税。

2.15.3 能否在企业所得税前扣除

捐赠支出能否在企业所得税前扣除，要做以下两项判断。

第一，是否是公益性捐赠，如果是非公益性捐赠（如捐给老板的同学、朋友），捐

赠支出不得在企业所得税前扣除，应全额做纳税调增处理。

第二，公益性捐赠是否通过政府部门或公益性社会团体进行，企业直接捐赠给当事人的，捐赠支出不能在企业所得税前扣除，应全额做纳税调增处理。

通过这两点可以看出，只有通过政府部门（县级以上人民政府及其部门）、公益性社会团体（需要得到税务认可）进行的公益性捐赠，捐赠支出才能在企业所得税前扣除。

注意，企业捐赠后要记得索取合规的票据，作为日后捐赠支出在企业所得税前扣除的依据。合规的票据包括省级以上（含省级）财政部门印制并加盖接受捐赠单位印章的公益性捐赠票据、加盖接受捐赠单位印章的收据联。

对于公益性捐赠，除国家税务总局、财政部等部委专项发文认可的特定捐赠事项外，捐赠支出在企业所得税前实行限额扣除。具体标准如下：

在年度利润（指会计利润）总额 12% 以内的部分，准予在计算应纳税所得额时扣除；超过年度利润总额 12% 的部分，准予结转以后三年内在计算应纳税所得额时扣除。

2.16 谨慎处理微信红包

如今微信红包（以下简称红包）被大众广泛使用，抢到红包的人总是高兴的，高兴之余，考虑过自己的纳税义务吗？企业发放红包，考虑过代扣代缴个税的责任吗？

理论上，网络红包属于礼品或赠与的范围，获得红包者应按"偶然所得"计算缴纳个人所得税，税率为 20%。在实操层面，红包太过琐碎。取得红包后，由个人申报纳税实在勉为其难。由税务查实征缴，执法成本又实在太高。因此，红包纳税之事，当有"经"有"权"。

目前，亲戚朋友间互相赠送的红包，未强制要求纳税。已明确的是，企业向个人发放红包，须替领取人履行个税代扣代缴义务。企业向个人发红包分两种情况：给员工发红包和给企业外部人员发红包。下面就针对这两种情况分别做出会计处理说明。

2.16.1 企业给员工发红包

企业为了活跃团队气氛，给本企业员工发放的红包，如春节红包，应作为职工福利费入账，一并计入员工薪酬计征个税。会计分录如下：

借：管理费用——职工福利费

  贷：应付职工薪酬——职工福利费

借：应付职工薪酬——职工福利费

  贷：现金

2.16.2　企业向外部人员派发中奖红包

企业因为经营的原因，如促销、产品宣传等，向本企业外的个人发放的红包，可以作为企业的正常费用（如市场推广费、广告宣传费）入账，按 20% 的税率代扣代缴个税后，该费用可以在企业所得税前扣除。

【例 2-8】A 公司 2020 年 5 月进行产品推广，向出席产品推广会的中奖嘉宾共发放微信红包 10 000 元。会计分录如下。

1. 发放红包时

借：销售费用——市场推广费　　　　　　　　　　　　　　　　　12 500

  贷：现金　　　　　　　　　　　　　　　　　　　　　　　　10 000

    其他应付款——代扣代缴个税　　　　　　　　　　　　　　2 500

2. 代扣代缴个税时

借：其他应付款——代扣代缴个税　　　　　　　　　　　　　　　2 500

  贷：银行存款　　　　　　　　　　　　　　　　　　　　　　2 500

3. 如何计算个税

企业为中奖嘉宾代扣代缴个税时有个细节要注意，如果中奖嘉宾所得红包为 10 000 元，企业应代扣代缴个税 2 500 元（不是 2000 元，12 500×20%=2 500），视同发放了 12 500（10 000÷0.8=12 500）元的红包。

有个很现实的问题，企业为收到红包的人代扣代缴个税并不容易，如获取身份证信息就很困难。因此在实操中，对于小额红包，企业很难严格做到代扣代缴个税。

第 3 章　费用报销

费用报销有几个乱象：科目越加越多、重叠交叉，其他费用庞杂随意。造成这些乱象很大程度上是因为财务人员对明细费用科目的设置缺乏前瞻性与系统思维。费用报销是会计核算的重头戏，费用报销工作规则性强、重复度高，价值贡献低，财务人员很多情况下受困于费用报销。对此，企业应制定科学、完善的费用报销制度与流程，以提高企业费用报销工作的效率。

3.1　费用明细科目的设置原则

本书所指的费用科目包括销售费用、管理费用、研发费用、制造费用等，这几类费用都可设置若干明细科目，即二级科目。二级科目的设置应力争做到不重、不漏、不乱、有序。欲达成此目标，财务人员应遵循以下几个原则。

3.1.1　依据费用性质分大类排序

1. 以管理费用为例

以管理费用为例，费用可梳理为以下六类：

（1）薪酬类费用，主要指管理部门人员的工资、奖金、五险一金及福利费等；

（2）日常类费用，主要指管理部门经常发生的日常费用，如办公费、交通费、图书资料费、差旅费、业务招待费、通信费及快递费等；

（3）专项费用，主要指培训费、审计费及中介服务费等；

（4）办公场所类费用，主要指办公场所租赁费、物业费及水电气暖费等；

（5）摊折费用，主要指固定资产折旧、无形资产摊销及长期待摊费用等；

（6）其他费用，指上述分类不涵盖的费用。

2. 以销售费用为例

销售费用的分类与管理费用分类大致相同，区别在于销售费用中的专项费用主要为广告费、宣传费、市场推广费等。

对费用区分大类，一方面可以方便管理，有利于事后分析；另一方面可以让费用归集有序，避免重复设置二级科目。

3.1.2 二级科目编号要留出扩容空间

二级科目的设置先要保证当前费用都有记录之处，一段时间过后可能会有新的费用名目出现，费用科目自然也应相应增加。

费用科目增加需要录入账务系统，新增科目编码以不打乱原有的科目体系为宜。以管理费用科目为例（见图 3-1），其编号为 6602，薪酬类费用的科目编号可以从 6602 01 01~6602 01 99。6602 代表"管理费用"，01 代表"薪酬类费用"，最后的 01~99 代表三级费用科目。6602 01 01~6602 01 99 一共可容纳 99 个三级科目，足可保证费用科目扩容。"管理费用——其他费用"科目编码一般会设置为 6602 99。

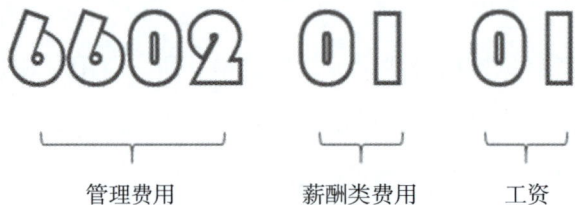

$$6602 \quad 01 \quad 01$$

管理费用   薪酬类费用   工资

图 3-1　管理费用科目编号示例

3.1.3 费用科目不可交叉

每个费用科目设置后，应确定它的核算范围，涵盖在核算范围内的费用名目不要重复设置明细科目。例如，业务招待费与礼品费，交通费与过桥过路费。如果需要将费用核算得更加明细化，可以平行设置不重叠多个科目，例如，将"五险一金"科目分解为"养老保险""医疗保险""工伤保险""生育保险""失业保险""住房公积金"六个三级科目。

3.1.4 "其他费用"要瘦身

如果费用二级科目设置得太少，费用归集时常常找不到科目。一些财务人员为了省事，会将之记入"其他费用"，最后"其他费用"就成了费用垃圾筐。一时固然省事了，后果是后续的费用分析会困难重重。对"其他费用"瘦身，最好的方法是将经常发生的费用名目增设为新的二级或三级科目。

3.1.5　科目层级设置不要太多

费用核算要做到清晰，就需要减负。费用科目清爽，也是减负精神的体现。建议费用核算到三级科目为止，避免设置四级科目。科目层级越少，出错的概率就越低。如果需要将三级科目核算的内容明细化，可以将明细项直接增设为三级科目。

3.2　费用报销工作如同一面镜子

费用报销工作如同一面镜子，可以照见企业管理的方方面面。签字流程与权签额度体现了企业的内控水平，发票审核与费用归属可折射税控风险意识，有无公款私用、贪污浪费可甄别高管的廉政程度，费用动向则能透视企业运作效能。

3.2.1　重点关注税务风险

对于费用报销，应重点关注发票合规性、费用归集、签字手续及预算等事项。其中，发票的合规性与潜在的税务风险高度关联。潜在税务风险包括以下几点：

- 发票审核不严，导致假票、废票入账，少交企业所得税；
- 将薪酬类支出当作费用处理（如出差补贴、节日福利、服装费等），少交个税；
- 将不能全额在企业所得税前扣除的费用计入其他科目，如将旅游费计入差旅费，将招待费计入研发费，少交企业所得税；
- 将赠送行为当作费用报销，如购礼品用于客户维护，少交增值税、个税及企业所得税。

为了降低税务风险，费用报销须做到四个一致，即会计分录、凭证摘要、审批单据、发票应保持一致。这样做一方面是为了让会计做账规范，另一方面是为了规避税务风险。许多企业的费用报销瑕疵多多，有替票现象、白条现象、套现现象，还有替薪现象，这给财务留下了诸多隐患。不管怎样，财务人员应秉持一点：费用报销以发票记录为准，只认发票上的列示。

3.2.2　审批签字如何规范

员工报销费用时，中等规模的企业签字流程一般为部门经理、财务部经办人、财务总监、主管副总。如果企业规模较小、内控缺失或没有下发费用预算，一般还需要总经理签字。

费用报销时，财务人员应重点审核如下内容：

- 发票的合规性，挑出假票、废票；
- 报销金额与发票金额是否一致；
- 权签是否完整；
- 费用是否在预算内，超预算与预算外费用有无特批；
- 报销单填写的事项与发票是否一致，会计做账时要随发票走。

上述（1）（2）（5）体现的是税务风险控制，（3）体现的是授权控制，（4）体现的是预算控制。

各级领导进行费用报销权签时，等于是为企业资金的支出把关。如何杜绝一些领导不作为、乱作为呢？不妨借鉴一下华为的做法。华为高管余某因在费用报销审核中未认真履责，华为决定停止其费用报销权签权力三年，本人承担连带赔偿责任。三年内如需恢复权签，须由个人聘请外部审计师对其停止权签权力之前三年的权签行为进行审计，审计中发现的违规金额及审计费用由其本人承担后，方可恢复费用报销财务权签权力。

3.2.3　总公司与分公司的费用发票能否串用

总公司的费用发票与分公司的费用发票能串用吗？例如，总部设在北京，分公司设在上海，分公司独立核算，取得的发票能否在总公司报销呢？或者总公司取得的发票能否在分公司报销呢？明确答复，不能。原因是总部与分公司都是独立的纳税单位。所以，分公司取得的发票，抬头一定要写分公司的全称。

3.2.4　如何管好高管的职务消费

企业要想管好高管的职务消费，建议重点监控招待费、会议费、培训费、差旅费、办公用品费等科目，这些科目是所谓的职务消费"重灾区"。企业最好做到公示高管费用报销，全员监督，注意厘清高管假借下属名义报销的费用。高管在分子公司兼职的，还须把审计延伸到分子公司，这里的"故事"很可能比总部还精彩。

在费用审批时，高管报销费用一般只需要财务总监和总经理审批。只要不太出格，碍于情面，有些财务总监和总经理会痛快签字。这样一来，高管的职务消费等于没了监控。

怎么改进？企业可在监控方法上多想办法。例如，华为的内审可以监督任正非的费用报销。有一次，任总去日本出差，在报销差旅费时，把住酒店时的洗衣费也计算在内了。华为的差旅费报销制度是不允许员工报销此类费用的，当内审发现这笔不当报销后，将之写到了审计意见中。任总为此做了自我批评。这种做法或许偏执，但意义发人深省。

高管费用全员公示是一种可行的控制高管职务消费的好办法。有家企业的做法就很独到，该企业财务把每位高管的费用罗列出来，按高低排序，全员公示。想一想，哪位高管愿意自己每月都"荣登"榜首呢，于是能不报销就不报销了。

3.3 费用报销如何做到规范与高效

费用报销是会计核算的重头戏，费用报销工作规则性强、重复度高，价值贡献低，财务人员很多情况下受困于费用报销。企业要想提高费用报销工作的效率，首先，要通过制定制度规范操作；其次，要关注细节，关注例外；最后，要合理运用技术手段。

3.3.1 培训宣贯先行

企业的"费用报销制度"公布后，不能仅发文了事，必须通过宣讲、培训等将制度精神传达给所有员工。有些大企业会在新员工入职培训时针对费用报销开一门课，把企业的费用报销要求以及与发票有关的知识告诉员工，帮助员工正确认识费用报销制度。例如，很多员工对增值税专票和普票区分不清，不明白为什么财务要求索取专票。通过培训，可以让员工了解专票能够抵税。另外，财务部要积极宣传官方推出的各类财税新政策、新法规。

3.3.2 集中处理

费用报销大多是小金额，大批量。如果企业有数百名员工，每个员工都有费用报销，财务人员会苦不堪言。我以前所在的公司就存在这样的问题。从周一到周五，从早上到下午，都有人来报销费用，财务部就像茶馆一样时时有人进出。后来我提议，费用报销集中在每周二、周五下午处理。经常报销费用的员工，建议尽可能一个月处理一次。这样执行后，财务部的费用报销工作简洁了许多，也轻松了许多。

3.3.3　特殊事项要有替代方案

针对特殊事项的费用报销，企业要有替代方案。例如，某通信公司的员工到山区铺设 5G 网络，两个月的时间吃住都在老乡家。项目结束，员工给了老乡 3 000 元以示感谢，没有发票。这种情况下，如果财务一味强调凭票报销显然不合理。

对此，有家企业就设计了替代方案，把出差地划分为 ABCD 四类，对于 D 类地区（偏远的山区）实行费用包干制，企业给员工较高的出差补贴。

3.3.4　新生事项预留例外通道

所谓新生事项，是指制度中没有约束、从前也没有发生过的事项。对于新生事项，企业要预留例外通道，以免费用发生时手足无措。等新生事项有了处理先例，可总结规律，将之补充进费用报销制度中。

3.3.5　IT 与人工智能替代

费用报销审批工作量大、规则性强、控制节点少、执行简单，这几个特点很符合人工智能处理的要求。费用报销前端的审批、中间的做账、后端的打款都可实现智能化。

如果企业建立了财务共享服务中心，费用报销就可以做到自动化处理，会大大降低财务人员的工作量。例如，通过 OA 系统可以实现审批环节电子化，把人跑路变成计算机跑路；在单据流转环节，可实现集中快递；在付款环节，通过 OA 与网银对接可实现批量转款；在账务处理环节，可以实现会计分录系统化处理，从而替代手工录入。

3.4　私费公报的税务风险与法律风险

私费公报，通俗来说就是个人消费让企业买单。在一些企业，私费通过正常审批后，财务人员会将之视同企业的正常费用，做账时记入"销售费用""管理费用"等科目。但要知道，这样做是违法违规的。

3.4.1　私费公报的税务风险

在实务中，普通员工私费公报或许存在，但问题一般不会太突出。道理很简单，企业都会设置重重审批权限防止员工舞弊，出现持续性、系统性风险的可能性不大。况且，员工私费公报事后一旦被发现，轻则退回报销金额、罚款，重则被处分，甚至被辞退，这就让员工在报销费用时比较谨慎。

事实上，私费公报大多来自于企业老板（大股东）或高管人员的报销。有些企业内控制度不健全、审批流程不规范，老板（大股东）与高管人员在报销费用时，因监督不足或无人监督，私费公报现象较为普遍。高管人员私费公报，这是私心作怪，钻企业的空子。老板私费公报，大多基于两个原因：第一，潜意识里认为企业就是个人的钱袋子，觉得自己的一切开销都应由企业负责；第二，有意识地从企业套现，逃避企业所得税与个税。

我们要明确一点，由于私费（如个人发生的装修费、美容费）与企业经营管理无关，因此不能将之作为管理费用、销售费用入账。

私费公报对企业而言当属多计成本费用，此做法存在较大的税务风险。根据已披露的税务稽查案例来看，税务稽查在发现私费公报问题后，往往需要企业补交两道税：

第一，私费不得在企业所得税前扣除，必须做纳税调整，补交企业所得税；

第二，私费的报销额视同老板（大股东）分红，会按 20% 的比例计征个人所得税。

3.4.2　私费公报的法律风险

如果私费公报金额过大，或者以虚开发票形式报销，会被税务认定为蓄意逃税，责任人可能会被追究刑事责任。私费公报明显是不廉洁行为，若报销额度小，一般不会上升到违法犯罪的程度；若私费公报累计金额较大，一旦股东追责，且私费公报行为被证实，责任人很可能会被认定涉嫌职务侵占。

可以看出，私费公报的风险不仅存在于企业层面，也涉及个人风险。如实报销是我们每个人洁身自好、清正廉洁的表现，这不仅是企业账务与税务规范的需要，也是对个人的一种自我保护。

3.5　哪些费用能计入业务招待费

提起业务招待费，很多人感觉它就是吃吃喝喝的费用。这种理解等于把业务招待费与餐饮费画上了等号，这是不对的，一方面，业务招待费的核算范围大于餐饮费；另一方面，餐饮费并非都要在业务招待费里核算。

3.5.1 业务招待费的账务处理

实务中，很多财务人员都没有把业务招待费的账做对。业务招待费正确的做账方法是记入"管理费用"科目，业务招待费不得在"销售费用""研发费用""生产成本""制造费用""在建工程""项目成本"等科目归集，已归集的要调整至"管理费用"科目。

3.5.2 业务招待费的核算范围大于餐饮费

业务招待费的核算内容主要包括以下四方面：

（1）宴请、娱乐或工作餐的开支；

（2）赠送客人纪念品、礼品的开支；

（3）员工和外部人员到旅游景点参观，门票费、交通费及各类杂费开支；

（4）外部业务关系人员来企业出差、调研、做项目，发生的差旅费、住宿费及交通费等。

有一点要提醒大家注意，只有本企业员工出差发生的费用才能在差旅费里核算，外单位人员来本企业出差，相关费用不能做差旅费处理。例如，企业聘请会计师事务所做审计，事务所的注册会计师来企业工作发生的差旅费，应在业务招待费核算，不能全额在企业所得税前扣除。这里有个税收筹划思维，审计人员的差旅费不妨改由会计师事务所承担，与被审计单位结算时提高审计费（加上差旅费）即可。

3.5.3 哪些餐饮费可以不记入业务招待费

哪些餐饮费可以不在业务招待费里核算呢？举例如下：

- 员工出差期间个人吃饭发生的餐费，不计入业务招待费，应计入差旅费，但发生的商务宴请则须计入业务招待费；
- 企业组织会议，如年度经营会、股东会、董事会，与会期间的餐费可计入会议费；
- 员工外出参加培训，培训期间发生的餐费可计入职工教育经费；
- 企业统一为员工提供工作餐的，工作餐的费用可计入职工福利费。

除了上述这些费用，还有哪些餐费可以不计入业务招待费呢？大家可以继续总结。因为业务招待费不能全额在企业所得税前扣除，所以总结得越多，越能给企业省下企业所得税。

需要说明的是，财务人员在做账时不能将业务招待费隐藏在其他科目中，如将业务招待费计入差旅费、会议费、培训费。税务机关对此有严格的规定，差旅费、会议费、培训费中有餐费支出的，必须提供相应的证据。

3.5.4 企业所得税前的扣除标准

业务招待费在企业所得税前扣除要狠打折扣，企业发生的与生产经营活动有关的业务招待费支出按发生额的 60% 扣除，最高不得超过当年销售（营业）收入的 5‰。

可见，业务招待费在所得税前的扣除标准要看两个数据的比较。

（1）业务招待费总额的 60%。例如，企业全年发生的业务招待费为 100 万元，能在企业所得税前扣除的金额最多为 60 万元。

（2）企业营业收入的 5‰。例如，企业全年的营业收入为 1 亿元，能在企业所得税前扣除的业务招待费最多为 50 万元。

上述两个数据孰低，业务招待费就以之为标准进行扣除。之所以这么规定，体现了税务抑制吃喝的意图。这一规定即符合我国的传统美德，又打压了奢靡之风。

3.5.5 如何控制业务招待费

控制业务招待费，一是为了避免浪费，二是为了避免以权谋私。由于业务招待费带有享受的性质，因此想控制它并不容易，下面为大家推荐两个办法。

1. 定额制

业务招待费的标准与限额可根据被招待方的身份确定，约束高规格接待。例如，宴请客户时要说清楚宴请谁、谁陪同。陪同的人不能太多，不能请一人吃饭，十人蹭饭。

2. 事前审批制

业务招待行为贯彻先请示后招待的原则，得到领导批准后方可发生。

有的企业甚至要求发生业务招待费要拍照为证，报销时把照片提交给财务部，报销单上要列明参加宴请的每个人的姓名。这种做法虽稍显极端，但目的明确，业务招待费要力争做到能不发生就不发生。如果能把定额制与事先审批制结合起来使用，效果会更好，可以遏制餐桌上的浪费与腐败。

3.6 司空见惯的差旅费报销

差旅费报销司空见惯，却未必让人全然明了。财务人员大概能感觉到差旅费报销有些"与众不同"，差旅费报销单的样式会单独设计，差旅费报销单的信息很写实，需要详细填写行程与费用明细。

3.6.1 差旅费的报销范围

差旅费可报销的内容一般包括以下几项：

（1）长途交通费（机票、火车票、长途汽车票及轮船票等）；

（2）市内交通费（出租车票、公交车票、地铁票、过桥过路费及停车费）；

（3）住宿费；

（4）餐费（出差人员正常餐饮）；

（5）杂费（行李托运费、订票费）；

（6）出差补贴（无票据，现金发放）。

3.6.2 出差补贴如何报销

员工出差一般都会按天数计算出差补贴。出差天数怎么算呢？不同企业有不同的算法。

（1）算头不算尾或算尾不算头，如3月1日出行，3月8日返回，算7天，这是多数企业采用的算法。

（2）头尾都算，如上例，算为8天，这是对员工最有利的算法。

（3）根据出行与返回的时间点判断，如出行为中午12点以前，算作1天；返回为中午12点以后，算作1天。

出差补贴如何报销，以前这是个没有争议的话题，出差一天补助现金若干，直接计入差旅费报销即可；现在，在部分省市继续此种操作恐怕不妥了。例如，北京的税务部门就不认可此做法，如不能提供发票，出差补贴一律要并入当月工资计征个人所得税。

3.6.3 容易混淆在差旅费中的其他费用

差旅费有个显著特征，大多会有异地往返的机票、火车票等。但要注意，并非有机票、火车票的异地出行都能算作差旅费报销。这涉及六种情形，不同情形下的交通费应记入不同科目：

- 员工因工作原因发生的交通费，在差旅费中报销；
- 因业务往来，客户发生的交通费在业务招待费中报销；
- 员工因探亲、团建等发生的交通费在职工福利费中报销；
- 员工在外地学习培训发生的交通费在职工教育经费中报销；
- 员工赴外地参加会议发生的交通费在会议费中报销；
- 在企业筹建期间，员工发生的交通费在开办费中报销。

另外，企业组织员工旅游发生的费用不能列支为差旅费，否则会有逃税之嫌。正确的做法是，将员工旅游费并入员工工资一并计征个税。

3.6.4　员工交通费的进项税额扣除新规

自 2019 年 4 月 1 日起，纳税人购进国内旅客运输服务，其进项税额允许从销项税额中抵扣。具体涉及以下四种情形。

（1）取得增值税电子普通发票的，进项税额为发票上注明的税额。

（2）取得注明旅客身份信息的航空运输电子客票行程单的，按照下列公式计算进项税额：

$$航空旅客运输进项税额 =（票价 + 燃油附加费）÷（1+9\%）×9\%$$

（3）取得注明旅客身份信息的铁路车票的，按照下列公式计算进项税额：

$$铁路旅客运输进项税额 = 票面金额 ÷（1+9\%）×9\%$$

（4）取得注明旅客身份信息的公路、水路等其他客票的，按照下列公式计算进项税额：

$$公路、水路等其他旅客运输进项税额 = 票面金额 ÷（1+3\%）×3\%$$

按这一规定，员工出差取得的火车票、飞机票以及实名的汽车票、轮船票，在费用报销时进项税额可计算扣除，打车票则不能做进项税额扣除。

3.7　礼品费中蕴藏的税务风险

在商业交往中，有时候企业会购置、定制或以自有产品作为礼品馈赠客户、员工，或用于企业推广活动。根据礼品的来源与用途不同，礼品费的税务处理方式也不同。首先，赠送礼品给外部人员，需代扣代缴 20% 的个税；其次，礼品费在企业所得税前扣除时，比照业务招待费处理，不能全额扣除；再次，企业购进礼品送人，应作进项转出处理，用自有产品送人应视同销售。

3.7.1 礼品费对增值税的影响

礼品的来源不同，对增值税处理的影响也不同。

- 如果是企业购进的礼品，取得的增值税专用发票对应进项税不得认证抵扣，进项税应计入礼品的成本。企业购进礼品时因用途不明确，增值税专用发票已认证的，礼品送出时，须将对应的进项税转出作成本处理。
- 如果企业拿自己的产品做礼品，需视同销售。礼品送出时要核算增值税销项税额。

对此，企业在购置礼品时，应根据所购商品的品类开票。一方面，当所购礼品改用于生产经营时，对应的增值税进项税额可以抵扣；另一方面，方便礼品登记入库，规范礼品的库存管理。

3.7.2 礼品费对个税的影响

送礼品的本质是一种赠送行为。赠送行为发生后，企业须代扣代缴个税，个税税率为 20%。

现实中，企业送出礼品后难以向受赠人收取个税，税金实际要由企业承担，这就要求会计倒算个税。送出去的礼品的价值是税后金额，应倒推出税前金额，以税前金额作为礼品费入账，把税前金额和礼品价值的差额记作个税，企业履行代扣代缴义务。

【例 3-1】企业送出价值 8 000 元（含税）的礼品，倒算出来的礼品费实际为 10 000（8 000÷80%）元。会计做账分录如下：

借：管理费用——礼品费	10 000
贷：存货——低值易耗品（礼品）	8 000
其他应付款——代扣代缴个税	2 000
借：其他应付款——代扣代缴个税	2 000
贷：银行存款	2 000

如果会计做账时没有倒算礼品费的金额，而是直接按送出礼品的价值替对方缴纳了

个税，会计做账分录如下：

借：管理费用——礼品费　　　　　　　　　　　　　　　　8 000

　　贷：存货——低值易耗品（礼品）　　　　　　　　　　8 000

借：营业外支出　　　　　　　　　　　　　　　　　　　1 600

　　贷：银行存款　　　　　　　　　　　　　　　　　　1 600

如果礼品送给企业内部员工，礼品的价值须并入员工薪酬一并计征个税。

3.7.3　礼品费对企业所得税的影响

礼品用途不同，会计账务处理也不同。礼品送给客户，应记入"业务招待费"；礼品用于企业推广活动、促销活动的，可记入"销售费用——广告费"；礼品送给本企业员工的，可作为职工福利费入账。

如果礼品费作为业务招待费入账，那么要按照发生额的 60% 在企业所得税前扣除，且最高不得超过企业当年营业收入的 5‰。

3.8　私车公用的费用如何处理

私车公用在很多民营企业是客观存在的，特别是在一些城市实行限行、摇号买车后，私车公用弥补了公务用车的不足。

3.8.1　税务对私车公用的规定

私车公用的费用在会计核算上很敏感，容易与发放交通补贴混淆。私车公用的费用报销后是否应并入工资计征个税，能否在企业所得税前扣除，一直存在争议。

对于私车公用的费用，很多企业要求凭票报销，把与车辆相关的费用单据一并作为报销凭据。这种做法是不合规的，存在较大的税务风险，企业很难证实费用就是为"公用"发生的，同时存在变相发放交通补贴的嫌疑。

私车公用涉及的费用主要包括车辆运行的直接费用，车辆的折旧补偿与自驾的劳务补偿，以及车辆保险、维修等间接费用这三部分。私车公用涉及的费用能否在企业所得税前扣除，从税务的解释来看，既不完全认可，也不完全否定，具体规定如下：

（1）对纳税人因工作需要租用个人汽车，按租赁合同或协议支付的租金，在取得真实、合法、有效凭证的基础上，允许在企业所得税前扣除；

（2）对在租赁期内车辆运行所发生的汽油费、过路过桥费和停车费，在取得真实、合法、有效凭证的基础上，允许在企业所得税前扣除；

（3）其他应由个人负担的车辆保险费、维修费等，不得在企业所得税前扣除。

3.8.2 私车公用费用的性质

私车公用的本质是企业与员工达成私车承租协议。私车公用的费用一方面具有费用报销的性质，如油耗、过桥过路费、停车费等直接费用；另一方面又具有补偿性质，如劳务补偿、车辆折旧补偿。

私车公用发生的直接费用可以凭发票据实报销，能在企业所得税前扣除，这点已有共识。补偿性质的费用处理相对复杂，需要分析后差别对待。

对于不具有唯一性、专属性的费用，如保险费、养路费、保养费、维修费、折旧费等间接费用，已明确不能在企业所得税前扣除。如果做个转换，将这些间接费用转换为租赁费，就有可能在企业所得税前扣除了。

3.8.3 私车公用费用报销如何规范

如何做到私车公用费用报销规范合理、税前扣除理由充分呢？具体操作时，建议做到以下几点。

- 明确哪些岗位、哪些员工适用私车公用，企业要有书面备案登记，避免把私车公用的费用报销与发放全员性的交通补贴混同。
- 与适用私车公用的员工签订用车协议，明确权利与义务。这点非常重要，可以消除变相发放交通补贴的质疑。
- 企业应专门登记私车公用的出车记录，清楚地写明每次出车的时间、往返地点、公里数，以及车牌号、所办事由等，并请车主签字确认。
- 用车协议中要约定清楚费用报销与用车补贴的支付标准与形式，直接费用由员工凭发票据实报销，其中，油费可依据运行公里数及油耗标准报销，过桥过路费、停车费根据出车记录报销。
- 制定员工用车补贴（包括劳务补贴、车损补贴等）报销标准，如根据行驶里程进行补贴，补贴金额并入员工当月工资计征个税。

3.9　租用写字楼的水电费如何凭票入账

企业在写字楼租办公场地已成常态。对企业而言，租用写字楼除了涉及房租、物业费外，还有水电气暖等费用（下文以"水电费"为例分析）。房租、物业费一般可由物业公司或业主直接开具发票，水电费该如何获得发票入账呢？

因经营范围的限制，部分物业公司开不出水电费发票，电力公司与自来水公司一般不会给租户分列开具发票。如果一栋写字楼只有一本房产证，水电费发票只会开给物业公司（业主）一家，且一张发票多是一栋楼的水电费总额。这等于说租户难以从电力公司与自来水公司取得合规的水电费发票。

对租户而言，不能取得水电费发票，就意味着支付的水电费不能在企业所得税前扣除，要蒙受税费损失。如何解决这个难题呢，以下三个思路可供参考。

3.9.1　请税务代开发票

某地税局信息公开栏在回复"代收水电费是否开发票"时明确表示，"物业公司代收水电费应该开具发票，并仅就其收取的手续费缴纳税款，如无手续费，则无须缴纳税款。"

问题的焦点是物业公司能否直接开具水电费发票。如果不能，税务机关能否代开水电费发票。对此各地税务规定不一，是否可行尚有争议。例如，财政部驻某地财政监察专员办事处在《代开普通发票管理亟待加强》一文中指出，"税务机关不得为申请代开人开具安装费、搬运费、劳务费、水电费、办公用品、综费等项目名称模糊、概括的发票。"

3.9.2　物业与税务沟通，变通处理

物业公司与主管税务部门沟通，以收据代替发票，并取得税务部门的认可。普通的做法是物业按实际用水、用电金额给租户开收据，同时附上自身水电费发票的复印件佐证租户水电费的真实性。租户凭物业的收据、物业水电费发票复印件、支付物业水电费的转账记录做账确认水电费。因为已获得主管税务部门的认可，这样处理后，租户无发票的水电费就可以在企业所得税前扣除了。

有个前提需要注意，物业公司不能将应由租户承担的水电费记作自身的费用。

【例 3-2】某物业公司 6 月共支付水电费 10 万元，电力公司与自来水公司给物业公

司开具了增值税普通发票。其中，租户A承担2万元，租户B承担3万元，租户C承担3万元，物业公司自身承担2万元。物业公司的账务处理为：

借：管理费用——水电费 20 000
　其他应收款——代垫水电费（租户A） 20 000
　　　　　　　——代垫水电费（租户B） 30 000
　　　　　　　——代垫水电费（租户C） 30 000
贷：银行存款 100 000

3.9.3　将水电费作为物业费的一部分处理

如果上述处理方法不能得到主管税务部门的认可。租户不妨考虑在签订租房合同时约定水电费由物业公司承担，将发生的水电费金额计入物业费中。这样一来，物业公司可以将全部的水电费作为自身费用入账，同时多确认一部分收入。

【例3-3】沿用【例3-2】，假定增值税由租户承担（税率为6%），物业公司可做如下账务处理：

借：管理费用——水电费 100 000
贷：银行存款 100 000
借：应收账款——租户A 21 200
　　　　　　——租户B 31 800
　　　　　　——租户C 31 800
贷：主营业务收入——租户A 20 000
　　　　　　　　——租户B 30 000
　　　　　　　　——租户C 30 000
应交税费——应交增值税 4 800

3.10　跨年的费用发票能否在所得税前扣除

跨年的费用发票能否在企业所得税前扣除，估计许多财务人员都有此疑问。在实际工作中，不同地方的税务给出的答复则不同：（1）绝对不行；（2）每年汇算清缴前可报销上年度的发票；（3）每年1月底前可报销上年度12月的发票。

到底哪个答复更准确，财务人员恐怕要与单位的主管税务机关沟通后才能确定。不过，上述三个答复也有一个共同点，均认为跨年发票不能在企业所得税前扣除。

有此疑问，也说明在财务人员的潜意识里认为费用是不能跨年的，这是配比原则与权责发生制原则的基本要求。但实际情况是，费用发票跨年度报销是客观存在的。例如，员工本年 12 月出差，次年 1 月才返回，自然有部分费用发票会跨年；再如，对方在上年度已经开具了发票，由于款项未全额支付等原因而拖延至次年才拿到发票。

费用发票跨年牵涉两个层面的问题：一是会计处理，二是涉税处理。

3.10.1 会计处理

一般情况下，会计处理体现权责发生制原则，注重实质重于形式。例如，2018 年取得的发票列支 2019 年的费用，这在原则上是不允许的。但有变通处理方式，如果费用金额较小，可以直接计入 2019 年的费用，如果金额较大，就要通过"以前年度损益调整"进行核算。

可见在会计处理上更看重实质，只要费用真实发生了，是可以入账报销的。

3.10.2 涉税处理

对于跨年的费用发票入账后（无论是计入本年费用，还是计入"以前年度损益调整"）能否在企业所得税前扣除的问题，国家税务总局 2011 年第 34 号公告和 2012 年第 15 号公告对此作了解答，解决了纳税人跨年度取得发票的税前扣除问题。公告的主要精神如下：

- 企业所得税预缴时可暂按账面发生金额核算，汇算清缴时按税法规定处理，避免了退税的烦琐手续；
- 逾期取得的票据等有效凭证，在做出专项申报及说明后，可追溯在成本、费用发生年度税前扣除，即企业应先行调增成本、费用发生所属年度的应纳税所得额，在实际收到发票等合法凭据的月份或年度，再调减原扣除项目所属年度的应纳税所得额；
- 在费用支出等扣除项目发生的所属年度造成的多缴税款，可在收到发票的年度企业所得税应纳税款中申请抵缴，抵缴不足的在以后年度递延抵缴；
- 申请抵缴或是要求税务机关退还税款，时限不得超过三年。

综上所述，可以提炼出简单易懂的规则：费用真实发生，跨年也可入账，申报可以抵扣，时限不能太长。

3.10.3　财务部如何应对

为了减少不必要的麻烦，企业还是应尽量避免发票跨年入账。对财务部而言，应做到以下几点：

- 向全体员工宣贯发生费用后要即时报销；
- 要求企业供应商、服务商及时开票；
- 费用真实发生了，即便发票尚未取得，也要先做账；
- 汇算清缴时，真实费用尚未取得发票的，应做纳税调整；
- 以后年度获得发票的，及时向税务说明，申请抵缴或退税。

3.11　销售返点的税务风险

说起销售返点，很多财务人员都觉得这是个棘手的问题。一方面，销售返点是商业活动中的普遍行为；另一方面，销售返点带有灰色的意味，很容易与好处费、回扣、商业贿赂挂钩。某主流媒体曾曝光个别行业的销售返点高达商品价格的 40%~50%，并且已形成行业惯例。

既然承认销售返点客观存在，那么返点费用如何入账，有什么风险，就需要财务人员认真思考。所谓销售返点，就是企业向客户支付的与商品销售量、销售额挂钩的各种返还支出。如果公对公，销售返点是一种正常现象，是企业常见的促销手段，会计做账时记作销售费用即可。

3.11.1　销售返点的税务风险分析

实务中，很多销售返点并不是返给采购企业，而是返给采购企业的相关负责人、经办人或中间人。给这些人的销售返点在性质上就要打一个问号，这属于他们合理合法的劳动报酬吗？把销售返点给客户的采购负责人，从会计核算的角度看仍然属于销售费用，可计入劳务费。问题是，这种返点别称"回扣""好处费""吃佣金"等，是见不得光的。以劳务费的名义支付销售返点，相信绝大部分人不敢堂而皇之地收这笔钱。原因在于，针对劳务费，企业须代扣代缴个税，并汇款到受益人银行账户，这样铁证如山，谁都会有所顾忌。

这实际上是一种集体的不理性和个体风险的碰撞。一方面，企业将销售返点支付给个人，有涉嫌商业贿赂的风险；另一方面，费用不能正常入账，存在税务风险。

3.11.2 规范销售返点行为

对于涉及销售返点比较多的企业，有三个问题必须解决：一是销售返点的企业所得税扣除限额；二是销售返点的个税扣缴；三是入账发票的质量控制和"三流一致"（货物、资金和发票的流动指向同一法律主体）。如果企业没有定制一个良好的销售循环税收与发票风控方案，那么销售规模越大，风险会越发不可控制。

现实中，有些企业对此类问题的处理主要采取以下三个办法。

第一，由销售人员找发票套现。这种做法形同玩火，若套现的金额较大，虚假发票、虚开发票就会出现，套现的个人、企业都涉嫌违规，都会存在法律风险。

第二，以奖金的形式付给销售人员，企业在此过程中"装鸵鸟"，把风险转移给销售人员。这种处理方式看似"干脆利落"，但企业的个税负担较重，而且有放纵员工的嫌疑。一旦出事，企业并不能独善其身。

第三，设置"防火墙"，业务外包。电视剧《人民的名义》中有个桥段：

在得知欧阳菁被双规后，大路集团董事长王大路告诉李达康书记，他从未给银行工作人员行过贿，大路集团都是通过财务公司办理贷款的。李达康则表示，他这是设置了"防火墙"。

所谓设置"防火墙"，实质是一种风险转嫁的办法。企业贷款时给个人返点，这与行贿无异，企业是有法律风险的。王大路的办法是委托第三方机构"财务公司"处理贷款事项。

这样一来，大路集团就与城市银行隔离开来。大路集团与财务公司是正常的服务委托关系，大路集团向财务公司支付办理贷款的服务费，财务公司给大路集团开具服务费发票。这个过程可以被解释为合理、合法的委托代理关系。至于财务公司与城市银行如何处理、如何协调，大路集团可以置身事外。

通俗来讲，设置"防火墙"就是通过增设一道中介隔离风险。不过，因为多了一道交易环节，这样操作会增加企业的成本。从这个角度看，设置防火墙就是花钱买规范、花钱避风险。

企业经营风险颇多，听之任之如同玩火，对此企业应规范销售返点行为。

3.12 职工教育经费核算的两大误区

在线收听

职工教育经费是指职工上岗和转岗培训、各类岗位适应性培训、岗位培训、职业技术等级培训、高技能人才培训、专业技术人员继续教育、特种作业人员培训、企业组织的职工外送培训的经费支出，职工参加的职业技能鉴定、职业资格认证等经费支出，购置教学设备与设施、职工岗位自学成才奖励费用、职工教育培训管理费用支出，以及有关职工教育的其他开支。

从 2018 年 1 月 1 日起，一般企业的职工教育经费税前扣除限额与高新技术企业的限额统一，从 2.5% 提高至 8%。企业发生的职工教育经费支出，不超过当年职工工资薪金总额 8% 的部分，准予在企业所得税前扣除；超过的部分，准予在以后纳税年度结转扣除。但要注意，仅仅计提而未实际发生的职工教育经费，不得在企业所得税前扣除。

对于职工教育经费，在会计处理上有以下两个常见的误区。

3.12.1 只有培训费发票才能计入职工教育经费

员工参加了外部培训，回来报销时，很多财务人员认为只有培训费发票才属于职工教育经费的报销范围，这过于谨慎了。须知，员工参加培训发生的往返交通费、住宿费、餐饮费等也可以计入职工教育经费。

3.12.2 员工在职学历教育的学费当作职工教育经费报销

职工教育经费主要是为提升员工的工作技能而发生，"功利性"强；学历教育立足长远，旨在提升员工的软实力。员工在职续本、读研、读博、读 MBA、读 EMBA 的学费属于学历教育支出，不能作为职工教育经费报销。已报销的，需将报销金额并入员工工资计征个税。另外，由于学历教育的学费不属于企业正常的生产经营开支，因此报销后不得在企业所得税前扣除。如此操作，员工要交个人所得税，企业要调增企业所得税，两头不讨好。

企业不妨转换思维，例如，制订员工自学成才奖励计划，将学费作为员工岗位自学成才奖励，这样处理的话，奖金可记作"应付职工薪酬"。以"奖励"代替"报销"后，奖金虽然也需要并入工资计征个税，但奖金可以在企业所得税前扣除。

3.13　弄懂工会经费的那些事儿

企业工会经费怎么计提、怎么使用、怎么核算？能说清楚的财务人员并不多，因为很多企业没有建立工会组织，估计财务也不计提工会经费。下面我就来说一说工会经费的那些事儿。

在线收听

3.13.1　工会经费的计提

工会经费的主要来源有两项：工会会员缴纳的会费和企业按每月职工工资总额的2%向工会拨缴的经费。

（1）工会会员每月缴纳会费的标准为会员月基本工资的5‰，会费不上缴上级工会。

（2）企业按工资总额计提的2%是工会经费的大头，这部分工会经费会计做账时应计入管理费用。

计提工会经费时有必要厘清"全部职工"和"工资总额"两个概念，全部职工包括在公司领薪的正式职工和临时职工，但不包括退休返聘人员、兼职学生；工资总额包括发放的各种工资、奖金、津贴。

3.13.2　工会经费的上缴与划拨

企业计提的工会经费并非能自行全部使用，成立了工会组织的，按工会经费的40%上缴上级工会组织；未成立工会组织的，计提的工会经费全额上缴上级工会组织，再由上级工会组织返还使用，一般返还比例为60%。部分地区规定，企业不论是否成立了工会组织，工费经费一律先由税务代征，再由上级工会组织返还。也有部分地区口子比较松，如企业未成立工会组织，可以不计提工会经费（此点各地规定不一，企业要咨询清楚）。

工会经费由税务代为收缴，企业必须按月（季）缴纳。企业在计算工资时应计提工会经费，准予税前扣除的工会经费必须是企业已经实际"拨缴"的部分，对于账面已经计提但未实际"拨缴"的工会经费，不得在纳税年度内税前扣除。

3.13.3　计提工会经费的会计处理

【例3-4】某企业当月工资总额10万元，计提工会经费2 000元，其中40%上缴上级工会，其他 60% 划拨企业工会，会计处理如下所示。

1. 企业成立了工会组织

借：应付职工薪酬——工会经费   2 000

 贷：其他应付款——单位工会   1 200

    ——上级工会   800

借：管理费用——工会经费   2 000

 贷：应付职工薪酬——工会经费   2 000

借：其他应付款——单位工会   1 200

    ——上级工会   800

 贷：银行存款   2 000

注意，若企业成立了工会组织，工会需要单独建立会计账套记账。

2. 企业未成立工会组织

借：应付职工薪酬——工会经费   2 000

 贷：其他应付款——上级工会   2 000

借：管理费用——工会经费   2 000

 贷：应付职工薪酬——工会经费   2 000

借：其他应付款——上级工会   2 000

 贷：银行存款   2 000

3.13.4　工会经费的开支范围

工会经费主要用于职工的教育和工会活动，其开支范围包括以下几项。

（1）宣传活动支出，包括工会组织日常的学习、劳动竞赛，举办各种报告会、展览会、讲座和其他技术交流活动的宣传费用，以及各种宣传工具的购置、维修和集体订阅的报刊等支出。

（2）文艺活动支出，包括工会开展业余文艺活动所需的设备购置费和维修费，举办联欢会、艺术展览等文艺活动的经费。

（3）体育活动支出，包括工会举办各种体育活动的设备购置、维修费，经费，运动用品和服装费。

（4）补助支出，包括工会会员的困难补助和职工集体福利事业的补助费用。

（5）工会干部训练费，指培训工会专职人员的费用。

（6）**工会行政费有关支出**，包括工会专职人员的人员经费、办公费、差旅费等费用。

（7）**工会专职人员的工资**，由工会经费开支，其他各种待遇与本企业其他职工相同，由企业负担。

工会经费实际开支时，应在工会账套中单独记账，不能记作企业的费用。

3.14 个人劳务费怎一个愁字了得

你可能会说，个人劳务费处理不就是代扣代缴个税吗，这有何难？我先说说规范的做法，会计做账时应根据劳务性质将劳务费确认为管理费用、销售费用、研发费用、制造费用、生产成本等；应付个人的劳务费，企业在发放时应先扣除个税，然后将扣除个税后的部分发放给个人。规则是明确的，可实际操作起来比这要复杂得多，有几个现实的难题需要解决：

第一，劳务费与工资不同，如何区分；

第二，个税由企业承担时，怎么做账；

第三，个人劳务费需要提供发票入账，如何解决；

第四，个人代开劳务费发票涉及哪些税，如何计算；

第五，税务限定了企业代个人办理劳务费开票的次数，怎么应对。

3.14.1 劳务费与工资不同，如何区分

根据目前的规定，劳务费已和工资、稿酬、特许权使用费合并在一起，作为综合所得以年为单位汇算计征个税。

劳务费与工资相比，要琐碎得多。作为财务人员，你真能把劳务费与工资分清楚吗？企业聘用在校研究生上班支付的劳动报酬属于劳务费还是工资？聘用退休人员呢？聘用清洁工呢？

大多数人会认为劳务费属于零星劳动所得。"零星劳动"该如何界定呢？以工作时间来界定，还是以报酬金额大小来界定，抑或以是否签劳动合同来界定，估计都很难界定清楚。

若以时间来界定，企业聘用大学教授做咨询顾问，可能数年内都要按月支付报酬；

若以金额来论，工资金额可能很小，劳务报酬金额可能很大；若以是否签订劳动合同来界定，也不尽合理，有些单位为了规避给低端职员上社保，给他们发工资时会假借劳务费名义，这样的做法是不符合《中华人民共和国劳动法》（以下简称《劳动法》）的。

劳务费与工资的差别，我觉得可以分两步界定。

首先，确定原则，纳税人有多处劳动所得的，只能将其中一处所得视为工资。

其次，分清主次，如果劳动者已有单位发放工资并缴纳社保，这一单位可认定为"主"；在其他单位还有兼职的，兼职的单位认定为"次"。"主"支付的劳动报酬为工资，"次"支付的劳动报酬为劳务费。

兼职取得劳动报酬，有一种特殊情形可变通处理。如果在集团内或者系统内兼职，可以把两处或两处以上的劳动报酬合在一起做工资处理。

3.14.2　个税由企业承担时，怎么做账

很多时候，企业劳务用工没有严格的合同约定，双方对劳务费的理解就会产生偏差。特别是一些业务领导在谈劳务项目时，可能没有意识到企业还需要代扣代缴个税，直接就承诺给对方多少报酬，等到支付劳务报酬时，自然会发生争执。

解决这个问题的方法有以下两种：

第一种，把承诺的劳务费标准提升，财务正常代扣代缴个税，扣完税后让个人拿到手的金额正好和原来约定的一样多；

第二种，由企业替个人缴纳个税，这部分个税做账时应记作"营业外支出"，且不得在企业所得税前扣除。

从规范财务和税务的角度考虑，建议采取第一种方法。

3.14.3　个人劳务费需要提供发票入账，如何解决

在我的印象中，给个人支付劳务费是不用凭发票入账的，因为个人开不出发票。但近期有读者向我反映，他们当地的税务对个人劳务费提出了新要求，必须凭票报销。没有发票的，即便企业代扣代缴了个税，个人劳务费也不能在企业所得税前扣除。

企业该如何说服个人去税务代开劳务费发票呢，想想都很费劲。如果劳务费金额较大，为促成合作，个人或许有此动力。如果劳务费金额较小，个人又怎么会愿意耗时耗力跑税务代开呢？好在有些地市税务已经开通了手机 App，App 上即可代开个人劳务费发票。技术手段的进步或许可以解决部分个人劳务费找税务代开发票的难题。

3.14.4　个人代开劳务费发票涉及哪些税，如何计算

个人到税务代开劳务费发票，先要提交申请，并提供一系列证明材料。由于各地税务要求不一，本书就不一一道明了。下面举例说明这种情况下要交的税。

【例 3-5】甲某给 A 公司提供个人劳务，约定每月劳务费 6 000 元。甲某需向 A 公司提供劳务费发票。如甲某到当地税务代开劳务费发票，涉及的税包括增值税、附加税和个税。现在税务已经明确了，个人去税务机关代开劳务费发票，税务机关不再预征个税，个税由支付款项的扣缴义务人代扣代缴。个人在税务代开发票时，只需缴纳增值税与相应附加税，符合条件的，增值税与附加税可以减免。

1. 增值税

甲某视同小规模纳税人，增值税按照劳务费总金额的 3% 缴纳，增值税税额为：

增值税税额 =6 000 ÷（1+3%）× 3% = 174.76（元）

2. 附加税

附加税包括城建税 7%、教育费附加 3%、地方教育费附加 2%，根据实缴的增值税计算，附加税税额为：

附加税税额 =174.76 × 12% = 20.97（元）

3. 个税

甲某拿到发票到公司报销劳务费时，公司应代扣代缴个税。公司需代扣代缴的个税金额为：

个税 =［6 000-174.76-20.97］×（1-20%）× 20% =928.68（元）

计算下来，个人实际能拿到手的劳务费为 4 875.59（6 000-174.76-20.97-928.68）元。

3.14.5　税务限定了企业代个人办理劳务费开票的次数，怎么应对

个人劳务费要由受益人自行到税务申请代开发票，这是合理的做法。可实际情况是个人嫌麻烦或不清楚怎么做，寄希望于企业能代办此事。代办并非不可以，但执行过程中会有障碍。例如，有些地市税务规定，如果由企业代办，给个人开劳务费发票，一年只给开两次到三次。

这样一来，实操就会碰到问题。例如，某人常年为企业提供劳务服务，按月领酬，该如何开票？如果企业一次让税务开足几个月的金额，可能涉及几个月的劳务费要合并扣缴个税，这会加重个人当月的税负。

如果这种情况不能改观，我的建议是，企业每月给个人发放劳务费不变，分月预提

各种税费，代扣代缴个税不变。累计几个月到税务代开一次发票，同时把前期预提的各种税费一次性补足。

3.15 企业租用民宅的房租如何做账

企业租用个人的房子，现在不是什么新奇的事情。租用的房子有的作为员工宿舍，有的作为高管或外派人员的安置住所，都是正经的用途，房租自然应属企业用于生产经营的费用。但问题是，会计做账务处理时房租费用会有麻烦——房租发票。

3.15.1 发票的处理

一般情况下，企业租用民宅，房东个人是不会给企业开发票的。企业交付房租后，要想在企业所得税前扣除房租费用，需要说服房东去税务机关代开发票。这时，房东多会不情愿。想想也是，谁愿意耽误时间跑税务呢？或者，房东会以此为由，要求房租半年付或年付，发票一次性开足。因此，房租费用多带有预付款的性质，企业取得发票后需按月分摊进费用。

【例 3-6】某企业租用民宅，税后月租金 4 000 元。企业不要发票，以租房合同与房租收据作为佐证，会计在做账时租金作为费用正常入账，但在申报企业所得税时，这笔房租费用不能在企业所得额前扣除。会计分录为：

借：管理费用——房租 　　　　　　　　　　　　　　　　　　　　4 000

　　营业外支出——代付房租个税 　　[4 000 ×（1-20）% × 20%] 6 40

　贷：银行存款 　　　　　　　　　　　　　　　　　　　　　　　4 640

还有一种不合规，但很常见的处理方式：使用替票报销房租。这种做法既不合法，也不合规，税务风险极大，企业要避免采用。

3.15.2 税点的处理

理论上，代开房租发票涉及增值税、附加税、房产税。各地税务基于居民个人出租房屋的特殊性，对房租设定了综合税负，一般为 5%~6%。房东到税务代开房租发票时，必须先行完税。房东的个税则由租房企业代扣代缴。名义上这些税应由房东承担，但实际操作中往往由企业负担。

【例 3-7】沿用【例 3-6】，如果房东不承担税点（综合税率 5%），要求月净租金

4 000 元，税点该如何处理呢？以下两种方式可供选择。

第一，签合同时把房租做高，税点由房东承担，但要保证房东净租金为 4 000 元。本例中含税房租可签为 5 000 元，其中 238.10 元为应交增值税，房东个税为 761.90 [（5 000-238.10）（1-20%）×20%] 元。会计分录为：

借：管理费用——房租   5 000.00

    贷：银行存款   4 238.10

       其他应付款——代扣代缴个税   761.90

借：其他应付款——代扣代缴个税   761.90

    贷：银行存款   761.90

第二，公司代为支付税点，含税房租为 4 000 元，公司代交 116.5 元增值税。综合税的计算依据是 4 000×5%=200（元），个税为（4 000-200）×（1-20%）×20%=608（元）。需要特别提醒的是，公司代房东支付的增值税不属于企业正当的生产经营费用，应记入"营业外支出"科目，且不能在企业所得税前扣除。会计分录为：

借：管理费用——房租   4 000

   营业外支出——代付房租税金   200

         ——代付房租个税   608

    贷：银行存款   4 808

针对【例 3-6】和【例 3-7】，从直接付现金额来看，不要发票时付现最少，只需支付 4 640 元；由房东承担税点时付现最多，需支付 5 000 元

从节税角度看，不要发票时 4 640 元的房租和代付个税均不能在企业所得税前扣除。房东承担税点时，5 000 元房租均可在企业所得税前扣除。企业承担税点时，4 808 元费用中只有 4 000 元可在企业所得税前扣除。综合付现成本与税负成本，不难看出，做大租房合同金额，由房东承担税点对企业更有利。

第 2 部分

财务管理

第4章　漫谈管理会计

管理会计是一个热门话题。"财务人员要向管理会计转型"，这已经成了常识性口号。但究竟什么是管理会计、管理会计到底做什么、怎样才能向管理会计转型，这三个问题无论是理论界，还是实务界，都没有做出很好的解答。管理会计是相对于财务会计而言的，二者的工作重心不同，工作方法不同，秉持的理念也不同。不过有一点是确定的，会计人要做好管理会计，必须懂业务，必须做到业财融合。

4.1　什么是管理会计思维

在线收听

财务会计要向管理会计转型，这个转型既涉及工作类型的转型，也涉及思维方式的转型。什么是管理会计思维呢？我觉得主要涉及以下四点。

4.1.1　站在业务的角度看会计

财务与业务是什么关系？一方面，财务是对业务结果的记录与反映，这属于传统会计的范畴，随着业务推进，需要财务不断改进、完善流程与内控；另一方面，财务可以通过参与业务，促进业务改进，反过来让财务结果有更好的呈现，这属于管理会计的范畴。

财务人员要融入业务，这句话该如何理解呢？我们先对财务人员做个分类，财务人员可分为两大类，第一类是以从事会计核算为主的财务会计人员，第二类是参与企业经营管理的管理会计人员。搞清楚这两个分类后，我们就能明白需要融入业务的实际是管理会计人员，传统的财务会计人员并没有太大必要融入业务。

管理会计要求财务人员懂业务、融入业务，把自己锻炼成综合性的管理人才。唯有融入了，才能做到主动换位思考。

4.1.2 关注经济利润，而不是账面利润

会计利润具有极大的欺骗性。一方面，会计利润是基于权责发生制核算出来的，有利润不见得有现金流，说直白点，会计利润只是账面利润。另一方面，计算会计利润时没有考虑机会成本及货币的时间价值，不尽客观。一般而言，会计利润不适用于做投资决策，会计人应跳出会计利润思维，多考量经济利润。

4.1.3 事前控制优于事后分析

会计工作不要总是专注于事后解决问题。即便做得再好，也只会给人以亡羊补牢的感觉。如果能设法避免羊丢失，不是更好吗？通过事前的有效预防，避免问题发生，代价会远低于事后解决问题。借助内控与制度流程建设，通过事前的筹划与预测，别让问题冒头，这是成本最低的管理方式，也是管理会计的精髓所在。

4.1.4 立足于解决问题，方法越简单越好

夫妻二人开了个面馆，请了一位大师傅做牛肉面，大师傅月工资 5 000 元。不久，顾客就有了抱怨，原因是大师傅每次放的牛肉太少。少放牛肉，不是因为师傅想给老板省钱，而是因为牛肉放得少，顾客来得就少，他的活就轻一些。夫妻二人很快调整了策略，决定按卖出去的牛肉面份数给大师傅提成。很快问题又来了，男老板发现大师傅给顾客放的牛肉越来越多了。因为牛肉放得多，顾客开心了，卖得就多，大师傅的提成就高。但牛肉放得多了，牛肉面不挣钱。怎么解决这个问题呢？理论上，最佳的办法是按卖牛肉面的利润给大师傅提成。大师傅对此不同意，理由是他不清楚牛肉和面条的采购成本，信息不对称。最后，女老板站出来说话了，继续按卖出去的牛肉面份数提成，但是做牛肉面的最后一道工序——放牛肉，要由她来操作。

这个案例能很好地说明管理会计的灵活性与实用性。管理会计不像财务会计那样有规范性、局限性，但凡能解决问题的办法就是好办法，解决问题时成本代价最低的办法更是好办法。

4.2 财务管理哲学

财务管理工作虽然没有一定之规，但它能发挥出财务人员的主观能动性，让财务人员的工作更加出彩。

4.2.1 现金为王，现金是企业的血液

会计上有许多警句都说明了现金的重要性，如"现金为王""现金是企业的血液"等。对此我们该如何理解呢？

- 企业要运转就需要现金，现金之于企业，如同血液之于生命。
- 决定企业是否要破产的不是亏损，也不是资不抵债，而是不能偿还到期的债务。这里说的债务是个大概念，可能是贷款，可能是货款，也可能是员工工资。
- 企业经营的目的不是赚利润，而是赚钱，如果没有现金流入，那么利润不过是纸面财富。
- 企业的其他资产形态如果要转换成现金，可能或多或少会贬值。

从上述几点可以看出，回款第一，营收第二。否则，你的企业可能坚持不下去。

4.2.2 财务管理应以资金管理为核心

企业管理以科研为中心、以生产为中心、以市场为中心，这样践行的企业都能自说自话。仔细分析不难证伪，以科研为中心是把企业当成了研究所，以生产为中心是把企业当成了车间，以市场为中心无异于把企业当成了销售部。企业管理以财务管理为中心、财务管理以资金管理为中心、资金管理以现金流量管理为中心，这三点有多少企业能理解呢？以财务管理为中心绝非以财务部的工作为中心，财务人员别以此托大；以财务管理为中心不是说在企业里财务工作最为重要，研发、生产、销售要低一等；经营活动应追求企业价值最大化的目标；企业经营决策是否可行，衡量标准应从财务角度着眼，看投入产出是否值当。

4.2.3 收入是利润的发动机

企业经营的主要目的是盈利，企业存在的主要理由是满足客户的需求。要做到这两点，企业需要把产品卖出去，实现销售收入。收入不仅是利润的发动机，也是现金流量的主要来源。如果企业能有持续的收入增长，那么意味着它有旺盛的生命力。

4.2.4　有利润的收入，有现金流的利润

任正非曾表示，考核要关注销售收入、利润和现金流，三足鼎立，才能支撑企业的生存和发展。单纯地追求销售额增长是不顾一切的疯狂，单纯地追求利润会透支未来，不考核现金流将导致只有账面利润。光有名义利润是假的，没现金流就如同没米下锅，几天等不到米运来就已经饿死了。

因此，财务数据的质量可以高度概括为两句话：有利润的收入，有现金流的利润。

4.2.5　一个合格的 CFO 随时可接替 CEO

这一要求在欧美的企业司空见惯。CFO 是 CEO 最有力的接班人选。CFO 站在业务的最后端，能够俯瞰企业管理的全貌，接替 CEO 本来是顺理成章的，但有些企业的 CFO 欠缺专业技能之外的机变，拘泥于专业技能，缺少变通的智慧。企业应强调制度与流程控制，在制度没有权威性的情况下，CFO 接任 CEO 有明显的短板。

4.2.6　业务与财务融合是发展趋势

业务与财务融合是发展趋势，财务会计向管理会计转型是发展方向。业务制造数据，会计核算数据，财务使用数据，审计监督数据，税务规范数据，决策依据数据。管理会计是财务会计的延伸和发展，预测、规划、控制、决策是管理会计的核心。

4.2.7　预测的准确性是检验财务工作的标尺

预测是管理之魂，预测的准确性是检验财务工作的标尺。谈及华为的财务预测工作时，任正非曾表示，预测是管理的灵魂。财务对业务的支持从事后走向事前，预测是可以为之的举措。准确的预测有助于企业做出正确的决策，目的在于：

- 提高经营管理的前瞻性；
- 优化资源配置结构；
- 不断调整经营方向；
- 预见并规避风险。

4.3　企业财务管理的目标

财务管理的目标是什么？教科书上的答案是实现企业价值最大化。这一答案在理论

层面无比正确，但要运用到企业的财务管理中，不易落地。因为企业的价值不好衡量，在企业管理实践中不好量化，也难以直接考核。

4.3.1　财务金三角的平衡

我们都知道一个数学原理：三角形具有稳定性。所谓财务金三角，分别指增长性（收入规模）、盈利性（毛利率与利润增长）、流动性（现金流与营运资金周转）。为何将之合称金三角呢？因为这三点结合在一起可以衡量企业价值，有价值固化的效果，正好符合"三角形具有稳定性"的原理。具体如图 4-1 所示。

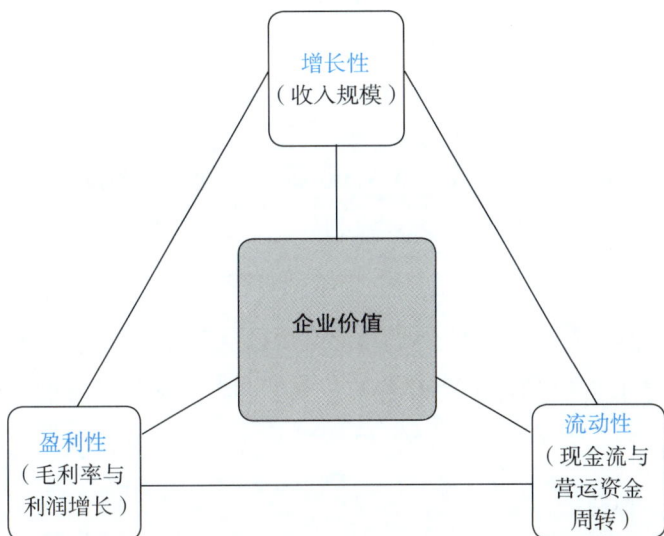

在线收听

图 4-1　财务金三角

财务管理的目标体现在财务金三角的平衡。一方面，及时、准确、合规的会计核算、资金管理是进行财务管理，有效达成财务目标的基础；另一方面，企业的主要财务管理活动，如年度预算、KPI 考核、经营分析都需要找出"金三角"之间的短木板，加以牵引，实现均衡，最终提升企业的整体价值。

4.3.2　华为的财务管理目标

要让企业价值最大化目标落地，就需要对这一目标进行分解。企业的财务活动有很多，归集起来，总会有主线条作为脉络。华为把财务活动牵引的导向分解为三个方面：第一，增长与盈利；第二，现金流；第三，资产结构。这三个方面需各加一个定语作为强调："可持续的"增长与盈利、"强劲的"现金流、"健康的"资产结构。

1. 可持续的增长与盈利

可持续的增长与盈利强调了两个方面：规模增长与利润。这两个方面是一体的，规模增长需要实现利润，利润增长因规模增长而实现。规模与利润增长要立足于长远，不能通过短期行为追求眼前的扩张。何谓短期行为，通俗地讲就是牺牲长远利益追求短期利益。

2. 强劲的现金流

何谓强劲的现金流？一是要求现金净流量为正，流入大于流出；二是现金净流入应主要由经营活动带来。强劲的现金流强调企业自身的造血机能，要做到会计利润有现金流入做保障。华为的虚拟受限股每年都能做到高额分红，这取决于华为的利润有现金流入作支撑。

3. 健康的资产结构

健康的资产结构是实现企业稳健经营的保证。稳健一是要做到企业资产负债率、流动比率、速动比率安全，不至于出现债务风险；二是要做到合理利用债务杠杆为企业创造收益。稳健不能盲目举债扩张，也不能拒绝债务保守经营，关键在于平衡有度。

通过以上分析不难看出，衡量企业的价值可以从三个方面考虑：增长性、盈利性、流动性。这也就是上文提到过的"财务金三角"。通俗地讲，如果一个企业能同时做到业务规模不断扩张，利润与现金流有保障，那么我们有理由相信这个企业有较高的价值。

4.4 企业财务管理水平分析

财务管理不可一蹴而就，企业不同的发展阶段，财务规范的要求是不一样的。例如，企业创始阶段不宜急于切分老板个人资金和企业资金，而应重点关注税务风险；企业发展阶段，可能要引入新的投资者，此时不再是创始人一言堂，财务的规范应重点关注公私之别；企业成熟阶段，需要加强内控和制度流程建设，让经营管理有章可循。用一句话概括就是，企业小的时候要强调效率，讲究一切事情从简；等到企业做大了，就要强调安全，一切做法要按部就班，不能随心所欲。

4.4.1　决定企业财务管理水平的因素

企业的财务管理水平是无法一夜之间提高的；财务岗位职责的完善，也不可能一夜之间实现。企业财务管理是否到位，是否能发挥作用，受诸多因素的影响，这些因素至少包括以下几项。

1. 企业的经营规模

一般来说，企业越大，财务管理越规范，财务岗位设置越明晰，岗位职责越明确；企业规模较小时，财务工作量往往不饱和，基于成本效益考虑，财务管理可能是缺位的，最普遍的表现是小企业没有财务人员，将账务外包给代账公司。

2. 企业的盈利能力

财务岗位设置强调相互制衡，强调不相容职责分离。如果企业亏损，节约成本会是第一考虑，财务岗位能省就省，企业可能会把财务、行政、人力资源等职能合到一起，组成综合管理部。此时，财务的岗位分工只能是粗线条的。等到企业有了利润，财务管理合规才会提上日程，老板会慷慨一些，把财务部建成一个独立的部门。

3. 股东的关系

如果企业是"夫妻店"，在一些老板眼里，财务管理无须那么认真，财务分工也不需要那么细。如果企业股东不是一家人，情况就不一样了，这时至少资金管理要认真对待，财务管理要起到牵制作用。

4. 企业的整体管理水平

企业整体管理水平不高时，财务部想单方面提升财务管理水平大概是不现实的，这时其他部门会成为财务创新路上的羁绊，财务管理唯有和整体管理齐头并进才能落地生根。这意味着，企业整体管理水平比较高时，财务管理水平也会高一些，财务岗位设置与职责分工也会科学合理一些。

5. 老板的认知

如果老板个人风险意识很强，企业的财务管理会得到更多的重视，老板对财务工作会更尊重、更支持，财务在企业的地位也会更高，财务的话语权会更大。

6. 企业的发展预期

如果企业发展预期不好，降本增效、裁员就会提上日程。连员工都要不断压缩，企业自然不会过多考虑财务岗位的合理配置。如果企业发展预期好，财务岗位设置的合理性就要跟上来，不相容岗位分离就会体现，财务岗位的分工会更明确、更规范。

4.4.2　企业财务管理不规范，财务人员如何应对

财务人员经常抱怨企业财务管理不规范，自己的工作不好做，"顶得住的站不住，站得住的顶不住"。财务人员在工作中碰到了压力、面临风险该怎么办？一走了之，还是得过且过？一走了之是情商不高的表现，而且再找其他工作很可能还会面临同样的问题。正确的处理方法是把握好度：一是心态，二是情商，三是底线。

1. 心态

财务人员遇到问题时要沉得住气，能解决的自己解决；不能解决的，利用身边的资源解决；实在解决不了的，不要逞强，尤其是涉嫌违法违规的事情，要学会说"不"。当被老板批评或埋怨时，能解释就解释，不能解释时要控制住自己想要分辩的冲动。

2. 情商

财务人员情商要高，碰到为难的事情时要先站在老板的角度思考。

有一种情况是，老板的想法"不合规"，可能是因为他不懂法，不懂会计与税务的规则，此时，财务人员需要做的是向老板讲道理。

还有一种情况是，老板贪便宜，算小钱。对于老板的这个心理，财务人员应该循循善诱，告诉他财务违规的后果是什么，当然说法要得宜，要让老板容易接受。

3. 底线

作为财务人员，守住底线是非常必要的。什么是底线？就是不能违法犯罪，不能让自己承担法律责任。

4.5　财务管理咨询的必要性

企业改进财务管理水平有两条路径：第一条路径是自发式的改进，自己摸索，一点一点往前走；第二条路径是学习优秀企业成熟的管理模式，实现跳跃式的改进。

4.5.1　找到改进企业财务管理水平的路径

对于企业改进财务管理水平的两条路径，自发式的改进见效慢，受制于财务人员的

认知，容易走弯路；如果业务发展快，多半会有财务管理跟不上业务形势的痛感。这时，借鉴其他企业成熟的做法就有必要了。

学习别人并不是件轻松的事情，这意味着要拿自己的做法与别人的做法对标。一方面，很多财务人员会觉得难为情；另一方面，会本能地排斥别人的做法，从而找出各种理由证明自己的做法才最符合企业实际。即便是学习，他们也会戴着有色眼镜，有选择性地学习，觉得对自己有利的就学，不利的就不学。

要改变这种"假学习、真排斥"的状况，企业可以考虑请专业的财务管理咨询团队帮忙。对于咨询，很多人不以为然，觉得这是理想与实际错搭的闹剧。确实，咨询做成花架子的事并不鲜见。为什么会出现这种状况呢？原因有需求方的，也有供给方的，双方合力造成的结果就是"咨询方案不接地气"。

4.5.2　企业聘请专家做财务管理咨询的原因

以我做过的财务管理咨询项目为例，企业聘请专家做财务管理咨询一般基于两个原因：第一，老板有向外界学习的意愿；第二，老板想借专家的嘴说出他的想法。

如果是第一个原因，等于咨询由专家做主导，这会体现咨询的价值，多少让人兴奋。我的做法是先调研企业的实际，了解企业现行的做法以及目前做法导致的痛点；然后设计一个改进方案，改进方案要与企业反复沟通、商讨。改进方案不能一步到位，要设定好步骤，先易后难，分阶段推进，目的是让人不抵触，并且能看到曙光。这样做出的咨询如果最终没有起到作用，板子只能打在咨询专家的身上。

如果是第二个原因，那么做咨询时就要特别小心了。因为此时你并非专家的角色，只是一个"传声筒"而已。怎么传达老板的声音是有讲究的。首先，要搞清楚老板的真实想法以及老板想达成的目的；其次，要根据老板的想法倒查原因，设计方案；最后，从原因开始顺着表达，把咨询方案装扮得有理有据。此种情况的咨询类似于表演，可以不着痕迹，但能否达成表演的目的则不取决于咨询专家本身。通俗来说，这只是一种职场谋略。当然，如果老板思虑得当、驾驭得法，"咨询"可能是有用的。

我真心希望企业做财务管理咨询的前提是第一种情况。既然要学习借鉴，就不妨来真的。

最后，用任正非请 IBM 为华为做财务管理咨询时讲过的一句话做总结：先僵化，后优化，再固化。

4.6　中小企业财务管理的五大弊端

从本质上看，中小企业的财务管理与大型企业的财务管理原理是相通的，具有相同的属性。但中小企业老板个人地位更高，这一特色决定了中小企业在管理上具有特殊性，这些特殊性必然会影响企业的财务管理，衍生出诸多弊端。

4.6.1　家财务，老板个人资金与企业资金不分

这是中小企业常见的弊端，老板的钱就是企业的钱，企业的钱也是老板的钱，混淆了法人与个人的边界。这种公私不分的做法，对老板个人而言风险极大，老板个人可能会因此面临法律风险、债务风险与税务风险，非常不可取。

4.6.2　没有制度，老板的话就是制度

大企业有完善的制度流程，管理活动有章可循。很多中小企业都缺乏完善的财务管理制度，或者有制度但形同虚设。财务人员在经办事情时只听老板的话，老板怎么说，财务人员就怎么做。今天这么说，就这么做；明天那么说，就那么做，在规则遵循上表现出极大的随意性。

4.6.3　企业决策老板一人说了算

在老板的眼里，企业就像自己的孩子一样，只有自己才最尽心尽责。因为有创立之功，老板个人的权威性很高。这种权威性有时甚至是企业成功的保证。做经营决策时，大家畏惧老板的权威或者过度依赖老板的权威，会导致"一言堂"。如果老板的眼光犀利、思虑长远、决策睿智，"一言堂"可以保证企业运作的效率；但要是老板的想法错了，企业就危险了。

4.6.4　偷漏税

中小企业偷漏税的原因主要有两点：一是企业老板认为税负重，企业承受能力不够；二是企业老板法律意识淡漠，纳税意愿较弱。如果是后者，企业等于在挖空心思欺骗税务。财务人员处身其间，是要承担一定法律风险的。

4.6.5　两套账

两套账就是本书1.7节讲过的内外账，大多数情况下，外账是为了企业报税使用，

目的是糊弄税务。此时内外账最主要的差别在于企业一部分收入不入外账，回款直接进了老板个人的兜里。这样的做法既逃了增值税和附加税，又逃了企业所得税，还少交了个税。两套账的做法拙劣，是一种自欺欺人的掩饰。

上述这些问题看似严重，其实根源就在老板一人身上。等到企业体量变大，盈利了，老板基于风险考虑，意识可能会转变。当老板希望企业财务管理规范时，这五个弊端就都能解决了。老板什么时候会转变意识，主动提出规范企业财务管理呢？一般有三个契机：

（1）企业利润增加，规模做大了，老板不愿意再承担财务风险时；

（2）企业打算引入新的股东，出现了利益制衡时；

（3）企业准备走向资本市场，需要更开放地面对投资人时。

4.7 财务管理的最高境界

企业财务管理工作需要不断地解决问题，不断地协调矛盾。矛盾本身是对立的，但财务管理不能用对立思维去看待矛盾。财务管理的最高境界是把对立的矛盾统一起来，让矛盾体并行不悖。

4.7.1 最常见的矛盾：服务与监督

企业财务管理工作中最常见的矛盾是服务与监督。财务工作既有服务职能，又有监督职能。一方面，业务是企业存在的基础与前提，财务管理工作是建立在这一基础之上的，这决定了财务管理工作必须要为业务服务；另一方面，财务管理工作要对业务开展的合规性、合法性负责，为企业经营保驾护航。

监督与服务在很大程度上是对立的，如果过度强调监督，可能会把业务逼上梁山；如果一味地强调服务，放纵业务的随意性，又可能加剧企业的经营风险。如何平衡好这个度，说易行难，这也是很多人觉得财务管理工作难做的原因之一。

4.7.2 将挑错思维转换为指路思维

从哲学的角度看，矛盾有对立的一面，也有统一的一面。好的财务管理，就是要不断放大矛盾统一的一面，同时不断缩小矛盾对立的一面。

例如，高工资与高利润就是一对矛盾。工资高，意味着成本费用高，利润就会少，这是对立的一面；反过来，高工资可以激励员工更好地工作，可以吸引优秀的人才加入，从而创造更多的价值，这是统一的一面。

员工工资高与企业人工成本高并不是一回事。员工工资很低的企业，人工成本可能很高；员工工资很高的企业，人工成本可能很低。这是个具有辩证色彩的话题。如果企业存在冗员，五个人干三个人的活，即便每个人工资都不高，企业整体人工成本也会很高；反之亦然。

财务服务与财务监督同样并非决然对立，处理得当也可以将矛盾体统一起来。在做这样的统一之前，有必要先分析服务与监督对立的原因。如果财务人员戴着有色眼镜同时履行这两项职能，对业务总是保持挑错思维，在言语和行动上就不可避免地会表现为不满、怀疑与指责。长此以往，财务就会与业务产生矛盾。

在现实的商业环境中，业务拓展或多或少会有灰色甚至踩红线的操作，如销售佣金、返点等。财务监督如果对此一竿子打死，这是管理思维上的"洁癖"，也是企业发展中的一种风险。要知道，企业最大的风险不是监督不力，而是抓不住机会，丢失了客户。在商业大环境没有改善的情况下，财务的"洁癖"于事无补，甚至可以视为管理上的"精神疾病"。

任正非在谈及财务监督时说："合规的目标也是'多产粮食'，而不是影响或阻碍粮食的生产。对法律上有风险和障碍的地方，不能一概说'No'，而是要找到合规的解决方案，指导一线合规地把业务做成，最终目标还是要紧紧锁在'多产粮食'上。台风来了，不是放弃水稻，而是要把水稻扶起来，这样虽然会减产，但还是有粮食。必要时，你们要背上背包，拿上铁锹，奔赴战场，与业务部门一同在战壕中解决问题。"

如果财务管理能将挑错思维转换为指路思维，承认现实窘境的同时帮助业务合规，财务就容易获得业务的尊重。能做到这一点，财务服务与财务监督就由对立变为统一了。

第 5 章　内部控制

　　企业内部控制的本质是为了规避风险。内部控制很难讲明白，明白的人听完能加深感悟，不明白的人听完还是一头雾水。内部控制难讲在于，说出的道理多是企业做不到的，能做到的又不符合自己所讲的。企业的内控建设不可能一蹴而就，处于不同发展阶段的企业，对内控的最低要求是不同的。内控建设要与时俱进，但不能盲目冒进。

5.1　为什么财务部门总对其他部门不放心

　　职场中很多人都有种感觉，财务人员的风险意识、责任意识、大局意识特别强烈。有些财务人员总觉得在企业里除了自己，其他人都不尽责，都不值得信任。当业务部门需要财务部门信任、理解、支持时，是什么原因导致财务人员充满怀疑呢？原因可能在以下几个方面。

5.1.1　内控不健全，人治和经验主义盛行

　　由于财务工作处于末端，企业所有的风险和问题最后都会在财务环节集中暴露。财务部门处于问题多发地段，财务人员的风险和责任意识就会爆发，会主动对猜疑求证，想对风险进行控制。这种情况是由财务人员的责任感造成的。

5.1.2　财务人员抓不住关键风险点

　　很多财务人员都严格遵循谨慎性原则，将之当成金科玉律，甚至会滥用这个原则。如果财务人员不知道在什么时候、什么环节会出问题，为保险起见，财务部门会无端地设置壁垒和门槛，目的是挡住风险。这一点是由财务人员经验不足，抓不住关键风险点造成的。

5.1.3　财务人员不了解业务

很多财务人员参与企业经营决策的程度不高，对企业的具体业务运营不了解。一旦业务运作不透明、不合规、不按常理出牌，财务人员会适应不了。财务人员愿意按照理想化的模式考虑问题，当现实与理想出现冲突碰撞时，财务人员会本能地猜疑其中有何猫腻。正因为有这样的想法，才让财务人员有一种防御心态。

5.1.4　财务人员自私心理作怪，怕担责任

财务人员到底要承担什么责任呢？任正非有个观点：业务承担所有的风险责任，财务提供风险分析和揭示风险。业务不仅要对增长负责，也要对利润负责，更要对法律遵从负责。

财务人员的责任是提示风险，如果把风险提示到了，而主管领导没有采纳，责任就不应由财务人员承担，而应由主管领导承担。如果财务人员连风险都揭示不出来，显然其能力和水平及对企业业务的了解都是欠缺的，因此造成的企业经营决策失误，财务人员需要承担一部分责任。

财务部门总对其他部门不放心，这是一种"变异"了的责任心，根源在于财务人员未能融入业务。要由"不放心"变为"放心"，一方面，需要财务人员有更开放的心态；另一方面，需要财务人员走进业务，了解业务。

5.2　财务工作忌反常

曾有人在微博上提出质疑："猜猜看，一个人演一出戏，为什么要签两份合同？行话，这叫一小一大双合同。小的不怕曝光，演员片酬近千万，而大合同却是 5 000 万元……现在问题来了，那 5 000 万元为什么要偷偷摸摸拿？怕什么？"通常情况下，影视演员一部戏只需要签一项合同，签两项合同费时费力，并没有什么意义。没有意义还要做，这就是反常。反常不能做合理解释，背后一定有猫腻。

5.2.1　让人疑心重重的账务处理

我以前听过一个案例，税务机关到某企业稽查，发现该企业一年的办公用品费超过 200 万元，福利费中食堂的早餐奶就报销了约 70 万元，该企业只有不到 200 名员工，

这意味着该企业每名员工一年的办公用品费超过 1 万元，早餐每人每天要喝五盒奶。这明显有悖常理，税务机关自然不会全额认可这样反常的费用，最后按人头数与税务认定的标准核定了这两笔费用。

经常有读者问我这样的问题：A 公司销售一批产品给 B 公司，B 公司却付款给了 A 公司的母公司 C，这样做有没有风险？如果账实是相符的，自然不会有风险。如果账实不相符，连自己都觉得不放心，自然就有风险。针对这种情况，最好的处理方法是 B 公司直接付款给 A 公司，如果非要改变资金路径，就需要 ABC 三家公司签署一份委托收款协议，A 公司委托 C 公司收款，B 公司同意此约定。

即便如此操作，账实相符就没有问题了吗？为什么 A 公司不收款，而要让 C 公司收款呢？里面有何猫腻，是不是变相拆借资金，是不是母公司占用子公司资金？只要较真，可以有无数质疑，需要做很多解释，解释过后仍会让人疑心重重。

5.2.2　异常是问题和隐患的苗头

我们平时的会计工作成果应力求简洁，不言自明。如果工作输出不辅之长篇累牍的解释就不足以说明问题，这样的工作输出很难说是合格的。要知道，解释本身就是反常，反常太多、太离谱就是异常，异常是问题和隐患的苗头。例如：

- 企业年年亏损，却不见减产关门是反常，这是转移利润逃税的苗头；
- 企业没几个员工，营收持续增长是反常，这是虚开增值税专票的苗头；
- 企业仓库不大，账面存货一堆是反常，这是做账外确认收入的苗头；
- 账面其他应收款居高不下是反常，这是大股东占用企业资金的苗头。

站在会计核算的角度，这些反常经不起推敲和盘查，形式方面掩饰得再好，实质方面也难以自圆其说。站在税务的角度，税务机关对企业的风险管理已相对成熟有效，这些反常很难通过税务的风险管理监控指标。

所以，会计工作要有规矩意识，财务人员要有底线思维和红线敏感，尽量让自己的工作输出理直气壮，做到无须解释、一目了然，即便解释也要有理有据、方寸不乱。

5.3　集权，集团公司财务管控的趋势

在线收听

集团公司对分子公司的财务部门管控目的有两个：一是履行

监控职能，二是贯彻总部管理意图。集团公司对分子公司财务管控的目的可通过哪些手段实现呢？主要手段有三个：管人、管财和管账。

5.3.1 管人

这里说的管人，是指集团财务部要管好分子公司的财务人员。集团财务部对分子公司财务人员有四种管法：

第一种，放羊型，分子公司财务总监与财务人员完全属地管理；

第二种，集团委派财务总监，这是最常见的模式；

第三种，财务垂直管理，分子公司财务部由集团财务部直接领导，如万达集团就实行财务人员垂直管理；

第四种，分子公司不设财务部，财务人员实行集中管理，华为是这种做法的典型代表。

这四种管法，集团对分子公司财务管理的权限是递进增加的：集团委派财务总监，目的是管住关键少数，这等于把财务监管的希望寄托在了一个人身上；财务垂直管理模式是进了一步，不只管关键的少数（财务负责人），所有财务人员都被纳入集团统一管理；财务集中管理则更进一步，割裂了财务人员与分子公司的联系。

这种递进，本身就是集团财务集权的体现。

5.3.2 管财

集团公司一般会实行资金集中管理。小一点的集团公司会通过收支两条线将分子公司的资金收归总部，实现资金集中。大型企业集团则普遍成立了财务公司。财务公司是服务集团内部的准银行，它将集团内分子公司的资金集中起来，利用分子公司用款的时间差"抽长补短"，实现统一协调使用资金。

资金集中管理一方面能强化监管，另一方面可以创造更高的收益或降低整体资金成本。

既然资金集中管理有如此多好处，能否进一步，做到资产集中管理呢？例如，集团内的固定资产统一调配使用，这能极大提升固定资产的使用效率。再进一步，如果把员工也看作是一种资源（人力资源），能否做到集团内部调配使用呢？

管资金、管资产、管人力资源，终极目标是要提升资源的使用效率，创造更高的收益。资源分散时其使用效率普遍低下，唯有集权才能最大限度地提升资源使用效率。

5.3.3　管账

一般情况下，集团新成立子公司或新收购子公司后，首先会给新子公司换上集团统一要求的财务软件；其次是做账务初始化，统一录入集团规定的一级、二级和三级会计科目；最后是执行集团统一的会计制度和财务流程。华为的会计核算就曾提出四统一：科目统一、编码统一、制度统一、流程统一。

财务信息输出统一体例、统一标准，所有分子公司一盘棋，一方面能极大降低内部沟通成本，另一方面容易让集团财务管控要求落地。这样做等于实现了财务信息模板化输出，统一集团内的会计语言，自然能极大提升集团整体的财务工作效率。

即便做到了账务核算标准化、统一化，很多集团仍觉得不够。因为账是人做的，标准统一只能达成形式上的统一，实质上的统一能否做到则很难说。现在很多集团公司都建立了财务共享服务中心，将会计核算完全独立于业务，财务会计与管理会计被完全切割，财务会计侧重监督，管理会计侧重服务。

通过集团财务管控的三个手段，即管人、管财、管账，我们可以清晰地看到演进的趋势——集团在不断强化集权管理。之所以能集权，有信息化、网络化带来的便利，也有集权形成的利益驱动，如成本更低、监控能力更强、效率更高。

5.4　母子公司管理的责权界定与边界划分

母子公司的管理主要是基于资本纽带。母公司对子公司的管理不可能面面俱到，因为子公司毕竟是一个独立的法人实体。子公司有它的经营班子，有它自己的利益诉求，因为信息不对称，经营层的道德风险与逆向选择随时都可能发生。如何解决信息不对称的问题，母公司势必要加强对子公司的监管，但监管的灰度是难以把控的。

5.4.1　母公司对子公司管理的三重顾虑

一般来说，母公司对子公司的管理有以下三重顾虑：

（1）怕管得太多，打击子公司经营层的积极性，让子公司的经营班子有职无权，不愿意做决策；

（2）怕管得太少，让子公司成了独立王国，进而管理失控，不服从母公司的管理；

（3）害怕信息不对称，子公司欺骗母公司。

无论是管多还是管少，显然都没有达到真正要管的目的。可能有人会说："那我管得恰到好处，既不多又不少，不就好了吗？"这话说来容易，但"度"要把握得恰到好处是非常难的。谁敢说自己的"度"刚好是最合适的呢，这个不太好判断。

母公司对子公司应该如何管理？我推荐任正非的一个思想：让听得见炮声的人做决策，给子公司更多的自主权，但母公司要加强监督权。

5.4.2 让听得见炮声的人做决策

任正非曾提到，对地区部的管理，如果都由母公司统一来管理和做决策，会导致决策的链条太长，往往会耽误事。地区部把需决策的问题抛到母公司来，母公司一方面对问题不清楚，做决策之前还要去下面核实情况。这样一来一回，往往会错失最佳时机。

"让听得见炮声的人做决策"的意思是，要把决策权交给一线的管理者，不要处处由母公司代劳，替一线做决策。这一个观点用于母子公司管理是非常恰当的，它缩短了华为的决策链条，极大提升了工作效率。

5.4.3 让渡决策权，加强监督权

明确了谁能拍板的问题后，另一个问题出来了，如果子公司的决策层利用自己的决策权做一些不理性、不道德的事情，甚至损害了企业的利益，母公司该怎么办？如果子公司的决策都需要母公司把关，等于又回到了管得太多的问题上。

对于权力的边界如何切分，任正非提出了一个有针对性的办法，即把决策权让渡给一线的同时，母公司要加强监督权。这样一来，权力的边界就分清楚了。一线做决策，母公司做监管，各司其职。

或许管理本来就不存在绝对正确的方法，每一种管理方法都会伴随一定的副作用，关键是要有防范副作用的办法。母子公司的管理不妨参照上述几个观点执行。

5.5 制度落地要解决的问题

有没有制度与企业是否存在管理风险完全是两回事。没有制度，企业运营可以做到安然无事；制度设计极尽缜密，企业管理也可能失控。

5.5.1　制度因何而产生

有些民营企业的老板很强势，他们拥有超强的个人能力，这种能力可保证创业初期凝聚人气、快速决断、高效运营。创业者的雄才是企业初期成功的关键因素，但仅依靠个人魅力却未必能把企业做成百年老店。等到企业规模扩大，老板即便再有能力，也不可能面面俱到，也无法凭自己的眼睛盯住业务运营的每个细节，此时就要制定制度，用制度管人、管事，让制度成为老板目光的延伸。

5.5.2　制度到底有何作用

到过华为的人都会对其严苛的规章制度惊叹不已。任正非的高明之处在于，他不把华为的长治久安建立在个人威望上。华为推崇制度与流程管理，在内控建设上苦心孤诣。

华为的制度能约束到细节，这种严格的规程减少了无数的内部摩擦。时时、事事律己律人的内控模式减少了员工的无效作业，降低了华为的内控成本。如果人的监督能及时，是不需要制度的。一旦人的监督跟不上，制度就是最有效的替补。制度到底有何作用，总结为以下三个方面。

第一，预防风险，所有行为只能在既定轨道内运行。

制度就是规矩，在制度约束下予以授权，实则为用人要疑、疑人要用。即便授权出了问题，损失也在企业可承受的范围之内。

第二，提升效率，凡事一个尺度，按照规则办事。

如果一个企业有太多的内部协调高手，那么这个企业的制度建设可能会一塌糊涂。企业内部运行最理想的状态是 A 能办成的事，B 也能办成；A 办不了事，B 也办不了。如果换一个情商高的人就能通融转圜，这不是制度控制，而是人治。

明确了制度，办事就看是否符合既定规则。这样一来，一则有了清晰的判断标准，不至于反复试错；再则，纲纪森严，不需要违心地讨好巴结。

第三，降低成本，减少可有可无的控制环节。

制度越明确，越不需要人为的干预与控制。在人工智能时代，企业可以把约定明确的规则交给计算机去控制。人为控制的节点越少，控制成本会越低，效率也能提升。

制度是管理经验的总结，是集体智慧的成果。我们阅读一家企业的制度文件汇编，等于在给这家企业做"体检"。哪方面的制度完备、严谨，就意味着企业在这方面的管理成熟。反之，则表明企业尚未摸索出管理的规律。

5.5.3　制度落地要关注的三个层面

如果想让制度真正发挥作用，企业应重点关注以下三个层面的问题。

第一，设计层面：有没有。

企业管理的关键控制点有没有制度流程加以规范，这是内控要优先解决的问题。没有制度设计，等于做事无法可依，把经营管理建立在个人的职业操守与道德良心上是不可持续的，也是危险的。

第二，执行层面：细不细。

企业在设计制度时要考虑执行环节所有可能的场景，要在制度中一一加以明确。如果话语模糊，每个规定就可能存在多样性解读，执行人一定会选择对自己最有利的解读行事。

在线收听

某企业规定资金支出单笔超过 10 万元的须报经董事会审批。这项规定看似具体，实际执行中却被架空了。企业总经理为了规避董事会审批，授意对大额付款进行分拆，如把 15 万元支出分为 8 万元与 7 万元两次支付。

这一现象后来被董事会知晓，企业"资金支出管理办法"做了补充规定，同一经济事项付款累加超过 10 万元的，也须报经董事会审批。

内控在执行层面应尽量做到约定明细，流程接地气，让每种可能都有约定，让每项条文都无歧义。

第三，考核层面：用不用。

再好的内控设计如果没有被认真对待，也不过是一纸空文，把制度用起来才是关键。

还有一个问题需要注意，内控是明确纪律的，最终要落实到奖惩上。我看过某企业集团的制度汇编，每项制度对可为和不可为的情形规定得很清楚，但有一个问题，制度没有闭环，制度中没有约定归口管理部门，没有规定如何检查制度的落实与执行，自然就不会有惩处的字样了。

5.6　企业内控建设与一把手的权力制衡

目前，很多企业的内控建设都存在瑕疵，特别是对一把手的权力制衡存在短板，出现了一把手不受控、无约束、缺制衡的问题。

5.6.1 内控被践踏的主要表现

1. 投资决策"一言堂"

除了垄断型行业，很多企业的投资回报不尽如人意。企业投资不成功固然有市场不确定的原因，但不能将之简单地归因于投资风险。不可否认，有些企业的投资决策形式上很规范，项目上马一般都要经过经营班子集体决策，审批流程和表决方式也很完备。但从决策过程来看，其间长官意识明显。有的投资规划未经市场调研就做出，甚至直接根据一把手意愿编制，立项拍脑袋、论证拍胸脯、失败拍大腿的"三拍"决策方式是现实中很多企业做决策的写照。基于传统原因形成的一把手家长作风无疑淡化了集体决策的色彩，一把手会自觉或不自觉地将集体决策当成个人拍板的摆设。这时候形式上的集体决策就异化为一把手个人意志的强化和固化，甚至成了逃避个人责任的手段。

2. 人事任免裙带化、帮派化

有些企业因员工收入水平较高，而且住房、保险等福利待遇优越，成了让人艳羡的单位。企业一把手在人员招聘与干部任免问题上有绝对的话语权。如果私心作怪，超编制招聘、关系户招聘一把手一句话即可，干部选拔也会表现出裙带化、帮派化。

这种用人习惯形成后，会削弱企业干部队伍的战斗力，一旦一把手与下属结成了利益纽带和攻守同盟，企业内控对一把手的约束会完全失效。

3. 人为操纵经营业绩，追求短期效益

企业的绩效考核由计划经济时代关注产值，到市场经济时代关注收入、利润，再到现在关注 EVA（经济附加值），标志着社会对企业的要求从唯生产行为到唯市场行为，再到追求投资回报，这无疑是理念的进步。但我们实在不宜高估这种进步，仅以 EVA 为例，几乎所有可以操纵盈余的手段都可以操纵 EVA。因此，试图通过引进先进考核工具改善企业经营管理的想法是天真的。当企业的绩效考核方式不科学时，企业追求短期效益的目标很容易实现，寅吃卯粮、釜底抽薪等都可能发生在任期届满或即将调任的一把手身上。这种只看眼前而不顾长远的操纵业绩的模式可能会给企业的长期发展带来暗伤。

4. 权力寻租，谋取私利

一把手掌控着企业的人、财、物大权，以及重大经营决策的拍板权，如果监督、制约不到位，其可能会利用权力进行寻租，搞利益交换。因所有者缺位，企业成了权力寻租的重灾区。特别是在企业的基础建设、重大采购、办公场所装修等招标过程中，如果

一把手直接干预，关系户工程、商业贿赂很容易发生。更有甚者，有的一把手通过家人或亲属成立上下游公司，直接与企业发生经济往来，进行关联交易，通过"合法"的经济合同转移利润。

5. 假借职务消费之名搞个人享受

职务消费是社会关注的一大热点问题。有些企业负责人在职务消费上大手大脚，百无禁忌，有的甚至涉及严重的经济问题和腐败问题，造成了十分恶劣的影响，如某集团分公司的总经理花费数十万元做美容。现实中，有些企业一把手花钱无人能管，也无人敢管。其实，花钱并不一定就错了，关键是能否带来增量的经济效益。如果花钱与企业经营活动无关，仅仅是一把手的个人享受，其实质就是腐败。

5.6.2 借助外力约束一把手是完善企业内控的关键

有些企业的内控建设缺乏对一把手权力的制衡，一把手也缺乏强化内控约束自身权力的驱动力，因此，以外力介入加强对一把手的管理是企业内控的关键。许多事实证明，企业内控是在外力高压下推广的。

首先，任何一个企业建立内控制度均需要满足法律法规层面的要求，这是企业内控建设承受的最原始的外力。从会计制度的演变过程看，当企业内部控制产生重大风险时，社会和公众会要求企业改变，最终诉求会通过制定和修订法规制度来实现。

其次，企业内部存在舞弊的动机，虚假报表可能会对一把手产生特殊回报，而这一点只能通过外部监督来制衡。

企业可以考虑从以下几方面对一把手的权力进行制衡，形成外力对一把手权力的约束。

1. 实行一把手任期制

为了避免因某个一把手长期占据山头而形成盘根错节的利益集团和树大根深的家长体制，企业的一把手任期不宜超过两届（每届一般 3~5 年），届满需要强制交流。在任期间与任期结束，实行任期审计与离任审计，对一把手离任职坚持凡离必审、先审后离、凡用必审、先审后用的原则。

2. 提升 CFO（总会计师）的地位，强化权力制衡

例如，重大经济支出事项履行联签制度，CFO 与一把手同时进入董事会，两人的工作都直接向董事会负责。

3. 完善对一把手的考核机制

企业应完善对一把手的考核机制，对一把手的薪酬实行年薪与期权相结合的模式；对一把手的绩效考核，应全面体现企业整体价值的增长，注重资产质量；对一把手的激励要侧重和倾向长远，在年度 KPI 的设置上压缩一把手操纵短期效益的空间。

4. 限制与杜绝与主业无关的投资

企业应谨慎在主业之外搞多元化，盲目投资、以投资做大做强是企业陷入困境的主要原因。立足主业，把有限的资源投入主业，以求做大做强，这是企业应秉持的发展理念。

5. 引入第三方资本，优化股权结构

企业可引入外部战略投资者，带入先进的文化和管理理念。外部股东可以强化对企业的监督，形成有效的董事会，通过出资人的硬约束从根本上规避一把手的道德风险、逆向选择。这可能是制约一把手权力独大的最佳模式。

5.7 化解内部审计的尴尬需要理念革新

会计核算是对业务真实性的监督，内部审计是对会计核算真实性的监督。会计核算形成财务数据，这些数据是进行财务管理的基石，只有会计核算与内部审计做实了，财务数据才可信赖，财务管理才能有效开展，并为业务决策提供支持。

5.7.1 内审隶属关系的革新：内部审计外部化

很多企业的内部审计部门地位尴尬，甚至成了务虚的部门。道理很简单，"挑刺的总不如栽花的。"虽然大家表面会对内审人员客客气气，但背后的嘀咕、抱怨免不了。想想也是，如果人家做得规范，内审过去就成了添麻烦。如果不挑出点问题不罢休，那就得细抠鸡毛蒜皮的事了。因此，内审要立得住，还需要把握好度，直击痛点。

内审部门要有权威主要取决于以下三点。

1. 隶属的层级

隶属层级越高，内审越超脱。如果将内审机构置于企业治理结构中，可罗列出五种安排：向董事会（长）负责、向监事会负责、隶属于审计委员会、向总经理负责、向财务总监负责。企业要想从制度上保证内审的权威性和独立性，对内审的"管辖权"和

"执行权"进行变革是关键。如果内审的独立性是障碍，那么彻底的解决办法是内部审计外部化。

2. 独立性

内审部门在企业内不适宜搞 360 度评价，能评价内审的只能是其隶属的上级。

3. 一把手的垂范

一把手尊重内审结果，一碗水端平是树立内审权威的最佳方法。任正非曾提道："审计是司法部队，关注'点'的问题；财务监控关注'线'的问题，与业务一同端到端地管理；道德遵从委员会，关注'面'的问题，持续建立良好的道德遵从环境，是建立一个'场'的监管。"财务是线上的监督，审计是对财务的再监督。因为成本效益原则，内审只能抽查，做"点"上的监督。正是因为审计监督不可能做到全覆盖，所以需要人的自律、需要企业文化的引导。

5.7.2　技术进步会打破既有的审计局限

1. 人工智能会导致内审重心前移

人工智能时代内部审计的重心需前移。我曾写过一篇有关华为财务管理的文章，其中有个论述，认为会计核算是对业务真实性的监督，内部审计是对会计核算的二次监督。有位华为同事发微信纠正我，说华为的内审着力点早不是会计核算了，事实上关注会计核算已不足工作量的 5%，IFS（集成财务转型）变革后华为的内审方向已前置为业务合规性。

2. 技术革新会让内审由抽样变为全查

正如上述任正非所讲，内审应关注"点"的问题。对任总所提到的"点"，我们应如何理解呢？基于成本原则，内审是以抽样结果推断整体情况。考虑到审计成本，目前内审还不能做到全查，否则就搞成第二财务部了。等到未来人工智能进入审计领域，全面审计有可能替代审计抽样，这将颠覆现有的审计理念。

在线收听

5.8　内控建设不能超越企业的发展阶段

内控建设有阶段性，不宜滞后于企业的发展阶段，也不宜超

越企业的发展阶段。内控建设滞后于企业的发展阶段，会加剧企业的风险。内控建设超越了企业的发展阶段，等于自设路障。

5.8.1　制定符合企业发展阶段的内控标准

针对企业内控建设与风险管理，任正非有段话说得特别质朴："小企业不要讲太多方法论，如果小企业采用大企业的管理制度和方法论，专家讲得云里雾里，你搞不懂。你要真心诚意地磨好豆腐，只要豆腐做得好，就一定能卖出去。只要真心诚意地对待客户，改进质量，就一定会有机会。所以，不要把管理搞得太复杂。"

从来就没有放之四海而皆准的内控模式，只有符合企业发展阶段的内控标准。企业内控建设应该先求实用，能用最简单的方法达成目的就不要设置过多的条条框框。

5.8.2　内控的战略预见性要有限度

企业建立内控固然要有战略预见性，将眼光尽量向前延伸，但这种战略预见性应该是有限度的。试图一步到位，建立内控长效机制的设想是不现实的，也是危险的。姑且不论预见性是否准确，单单下面两个方面的原因就值得商榷：

第一，内控搞得特别复杂，必然会增加许多控制节点，势必会降低企业运作效率；

第二，内控如果事无巨细都要防范风险，会增加管理成本。

小企业盲目跟风学习一流企业的内控模式，最后几乎都会搞成烦琐哲学，弊大于利。

内控与效率、内控与成本，在很大程度上是矛盾体。加强内控可能会降低效率，会增加成本。企业要想把内控与效率、内控与成本的关系统一起来，最好的思路是内控要照顾到企业的具体实际，与企业的发展阶段合拍，内控设计理念要接地气。内控建设应始终坚持务实原则，成熟的先拟定、急用的先拟定。内控设计不要过分追求完美，在执行与企业发展过程中逐步完善即可。

我每次到企业讲授"向华为学财务管理"课程，都有企业高管会提出想学华为最新的管理模式。我总是耐心地劝说："不要学华为最新的管理，而应学华为十几年前的管理。原因在于华为现在已经实现了国际化、规范化运作，你的企业层次不够，华为现在的管理精髓你学不来，也学不像。反倒是十几年前华为由'草根'向国际化、规范化过渡，这样的境况与很多发展中企业相似，华为那时的管理模式更值得学习借鉴。"

第 6 章 营运资金管理

营运资金管理具有三层境界，其体现了财务管理递进的过程。第一层境界是注重资金安全，这个阶段主要是通过制度流程的设计，让钱别出事；第二层境界是注重资金效率，设法让资金快速周转起来，减少营运资金的占用，降低企业的资产负债率；第三层境界则是注重资金收益，懂得把富余的资金投放到更有价值的地方去。

6.1 企业经营的目的

我在上大学时，有位教会计的老师对"企业"的解释让我印象深刻。他说："企业就是企图赚钱的从业。"幽默一语，说清了企业经营的目的。

6.1.1 "赚钱"对企业的重要性

"赚钱"两字只是口头禅，不是会计学术语。可这两个字并不简单，细究下来，它是两个会计学术语的合体：利润＋现金流。对企业而言，赚钱就是要实现"有现金流的利润"。

如果你仔细审视华为 2019 年的年报，你会发现一个典型的数据特征：华为的经营活动现金净流量始终大于它的营业利润。这一数据特征足可印证华为是一家赚钱的企业。华为 2019 年年报摘要如图 6-1 所示。

赚钱对企业的重要性，再怎么强调也不为过。李嘉诚说过这样一句话，"永远要有一个生意，即使天塌下来也能赚钱"。这句话一针见血，戳到了企业的痛处，企业领导者不可不铭记于心。

	2019		2018	2017	2016	2015
	（美元百万元）	（人民币百万元）	（人民币百万元）			
销售收入	122,972	858,833	721,202	603,621	521,574	395,009
营业利润	11,145	77,835	73,287	56,384	47,515	45,786
营业利润率	9.1%	9.1%	10.2%	9.3%	9.1%	11.6%
净利润	8,971	62,656	59,345	47,455	37,052	36,910
经营活动现金流	13,085	91,384	74,659	96,336	49,218	52,300

图 6-1　华为 2019 年年报摘要

6.1.2　找出企业经营的"伪"目的

如果我们把"赚钱"这一目的记牢了，那么一些困扰企业经营的问题将不用再纠结。例如，要不要打肿脸充胖子（虚增收入）、要不要赔本赚吆喝（降价促销）、要不要搞花架子装门面（无效成本）。

以赚钱为目的，简单易解、态度鲜明，却仍有企业领导者将之抛于脑后。这些企业领导者仅看重诸如流量、品牌、估值、市场地位等"伪"目的，他们热衷于把这些"伪"目的包装得金光灿灿。殊不知，包装得再好，企业没有赚钱做后盾，"伪"目的迟早要露怯。流量、品牌、估值、市场地位这些"伪"目的有没有用呢？有，它们的作用是服务于"赚钱"。换言之，它们只是赚钱的手段，自身不能成为企业经营的目的。

6.2　现金流是企业的命门

如果你读过任正非的文章"华为的冬天"，你一定能感受到任总那种浓郁的危机意识。冬天要来了，怎么办？当然要准备棉袄过冬。棉袄是什么？对企业而言，就是现金。现金之于企业，犹如血液之于生命。这句耳熟能详的话，又有多少企业领导者真正听进去了呢？为了做大销售，放宽信用政策；为了做大规模，"大手笔"投资扩张；平时花钱大手大脚，办公条件一味追求豪华气派……这些是企业由盛转衰表现出来的普遍特征。

经济下行时期，企业管理者务必要坚守三点：不盲目扩张；不借高利贷；做有利润的收入，有现金流的利润。

6.2.1　不盲目扩张

据统计，一般企业的平均寿命仅为五年。实际上，绝大多数企业并非是因为一开始不赚钱而垮掉。如果企业不赚钱，一般活不过两年。垮掉的企业绝大多数原本是赚钱的，是在赚钱后才倒闭。具体经过无外乎赚钱后想赚更多的钱，于是盲目扩张，扩张后因为管理不善或市场格局改变，企业应付不了，最后喜剧演成了悲剧。

经济下行时期，守住眼前阵地不失为优异表现。须知，你难别人也难，只要你活下来，就赢了大多数友商。现在取守势，等到市场春天到来时再取攻势不迟，冬天的棉袄不能随意挥霍。

6.2.2 不借高利贷

如果没有十足的把握，宁可企业清算，也不要借中长期的高利贷（年化利率超过24%）。如今的市场，挣快钱的机会不多，未来市场也很难找到净利润率超过24%的生意。借高利贷不仅救不了企业，反倒会把企业拖垮。

更关键的是，借高利贷都需要老板个人背书，这等于法人责任与个人责任等同了，一旦企业不能偿债，老板也要倾家荡产。这无异于让老板失去了东山再起的机会。

6.2.3 做有利润的收入，有现金流的利润

财务数据的质量可概括为两句话：有利润的收入，有现金流的利润。即便有经济利润，如果钱不能回来，也无法实现利润。在本章6.1.1中我们提到过，华为的经营活动现金净流量始终高于营业利润，这样的数据特征还原为业务语言就是，华为每一分钱的收入和利润都收回来了。华为为什么做得这么好？因为华为始终强调收入、利润、现金流均衡增长，现金流考核的权重甚至高于利润。

6.3 OPM 战略与零营运资金管理

如果说筹资管理、投资管理体现企业的战略思想，营运资金管理则是反映企业的管理水平。例如，营运资金居高不下的企业，可能是产品竞争力不够，也可能因为商业信誉不高；营运资金管理到位的企业，管理会更精细，会向企业采购、生产、销售各环节要收益。

6.3.1 营运资金管理应关注的重点科目

广义的营运资金又称总营运资本，是指一个企业投放在流动资产上的资金，具体包

括现金、有价证券、应收账款、存货等占用的资金。狭义的营运资金是指某时点内企业的流动资产与流动负债的差额。我们通常所指的营运资金是狭义的。

营运资金的计算公式为：

营运资金 =（应收账款 + 预付账款 + 其他应收款 + 存货 +……）-（应付账款 + 预收账款 + 其他应付款 + 应付职工薪酬 + 应交税费 +……）

从公式中不难看出，营运资金管理的重点在三个科目：应收账款、存货和应付账款。这三个科目对应的是企业的销售环节、生产环节和采购环节。

6.3.2　营运资金管理的目的

营运资金管理的目的是提高企业资金的周转速度，降低企业资金的占用成本。

首先，让企业资金加速周转。资金周转天数的计算公式为：

资金周转天数 = 存货周转天数 + 应收账款周转天数 - 应付账款周转天数

企业要想加速资金周转，就要做到加快存货周转，缩短应收账款账龄，拖延应付账款的付款周期。

其次，降低资金成本。销售时能预收账款，采购时能延期付款，无异于客户、供应商都在给企业提供无息贷款；反过来，若销售时为应收账款，采购时为预付账款，这等于客户、供应商在无偿使用企业的资金。因此，企业营运资金管理应追求前者的效果。

6.3.3　OPM 战略

企业营运资金管理不妨对标 OPM（Other People's Money）模型，"用别人的钱"还是"被别人用钱"，一正一反间不仅减少了资金占用，还可省下不菲的资金成本，甚至有些企业（如商超、电商平台）的盈利主要依赖 OPM。

毫无疑问，企业无成本或低成本融资，可以提升投资回报率。但也要注意，过度使用 OPM 这一融资方式会导致与供应商关系恶化，引发供应商挤兑。

6.3.4　海尔的零营运资本管理

从回报率的角度评价，营运资金的回报率一般较低。因此，企业在运营资金管理上需要做的是不断降低营运资金的规模。海尔在这方面表现很突出。海尔曾提出追求零营运资本管理，尽可能减少企业在流动资产上的资金占用。零营运资本管理是一种极限管理，当然不是真的要求营运资本为零，而是尽量使营运资本趋于最小。

这种管理模式在实战中火力多集中在存货与应收账款。要做到存货最小，措施为JIT（准时生产）管理与订单生产；要做到应收账款最小，应拒绝赊销。

6.4 小微企业如何保障资金链安全

小微企业在实现盈利前，在有造血机能前，千万不要贪大求全、四面出击。这是由小微企业的局限性决定的，小微企业就像一个孩童，应该让它正常发育成长，揠苗助长往往会害了它。

6.4.1 按订单生产、采购，不要囤货

现在的市场行情是，很多产品都生产过剩。小微企业普遍没有成本优势与价格优势，如果囤积存货（产成品与原材料），一旦赶上技术升级，存货跌价损失会让企业失血休克。小微企业稳健的经营策略是，维持较低规模的安全库存，然后按订单生产，按订单采购，产品完工后立即移交客户。这样做一方面可以减少存货资金占用，另一方面可以降低仓储成本。

6.4.2 轻资产运营，能租不买

轻资产运营好，还是重资产运营好？从收益率角度看，重资产运营一般优于轻资产运营。但这一结论有个前提，重资产的产能须得到充分利用。

小微企业资金实力较弱，建议轻资产运营。这样做一方面可以减少企业短期内的资金占用，另一方面可以降低企业管理的难度。例如，企业班车，如果不是租赁，而是自己购置，除了需要招聘司机，还有车辆维护、交通事故处理、突发情况处理等难题。把自己不擅长的事情交给专业机构去做，往往是最经济的办法。企业有钱了，要不要转型为重资产运营，这要看企业对市场的理解与自身的竞争地位，如果没有争做市场龙头的决心，轻资产会让船小好掉头。

6.4.3 保持用工饥饿感

小微企业用工最好保持一定的"饥饿感"，如三个人干五个人的活。宁可给员工发加班工资，也要避免出现人员冗余。有些小微企业受一时的行情鼓励，员工扩张过快，一赶上市场萎缩，就要被迫裁员。须知，企业在裁员的同时，也浪费了曾经培训这些员

工投入的时间和精力，以及他们的关系网和工作经验。更严重的是，会打击其他员工的工作积极性，动摇员工对企业的忠诚度。

6.4.4 务实，省掉"面子活"

静下心来，闭上眼睛默默想一下，你的企业有多少钱花在了"面子活"上。什么是"面子活"？就是做任何事都追求规范、追求体面、追求流程完美，唯独忽略追求效率。对于大中型企业而言，"面子活"或许能提升企业形象；但对于小微企业而言，"面子活"可能是一种不堪承受的经济负担。

6.4.5 慎重借款

小微企业债权融资难，难在两方面：第一，实力不雄厚，抗风险能力弱，难以得到信任；第二，小微企业大多轻资产运营，没有土地、房产这类硬资产，自身不具备抵押借款的条件。

在解决现金流紧张的问题上，小微企业常见的路径有三个：借入大股东个人资金、老板抵押个人财产（房产）为企业贷款、借高利贷。第一个路径省事，大股东愿意就行。如果大股东也没钱，就只能走第二个路径。大股东为企业做担保申请贷款，担保空口无凭，最常见的操作模式是老板以个人资产（如房产）作抵押，为企业向银行借贷作担保。但这两个路径都属高危操作。大股东的钱与企业的钱不分，会加剧大股东的债权风险，把法人风险转嫁为个人风险。借高利贷这个路径操作起来看似简单，但若作为企业的长期资金使用，就会很危险。倘若企业长期背负高利贷，这无异于饮鸩止渴。

既然借钱如此不易，我个人的观点是，小微企业在资金问题上不要心存奢望，应立足自身，以自救为主，以保守经营为主，除非获得资本市场青睐（如风投加盟），否则最好是凭借利润滚雪球式发展。

6.5 应收账款的管理与催收

有证据表明，回款速度、坏账率与应收账款的及时催收有很大关系。放羊型的应收账款管理思维会导致应收账款周转缓慢，坏账丛生。因此，企业应做好应收账款的管理与催收工作。

6.5.1　应收账款居高不下的原因

企业应收账款居高不下的原因主要有以下几点：

第一，无节制的市场扩张，萝卜快了不洗泥；

第二，宽松的信用政策与合同条款；

第三，产品交付有瑕疵，未给客户解决；

第四，为应付考核或粉饰报表提早确认收入，实际上债权尚未确立；

第五，编制虚假销售合同，会计作假确认虚假债权；

第六，对客户资信缺乏调查；

第七，清欠不得力。

6.5.2　与应收账款相关的五项成本

一旦形成应收账款，与之相关的五项成本就会部分或全部成为企业的负担。

1. 机会成本

资金都是有机会成本的，应收账款也不例外。存在应收账款，等于客户在无偿占用企业资金。应收账款账龄越长，客户无偿使用企业资金越久。一旦机会成本大于销售毛利，原本的销售行为就是亏损的。

2. 催收成本

催收应收账款会滋生相关的通信成本（如电话费、快递费）、差旅成本。有的企业甚至会组建催收团队，这又会滋生人工成本、办公成本。为了激励催收行为，还会有激励成本，如按回款一定比例给予催收人员奖励。

3. 诉讼成本

诉诸法律建议只针对有钱不还的债务人，或有硬资产可履行债务的债权人。应收账款，收不回来诉诸法律的目的，当然是为了维护企业的权益，也为了让企业能获得部分收益。打官司是手段而不是目的。对于确实无偿债能力的债务人，不要轻易去打官司。为了追讨应收账款而打官司，不管是否能赢，也不管赢后能否收回钱，律师费、诉讼费是少不了的，这无异于雪上加霜，造成了额外的成本。

4. 坏账成本

应收账款一旦收不回来，就会形成坏账，坏账无疑是企业的一项经济损失。

5. 税费成本

收不回的应收账款怎样才能得到税务的认可呢？企业虽然可以计提坏账准备，但坏账准备税务机关一般不会承认，不允许在企业所得税前扣除。如果坏账成本不能在企业所得税前扣除，这无异于增加了企业的税费成本。

企业要想在税收上把这块损失补回来，有两个途径可以考虑：

（1）通过走司法程序取得证据，如债权不成立、已过诉讼期、债务人无力偿还等；

（2）通过债务重组方式明确损失。

6.5.3 应收账款催收八忌

企业应收账款催收莫犯以下八忌。

1. 忌让财务人员催收

应收账款催收的第一责任人应该是销售人员，而不是财务人员。谁销售，谁收款，这应成为应收账款管理的一个基本理念。

2. 忌"新款"变成"老款"再催收

越近发生的应收账款，收回的可能性越大，可变通处理的方式越多。应收账款的催收要及时跟进，企业应把主要精力先放在新近发生的逾期应收账款上，而不能等"新款"变成"老款"了再发力催收。

3. 忌要款贪多贪全

如果客户归还全款有困难，可以考虑零星收款，能收多少是多少，千万不能贪多求全；若要求客户必须一次性付全款，结果很可能是一分钱都收不回来。

4. 忌不愿打折让步

如果已经判定客户经营困难，且有关门的苗头，在客户提出打折可还款的情况下，企业应断然割肉止损。另外，在自己催收有困难，有债权收购企业愿意收购此项债权的情况下，也可以参照这一原则将债权转让出去。

5. 忌资产保全太晚

如果企业发现客户有赖账不还的倾向，应及时启动资产保全，越快越好。实践证明，一个企业但凡欠款不还，可能不只涉及一家。资产保全动手稍晚，别的债权人就会赶到前头，本企业可能已无资产可保。

6. 忌逾期催款激励不足

催讨逾期应收账款，这是件艰难的事情，企业应充分调动催收人员的积极性。正所谓"重赏之下，必有勇夫"，企业对"老大难"的应收账款催收要有重赏激励机制。

7. 忌债权证明不清

应收账款收不回来，在诉诸法律之前，最好先判断企业对该项债权的主张是否有充足的证据，如合同、发货回执、发票签收单、应收账款催收证明等，这些都是企业的债权证明。

8. 忌盲目打官司

应收账款收不回来，要不要诉诸法律呢？我建议企业慎重，在诉诸法律之前，最好做几项分析。

首先，你要判断企业对该项债权的主张是否有充足的依据。如果对债权的主张证据不充分，就不要急于打官司。

其次，要判断债权是否仍受法律保护。对于债权超过三年未主张权益的，对簿公堂时法院有可能会做出不利于债权人的判决。

最后，要调查清楚债务人拖欠款项的原因是属于债权有瑕疵（如商品有质量问题），还是属于债务人无意或无力付款。债权有瑕疵的，双方应协商解决，各让一步，争取达成销售折让协议。

总之，针对应收账款，如果债务人只是暂时经营困难而无力付款，建议企业与人为善，给予宽限期。实在无力付款，又没有资产可做债务保全的，不妨协商做债务重组。债务重组固然会形成损失，但债务重组的损失可以在企业所得税前扣除，这等于坏账能得到 25% 的减税。

6.6 客户 ABC 分类法实施的案例分析

企业对销售人员的激励方式大都采用"销售提成制"，即根据销售人员销售额的一定比例计算提成：在销售款回笼后，兑现提成；出现坏账时，扣减销售人员的工资或奖金。只要不存在销售人员与客户相互勾结的情况，销售提成制能较好地规避销售部门盲目"踩油门"的弊端。

但该模式有一个缺点，即它是一种事后控制。一旦某个客户恶意拖欠货款或无力归还货款，即使对销售人员进行惩处也无法弥补损失。

以销售人员为管理重点的应收账款管控模式弊端较多。现实中，大多数企业都同时存在拖款和被拖款的问题。很多企业的坏账规模高达上千万甚至上亿元。面临这样严峻的坏账压力，企业该如何管理好应收账款，将事后控制变为事前控制，下面将以案例分析的方式系统论述。

6.6.1 客户 ABC 分类法

MM 公司是一家医药销售公司，其年销售收入约 4 000 万元，客户数量约 450 家，其中三年以上长期客户约 400 家，前 100 家大客户销售收入占公司销售总额的 83% 以上。MM 公司将销售规模在前 100 位的客户定义为重点客户。该公司应收账款的规模约 1 000 万元，从 2019 年年底应收账款占用情况看，欠款前 100 名的客户共占用 780 万元。但这 100 家客户并不都是重点客户，欠款大户与重点客户的重合度为 76 家，这 76 家客户共占用应收账款 320 万元。可以看出 MM 公司应收账款的管控并不合理，非重点客户占用了公司过多的资源。

MM 公司依据上年度 450 家客户销售回款率的高低，将客户划分为 A、B、C、D 四类。例如，2019 年对客户 X 销售 150 万元，客户 Y 85 万元，客户 Z 195 万元……客户 X 回款 140 万元，客户 Y 回款 110 万元，客户 Z 回款 210 万元……我们可以计算出每个客户的销售回款率［回款额 ÷（销售收入 ×1.13）］。这里所说的回款包括现销回款、应收回款和预收账款。回款率在 100% 以上的重点客户为 A 类客户；回款率在 100% 以上的非重点客户（记为 B1）或回款率在 90%~100% 的重点客户（记为 B2）为 B 类客户；回款率在 80%~90% 的为 C 类客户；回款率低于 80% 的客户为 D 类客户（其中重点客户以 D2 列示），D 类客户不予赊销；新增客户，视同 D 类客户管理。之所以选取回款 80% 作为是否赊销的红线，原因是 20% 是 MM 公司产品毛利率的水平。表 6-1 是 MM 公司 2019 年年底公司客户 ABCD 分类及应收账款的分布情况。

表 6-1 MM 公司 2019 年年底客户 ABCD 分类及应收账款分布

金额单位：万元

类别	客户数		应收账款	
	户数	比率	金额	比率
A	32	7.11%	38	3.80%

（续表）

类别		客户数		应收账款	
		户数	比率	金额	比率
B	B1	234	52.00%	120	12.00%
	B2	22	4.89%	520	52.00%
C		86	19.11%	265	26.50%
D	D1	42	9.33%	45	4.50%
	D2	34	7.56%	12	1.20%
合计		450	100%	1 000	100%

6.6.2 赊销额度的分配

依据客户分类及上年度销售规模，我们可以逐一确定 ABCD 四类客户下一年度的赊销额度为多少。这样操作的目的在于保证回款信誉好的客户拥有更大的信用额度，扩大销售，同时也能通过额度调整逐步淘汰信誉差的客户。赊销额度的分配涉及两个层次：

第一，ABCD 四类客户的分配；

第二，ABCD 四类中单一客户的分配。表 6-2 为 ABCD 四类客户的赊销额度分配标准，表 6-3 为 C 类客户赊销额度分配标准。

表 6-2　ABCD 四类客户的赊销额度分配标准

金额单位：万元

类别		户数	2019 年销售收入		2020 年赊销额度	
			金额	比率	比率	金额
A		32	860	21.50%	28.86%	261
B	B1	234	730	18.25%	24.50%	221
	B2	22	570	14.25%	19.13%	173
C		86	820	20.50%	27.52%	249
D	D1	42	110	2.75%	—	
	D2	34	910	22.75%	—	
合计		450	4 000	100%	100%	904

注：（1）假定 2020 年 MM 公司收入预算仍为 4 000 万元，销售毛利率为 20%；

（2）2020 年赊销额度总金额 904 万元，测算依据为 4 000×20%×1.13；

（3）2020 年赊销额度比率计算根据 ABC 三类客户 2019 年销售收入占比计算。

表 6-3　C 类客户赊销额度标准

单位：万元

类别	2019 年销售收入		2020 年赊销额度
	金额	比率	
C1	Y_c^1	I_c^1	$249 \times I_c^1$
C2	Y_c^2	I_c^2	$249 \times I_c^2$
C3	Y_c^3	I_c^3	$249 \times I_c^3$
…	…	…	…
C86	Y_c^{86}	I_c^{86}	$249 \times I_c^{86}$
合计	820	100%	249

6.6.3　赊销额度的调整

赊销额度标准每年制定一次，由 CEO、CFO、销售总监共同签字确认，不能随意变动。如有特殊原因，每个季度可以在额度范围内做一次调整。赊销额度调整涉及两个层次。

第一，ABCD 同一大类中，两个或多个客户赊销额度的增减。

第二，ABCD 不同大类中，两个或多个客户赊销额度的调整。如果赊销额度需要调整，销售总监应向 CEO 提出申请，经同意后报 CFO 备案。

由财务部参与制定赊销额度，实际是对销售部门盲目扩大销售规模的一种制约。赊销额度的调整实际是扩大销售与减少坏账的博弈。当增加某一客户的赊销额度时，需同时削减一家或数家客户等额的赊销额度，以保证总赊销额度数保持不变。例如，销售总监认为 C7 客户回款率提高，且销售规模有进一步扩大的趋势，需加大该客户的赊销额度 10 万元；同时，他认为 B117、C3、D24 这三个客户回款情况不理想，要求分别削减 2 万元、3 万元、5 万元的赊销额度。在报经总经理批准并经财务部确认后，可以扩大 C7 客户赊销规模 10 万元，同时减少 B117、C3、D24 这三个客户的赊销额度各 2 万元、3 万元、5 万元。

ABC 分类法允许调整额度标准，是为了避免"降低风险影响销售规模"这种情况的发生。在实践中，很多企业的信用政策出现了两难境地：应收坏账风险降低后，销售规模下降了；放松信用标准后，销售上来了，但坏账风险也增加了。企业在几个客户间等值调整赊销额度的方式就是在风险水平和销售规模之间追求平衡。ABC 分类法通过"此消彼长"调整赊销额度，利于企业把有限的资源配置给高质量的客户，获得双赢。

在实际工作中，企业需要根据客户的财务状况、信誉、以往的业务记录等信息建立客户档案，综合评定资信等级。通过不断地完善客户档案，实现对客户的动态管理。企业需要努力培育和维护高级别客户，对其实行宽松的信用政策；对低级别的客户实行严苛的信用政策，或放弃业务关系。

6.7 如何审核购销合同

如果企业规定采购合同与销售合同的签订要经过财务审核，那么是个好现象，说明企业对财务工作很重视。财务审核属于专业性审核，无须面面俱到，主要应着眼于财务管控的范畴。

6.7.1 采购合同审核的要点

（1）合同审批流程是否完整，有无越权审批的现象。

（2）采购额度是否在预算范围内，企业是否有足够的资金支付货款。

（3）乙方的银行账户信息是否完整，是否注明付款的约定时限。

（4）付款方式是如何约定的。

（5）有无验收不合格时的退赔约定。

（6）有无约定开票时限与发票类型，开票信息是否完整，并应索取增值税专票。

6.7.2 销售合同审核的要点

（1）合同签署是否符合企业的流程制度，如合同的签批流程是否到位。

（2）预估销售合同的利润，对合同的盈利情况签署意见。

（3）能否在合同签订阶段进行税收筹划。例如，选择恰当的签约主体，对于多法人实体运营集团，选择低税负主体与客户签约，综合考虑流转税率与企业所得税负担；将合同额分拆，把商品销售与服务销售分开，让销售额分别适用不同的流转税率，尽量多签低税率的销售部分；把回款与开票、确认收入分开，让纳税义务后延。

（4）对风险进行把关，包括有无交付风险；评价客户的信用等级，分析有无坏账风险。

（5）审核收款方式、收款时点是否对本企业有利，收款的银行账户信息是否完整。

（6）审查发票开具的时间、发票类型以及开票信息是否完整。发票要在收款后再开具，以防买方拿到发票后不付款或自称已付过款，而卖方又没有证据证明未收到款。"先开票后收款"也并非不可行，但要做好预防工作。例如，在合同中明确开票与付款无关，并约定付款方式；在交付发票时让买方备注尚未付款；要求买方开具已收到发票的回执，注明尚未付款。

综上所述，财务人员审核采购与销售合同主要应关注流程的合规性、资金风险、税务风险等方面。合同审核是企业内控管理的一个方面，这项工作做到位需要与一系列的配套管理措施相结合，如付款审核要与预算管理相结合，签约主体审核要与供应商选择和客户信用等级评价相结合。

财务人员审核合同的目的自然是降低执行合同的风险，合同风险可能存在于多个层面，财务审核不能替代法务审核。如果合同评审没有法务把关，财务审核的责任更为重大，还需关注合同的合法性与合规性。

6.7.3 购销合同首期款定多少合适

按照惯例，购销双方会在签订合同后支付首期款，产品或服务交付后支付第二期款，质保期过后支付尾款。如果不涉及质量保证的问题，可能就只约定首期款和第二期款。当然，也有不少合同约定一次性付款，可以预付，也可以交货后支付。但对于重大的供销合同、工程合同、服务合同，对甲方（采购方）而言，约定分三期付款是必要的，这是一种防控风险的手段。

如果企业购销约定了分期付款，那么首款比例如何确定呢？站在甲方（采购方）的角度，自然希望首付款比例越低越好；而站在乙方（销售方）的角度，则希望首期款比例越高越好。合同首期款比例定多少，主要取决于甲乙双方的博弈能力。站在公正的立场，乙方一定要让首付款覆盖甲方违约带来的损失，因此需要遵循一定的依据确定，要先看合同标的是什么。

（1）如果是通用型商品销售，甲方违约基本上不会给乙方造成损失，首付款比例可以低一些，能兜住商品价格下跌造成的损失即可，以防范同类商品降价后甲方不再履行合同。

（2）对于定制型商品销售，乙方风险较大，一旦甲方违约，生产后的商品另行销售会很困难。因此，首付款比例务必要约定得高一些，首付款要大于乙方为履行合同投入的直接成本，至少包括材料成本和人工成本。

（3）对于服务类合同，乙方的成本主要为人工成本，一旦投入是不可逆的，首付款比例至少要覆盖整个项目期的人工成本，不宜低于 50%。

（4）对于管理咨询类合同，因为是交付智力成果，好的方案和点子一旦提出，合同的核心交付实质就结束了，后面的方案文本交付更多是形式上的交付。对于这类合同，有的管理咨询公司会要求首付款比例在 50% 以上，甚至要求付全款。

对乙方而言，如果觉得上面的分析过于复杂，可以参照一个基本原则执行，除通用型商品销售合同外，首付款不宜低于合同的成本。

6.8 如何防范采购吃回扣

发生采购吃回扣事件，说明企业管理存在问题，企业应设法完善制度，彻底解决此类问题。

6.8.1 采购吃回扣的典型案例

某企业采购经理一人包办了企业价值较高的原材料采购，他的理由是这些原材料太重要了，交给其他人办他不放心。

一次，这位采购经理出差，生产车间某项原材料短缺，仓库也断货了。

生产厂长联系采购部紧急采购，采购部员工表示采购不了，这种原材料平时都由采购经理负责，其他采购人员没有供应商信息。但采购经理在飞机上，联系不上。

生产厂长找总经理反映情况，总经理亲自与供应商负责人联系，沟通紧急采购事宜。供应商随即发来了该原材料的报价信息。

随后，采购人员到财务部请款，财务总监发现该原材料采购价格只有平时的 1/3。财务总监以为该原材料降价了，建议总经理向供应商负责人确认降价原因。供应商负责人表示该原材料从未降价过。

总经理认为采购经理有问题。他指示，凡由采购经理经手采购的材料都要挑出来重新询价，具体由内审部负责。内审部组织重新询价后发现，经由这位采购经理操办的材料采购价格几乎都是正常报价的三倍。

6.8.2 如何彻底解决采购吃回扣的问题

如何彻底解决采购吃回扣的问题，以下五点建议供企业参考：

（1）采购部应实行不相容职务分离，采购的审批、询价、执行分别由不同人员来操作；

（2）采购人员和询价人员定期轮换，不允许一个人长期对接一个供应商，避免串通；

（3）询价要货比三家，询价信息在企业内网公开，接受全员监督；

（4）大额采购和长期频繁的原材料采购应建立招标制度，建立企业供应商名录；

（5）授权企业内审部对采购询价信息进行不定期抽查，对供应商进行回访。

6.9 销售人员业绩提成的发放办法

经常有读者问我，销售人员的业绩提成比例该如何测算、应遵循什么样的原则、怎么设定才能让企业领导和销售人员都满意呢？估计不少人也有同样的疑问。

在回答这个问题之前，我们先要明白设置销售提成的目的。企业给销售人员发放销售提成的目的自然是激励销售人员实现更多的销售，为企业创造更多的利润与现金流。这一目的有两层含义：第一，销售提成发放是有前提的，给企业创利了才能有提成；第二，销售提成的发放是有条件的，给企业的创利要落袋为安才行。

确定了销售提成的发放目的，就不难设定销售提成发放的具体原则了。

6.9.1 销售提成要适度，不能吞噬增量利润

销售提成要适度，不能吞噬增量利润，至少要做到销售提成比例不超过产品的毛利率。销售提成设定为毛利的 10%~20% 较为合适，具体提成比例的高低，还需要考虑以下几方面的因素。

1. 销售人员的底薪

销售人员的底薪高，提成比例就低；底薪低，提成比例就高。很多企业奉行给销售人员"低底薪、高提成"的策略，体现了多劳多得的激励理念。这一理念本没有什么问题，但要注意底薪过低的弊端，可能会增高销售人员的流失率。

2. 销售价格区间

如果销售价格在既定的价格区间内，提成比例可以低一些；如果销售价格超过了上线价格，超过部分的提成比例可以高一些，甚至可以把超额利润的大头让给销售人员。

3. 销售任务的完成情况

在销售任务范围内，提成比例可以设置得低一些；超出销售任务的部分，提成比例可以设置得高一些。

6.9.2 依据回款确认业绩提成

遵循责权利匹配原则，销售人员要负责回款，以回款确认业绩提成。企业尽量不要在签下销售合同或实现收入后就给销售人员发放提成奖励，这样的激励模式看似及时，但时间一长，会是错误的牵引。从财务角度看，销售只有实现了回款，才是成功的。回款的责任一定要压在销售人员头上，这样说是有理论根据的。销售人员最先发掘客户、最早接触客户，他们对客户有最直观的了解，把他们作为回款的第一责任人，这是保证销售质量，加速资金回笼的重要内控手段。

另外，销售提成不宜一次性发放完毕，这是一种牵制手段。一方面，可以督促销售人员对后续的销售行为负责；另一方面，可以限制销售人员随意跳槽，把客户信息带给竞争对手。

6.9.3 明确销售人员的坏账担责比例

销售人员业绩的好坏，要看他"创造的利润"减去"坏账里的成本"后是正还是负。如果一笔坏账对应的成本吞噬了之前所有的利润，那么对企业经营而言是没有价值的。理论上，坏账对应的成本应是销售人员担责的金额。让销售人员赔付坏账里的成本损失，体现了责权利匹配的思想。因此，企业给销售人员发放提成时，建议扣减需由其担责的金额。

销售人员的业绩提成怎么发放，不仅是激励层面的问题，也暗含内控的原则与理念。最终目的是将企业与销售人员的利益绑在一起，实现双赢。

6.10 什么情况下能打价格战

商场如战场，商场上的竞争同样是"你死我活"的。市场竞争的手段有很多，其中最具争议的就是打价格战。企业打价格战的初衷是什么？大都是希望以更低的价格吸引更多的客户，占领更多的市场份额。在市场格局均衡的情况下，企业为寻求突破，会萌生打价格战的冲动。

6.10.1　价格战的争议

企业之间打价格战历来争议很多，而争议的焦点主要在以下两方面。

第一，打价格战是以损害企业利润率为前提的，是以牺牲单位产品的利润去换取市场份额。很多企业想薄利多销，销售毛利率虽然降低了，但利润总额有可能维持甚至做大。看看下面的第二点，就知道这种想法大多是一厢情愿了。

第二，打价格战很容易引起竞争对手的模仿。如果竞争对手同样以价格战来还击，那么会让企业以利润换市场的构想落空。牺牲利润抢占市场不仅不能得逞，还会有一个恶果：双方的利润都会被拉低。对整个行业而言，价格战可能是灾难。

产品的竞争除了价格优势，还有其他方面的考量。产品有优势应该体现在产品的差异化上，尽量让产品的附加值高一些。所以，企业一般都不愿意主动挑起价格战。

6.10.2　能够打价格战的三种情况

价格战真的就是洪水猛兽吗？也不尽然。我个人认为在以下三种情况下，价格战还是值得打的。

1. 去库存

企业如果生产过剩，出现库存积压，那么为了盘活资金，及时清理库存是必要的。企业资金压力大、筹资成本高，或产品面临更新换代，降价促销甚至亏本销售都不失为明智之举。市场中，一些企业挑起的价格战就有去库存的考虑。

2. 拖垮对手

如果打价格战能把竞争对手拖垮，又不会导致新的竞争对手进入，那么打价格战不仅可为，甚至可以上升到战略高度。

3. "跑马圈地"

如果打价格战可以收获更多的客户，这些客户在未来能持续消费，这种情况下打价格战是有益长远的。电信运营商搞的充话费送手机活动就属此类情形。

值不值得打价格战，要看价格战对企业的长远发展是否有利。如果对企业的长远发展有利，可以一试；如果只想基于短期利益操纵市场，结果很可能是损人不利己。

6.11 开票与收款，孰先孰后

一般情况下，企业财务部都会告诉销售人员，要先把销售款收回来，财务才能开发票。但客户的财务部可能会要求先把发票开出来，才能把款付过去。这样的情景在实际工作中屡见不鲜。

开票与收款孰先孰后，公说公有理，婆说婆有理，这种是非不分肯定有悖商业伦理。从公平与法理的角度看，究竟应该先收款还是先开票，请看下面的分析。

6.11.1 销售方：先开发票面临税收风险

从会计核算的角度看，开票、收款、确认收入的时间最好统一起来，起码力求做到开票与确认收入统一。站在销售方这边，如果先给购买方开票，税务以票控税，增值税纳税义务就产生了，开票了就得先把增值税交出去。这样一来，销售方货款还没有收到就要先向税务交一笔税，无异于销售方替购买方垫付了税款。如果购买方赖账不还，销售方不仅款项收不回来，还要倒贴一笔税款。因此，从税负角度看，我认为先收款后开票更合理。

6.11.2 购买方：很少在付款后拿不到发票

站在购买方的角度，当销售方把货物移交给购买方后，购买方先把款项付给销售方，最后销售方拒开发票的可能性不大。除非购买方付款后发现货物有问题，与销售方产生争议，并提出退货。但这属于极端情况，很少出现。所以，从发生争端的概率看，付款后拿不到发票的概率较低，而开票后收不到款的概率要高得多。

6.11.3 法理：发票被视为付款凭证

站在法理的角度，发票在特定情形下可视为收款凭据，理应收到款后再开具。某法院的一个判例很有代表性：

销售方与购买方因货款问题对簿公堂，销售方说购买方一直未付款，购买方说已经付款了，并且提供了销售方开具的发票作为证明。最后法院判决购买方获胜。依据是什么呢？因为销售方没有证据表明自己未收到款项，所以以发票为准，发票被视为购买方已付款的凭证。

因此，财务人员要注意，开发票不可随性，要避免债务纠纷。如果客户还没有付款，强烈要求先开票，该怎么办？对于这种比较强势的客户，若销售方不得不让步，这时需要财务人员在开票问题上做好预案，防范风险。

较为有效的办法是在签订合同时约定清楚"先开票，后付款"。如果在合同中没有这样约定，在把发票提供给客户时，应让客户开具一张收条，证明收到了发票，但款项尚未支付；或者在发票的背面备注款项尚未支付。

综上所述，开票与收款的博弈，企业应尽可能朝着对自己有利的方向争取。在签订合同时，要约定清楚收款与开票的先后，避免未来出现不必要的纠纷。

第7章 成本费用控制

有个现象值得思考，企业急于降成本费用时，基本上在走下坡路，已经入不敷出了。想想也是，企业发展顺风顺水时，谁会去算计多花的那点钱呢？只有撑不住门面了，才会想起大力降成本。但问题在于，等到企业面临经营困境时，降成本费用未必可取，也未必有效。面对危机，开源永远是第一位的；节流虽说可行，但它是一柄双刃剑，搞不好会对企业造成二次伤害。

7.1 企业承受的四大成本压力

企业在经营过程中，通常要承受四大成本压力：税费成本，人工成本，地租与房租成本，物流成本。

7.1.1 税费成本

无论是增值税还是所得税，税率都不低，二者同时征收可以想象企业的压力有多大。企业税负的现状是流转税与所得税双高。流转税是"卡脖子"的税，企业只要有销售行为，无论是亏还是赚，都要交税。所得税的逻辑相对合理，但要解决重复征税的问题。一笔利润，企业所得税拿走25%，分红时个人所得税拿走20%，综合下来，两项所得税要占利润的40%。

税负究竟高不高，首先可与其他国家横向比，其次可就企业历史税负纵向比，用两组数据说话可能更有说服力。税制改革都有轻税薄赋的初衷，如何让企业有税负减轻的获得感，这是税制改革的痛点。放水养鱼抑或竭泽而渔，戒之慎之。

7.1.2 人工成本

新《劳动法》实施后，对劳动者的保护进一步加强。企业除了要为员工发工资，还要为员工购买五险一金；辞退劳动者的，还须支付补偿金。

另外，有些行业劳动力短缺的问题逐渐显现出来。有个现象值得关注，即 40 岁以上的女性慢慢成了快餐店服务员的主力，以前这是 20 几岁年轻姑娘干的活。人口红利在慢慢消失，这种趋势一方面让就业更趋理性，让人的价值得到更多释放；另一方面也让企业的用工成本整体提高了。

7.1.3　地租与房租成本

土地与房租越来越贵，一方面企业的地租与房租上涨，直接加大了成本压力；另一方面，员工的生活成本不断提升，会间接拉升人工成本。资本需要逐水草而居，企业需不断寻求最适宜的发展地。

因为土地与房租越来越贵，很多劳动力密集型企业都将工厂搬到人力资源丰富、成本较低的城市，只将研发和销售部门留在一二线城市。任正非曾感慨地说："深圳房地产太多了，没有大块的工业用地了。大家知道大工业的发展，每一个公司都需要一定的发展空间。"早在 2012 年，华为就在东莞松山湖注册了华为终端（东莞）有限公司，打造新的基地。

7.1.4　物流成本

一段时间以来，物流成本高是个被热议的话题。企业的采购有物流成本、产品出厂有物流成本、产品销售有物流成本，物流成本甚至可以决定企业的生死，看看农产品滞销就知此言非虚。无论是铁路运输还是公路运输，物流成本都是企业沉重的负担。

7.2　成本控制的思路

很多行业都产能过剩，那些有成本优势、价格优势的企业在竞争中会占尽先机。成本居高不下的企业则会困难重重，甚至经营不下去。本文将为企业提供几点成本控制的思路。

7.2.1　战略成本控制

思路：不盲目扩张，不搞多元化，不上下游通吃。

战略关乎未来，企业要先明确一点，战略成本不能随意削减。如果不能抓住战略机会，即便一分钱不花也会输个精光。华为的预算管理，强调战略成本单列，把战略投入与经营投入分开，不能为了降低眼下的成本费用而损害企业的长远利益。

有些企业做大后热衷于组织扩编，什么都自己做。实践证明，这种做法会拖累企业。随着社会分工不断细化，企业可以考虑将非核心业务外包给专业公司。

7.2.2　日常费用控制

思路：预算控制为主，以节约为基本指导思想。

控制日常费用，要先区分费用明细科目的性态，看费用明细是否与企业业务相关联。通俗来讲，就是看费用是否随企业销售规模的变化而变化。如果费用科目与企业业务的关联度高，那么该费用科目应该做成弹性预算；如果费用科目与企业业务的关联度低，那么该费用科目宜做成固定预算。弹性预算控制比例，固定预算控制总额。

7.2.3　产品成本控制

思路：以设计成本为牵引。

产品设计至少可以决定产品生产阶段 70% 的成本。在设计环节降低产品的生产成本，这是生产制造型企业必要的降成本思维。降低产品的设计成本，重点应该做好以下三件事。

第一，让所有的原材料都物尽其用，避免浪费。就像我们做一件家具，应尽可能根据木头和板材的尺寸设计家具的尺寸，避免原材料出现无用的断头。

第二，尽量去除产品的冗余功能。一方面，要强化产品的使用功能；另一方面，尽量去除使用率不高的功能。这样做是为了追求产品的高性价比。就像一部价格近万元的高端手机，其中手机的许多功能消费者始终用不上，却也要为这些功能买单。产品的冗余功能对消费者而言是经济的，但对厂家而言会增加生产成本。

第三，不要进行产品功能的过度开发。商品固然应该追求技术领先，但这种技术领先是以实用为前提的，并非要对技术追求精益求精。例如，5G 出现后，下载一部高清电影需要两秒，若追求技术上的进步，一秒就可以下载。从两秒到一秒的进步，需要企业投入巨额的研发成本，这些研发成本必定会分摊到产品中去，消费者势必要支付更高的价格。实际上，这样的产品功能改善，消费者的获得感并不强，因为对下载电影两秒与一秒的区别，消费者并不敏感。

7.2.4 生产成本控制

思路：杜绝浪费，规模生产，以提升生产效率为主导。

在生产阶段，降低产品成本的作为是有限的。在生产阶段降低成本一般只有两种情形：

第一，以往企业管理混乱，现在通过加强管理避免了浪费、裁汰了冗员，提升了效率；

第二，以往生产量不饱和，平均每单位产品分摊的人工成本与制造费用高，现在实现了规模效益，平均成本降下来了。

企业生产阶段降成本应以提升生产效率为主导，一方面是提高生产人员的工作技能，另一方面可以引进先进的生产设备。

7.2.5 采购成本控制

思路：招投标，货比三家，质量第一。

控制采购成本，一方面要降低采购价格，这个价格是综合价格，包括采购价、运费及机会成本等；另一方面要预防内部腐败（如采购人员吃回扣）。当然，前提是要确保质量，质量有失，一切归零。压低采购价格最常见的手段是建立招投标机制，询价时货比三家，并时刻关注有无廉价的可替代新品。

7.2.6 资金成本控制

思路：考量机会成本，快收慢支。

资金成本控制能够反映企业的综合管理水平。例如，企业资金成本居高不下，原因可能是产品竞争力不够，也可能是商业信誉不高。相对而言，资金成本低的企业管理会更精细，会在企业采购、生产、销售各环节要收益。控制资金成本，要求企业提高资金的周转速度，降低企业资金的占用成本。

7.2.7 业务成本控制

思路：控制业务成本，不能僵化为之。

业务成本与业务拓展有关。控制业务成本不能僵化为之，企业应把握三项原则：

（1）先开源后节流，不能因为降成本而影响业务拓展，降成本应先着眼于不产出的方向；

（2）只控制不压制，制定标准、制定限额、制定预算、规范审批，把费用的大数框住，而不要斤斤计较单笔费用的金额；

（3）前端优于后端，先管住事，对事项进行控制一定好于对费用结算进行控制。

7.2.8 广告成本控制

思路：边投边看，抑制冲动，设置上限。

广告费怎么做预算，如何控制呢？高了，怕企业承担不起；低了，又怕影响未来的市场格局。其实没有谁能准确预估究竟应投入多少资金去做广告。广告成本属于策略成本，支出后的效果呈现具有滞后性。广告费预算的大体思路是边投边看，设定上限。例如，有些大企业将之量化为收入的5%~10%，分阶段支出，如果广告效果不好，可以随时终止；效果好，可以持续支出，但不能突破预算上限。

7.2.9 研发成本控制

思路：先开一枪，再打一炮，然后继之以"范弗里特弹药量"。

研发支出属于战略性支出，虽然重要，但有极大的不确定性。如何降低研发的不确定性呢？任正非有个生动的比方，先开一枪，再打一炮，然后继之以"范弗里特弹药量"。先开一枪，就是在不同前沿技术方向开展研究，探索中没有失败这个词，但要控制节奏；当感觉到可能会有突破时，再打一炮；当觉得有点把握时，再进行密集投入，这就是运用"范弗里特弹药量"。

7.2.10 成本涨了，产品要涨价吗

曾有一家餐饮连锁企业涨价后又出来道歉，表示涨价不对，承认自己错了。市场中，除特定企业特定产品的价格有管制外，绝大多数企业（自然包括餐饮企业）拥有产品自主定价权，价格定高、定低企业自己说了算，谈不上对与错。定价低了，觉得亏就调高点；定价高了，受众少，就降低点。

对于餐饮企业来说，随着食材成本上涨，菜品不该涨价吗？该餐饮连锁企业的涨价行为属于成本推动型，被动成分较大。餐饮企业需要生存，不盈利是不行的，为了盈利，适当涨点价，并没有道德上的不"对"，毕竟餐饮企业经营挺难的。

对于"成本涨了，产品要涨价吗"这个问题，大多数人的第一判断是要涨，至少要让价格增长部分覆盖成本的增加。可市场是复杂的，竞争是复杂的，商业决策不能这样感性为之。

产品涨价的目的是为了攫取更多的利润，涨价一定能达成这一目的吗？销售毛利的大小取决于两个因素：单位产品毛利与销量。涨价无疑会提高单位产品毛利，但也可能打压销量，这就是价格弹性。

如果产品价格弹性较大，涨价带来的一正一反的影响犹如双刃剑，让"成本涨了，产品要涨价吗"这一问题顿时变得复杂起来。财务决策如绣花，一针一线不能差。成本涨了，要不要涨价，需要综合分析两方面因素的影响：如果涨价后客户不减，销量不减，或者减小幅度不大，涨了也就涨了；如果涨价后销量大幅下滑，企业反倒赚得少了，这价就涨错了。既然涨错了，就得重新把价格降下来。降价得让消费者知道，于是上面提到的餐饮连锁企业发一纸道歉信，这样既彰显了情怀，又不失为营销策略，手段很高明！

良言一句，虽然成本涨了，多体谅下大众的消费能力吧！此刻不涨价或许对企业更有利。

7.3 从降成本过渡到降低运营成本

针对控制成本的效果，企业经常使用的评价标准是成本费用率是否下降了，总成本费用与预算相比是否下降了，以及当年的成本费用与上年相比是否下降了。但这样的评价标准若设定为KPI，则大为不妥。企业降成本费用的着眼点不应在降低成本费用总额，而应在降低企业的运营成本上。降低成本费用总额很好理解，就是尽可能少花钱。降低运营成本不是限制花钱，而是要降低单位产品的成本。

在线收听

7.3.1 成本费用控制的常见模式

成本费用控制有一个常见的模式：量入为出。这个模式有先天不足，即没有分清楚钱应不应该花，只强调有钱就多花，没钱就少花。实际情况是，有钱的时候不一定要多花，没钱的时候未必就少花，关键看钱是否花在点子上。

量入为出有两个前提：（1）收入是确定的，（2）出跟入是有关联的。这两个前提现实中未必完全满足。例如，花钱之初可能不知道能挣多少钱，此时谈何量入为出呢？举个生活中的例子，上班族知道每个月的工资是多少，可以量入为出；自由职业者每月挣多少钱不确定，量入为出就无法执行。

另外，出和入未必是对立的，出有可能带来更多的入。例如，企业做广告投放后，有可能吸引更多的消费者，能给企业带来更多的收入。这时"出"对企业来说是有利的，量入为出就不能作为制约条件。

7.3.2　关注是否有利于潜力与效益增长

就像我们常说的，会花钱的人才会挣钱，如果真能做到这一点，花钱越多就越有利。企业也是如此，如果花钱能带来增量收益，何乐而不为呢？

实务中有个普遍现象，很多人在填报支出类（成本、费出、采购）预算时会往高了填，填报产出类（如收入、利润、回款）预算时会往低了填。这种现象固然好笑，却反映了人之常情，都想让自己少受约束，预算富足。

如果所有人都这样填报预算，成本费用预算一定会居高不下。对于成本费用预算，企业应先判断每笔花销是否值当，会不会带来增量的产出。例如，市场推广是否真的有效、有必要花那么多钱吗？如果经验数据表明作用有限，就应该缩减预算。如果不好判断，那就倒过来看，看不花这笔钱企业的收益是否会减少。例如，出差时不坐头等舱、不住五星级酒店，企业的收益会减少吗？通过这样的思路校验，很多费用就可以节省下来。

7.3.3　业务规模扩大了，费用预算一定要增加吗

对于这个问题，企业要先确认费用增长与业务规模有无线性关系。如果费用增长和业务规模有关联，费用自然要随收入规模增长而增长；反之，费用不应该增加。举两个例子说明，收入做大了，财务部的费用预算要增加吗？有的费用可能需要，如买发票的费用、付款手续费、凭证打印纸费用……但财务部的绝大部分费用预算无须增加。销售费用则不然，其大部分可能会随收入规模增加而增加，如销售人员的差旅费、客户维护费、销售人员的佣金、销售返点等。

总结一下，成本费用预算是否随收入规模增长，需要细分，分别做形态分析。和业务相关的费用，同步增长；和业务不相关的费用，不用增加。

7.4　服务外包是值得借鉴的降成本思维

现在企业都有轻资产运营的趋势，做产品的企业致力于前端研发与设计，将生产外

包。这种模式下企业无须投入资金建厂房、购设备、养工人，极大提高了资金的周转效率。以前我觉得这样做企业的业务链条会不完整，易受制于人；现在我反倒认为这可能是一种趋势，研发设计与生产制造截然分开，专业的人做专业的事。

7.4.1 由一个案例引发的思考

某企业集团外迁市郊，为解决员工上班出行问题，企业拟开通班车。班车预计开通40 条线路，满足 2 500 人的出行需要。如何解决班车，有两个思路：一为租赁外包，二为自行购置。鉴于出租公司报价较高，最后集团总经理办公会决定自行购置班车。

班车运行一年后，集团财务部发现自行购置班车综合成本远高于租赁外包的成本。

（1）40 条线路购置 40 辆班车，运行一段时间后，车辆不时会出现故障，导致无法正常运行，为不影响员工上下班，企业不得不多购置了两辆班车备用。

（2）40 辆班车招聘了 40 名司机，因司机有病假、事假，还有年休假，不能满负荷工作，为此企业多招聘了两名司机作为机动人选。

（3）40 名司机涉及调度与管理，企业必须安排专人对班车司机进行管理。

（4）班车除了正常的运行成本，还涉及保养、维修、交通事故赔偿等支出。

最后，该企业集团领导决定将班车连同全部司机整体转让给租赁公司，再从租赁公司租赁班车服务。这个案例很有代表性，业务外包，让别人赚钱的同时，自己也能省钱。

7.4.2 外包的常见形式

外包降成本常见的形式有以下五种。

（1）生产外包，如生产制造型企业、建筑企业可以将生产与建安业务外包。例如，富士康公司就主要承接这类代工业务。

（2）销售外包，又叫代销，我们熟知的用友公司，其软件销售主要由代理商负责，用友不直接面向消费者。

（3）客户服务外包，产品售出后，产品安装、维修、客户咨询都交给第三方负责。

（4）后勤外包，最常见的有班车、食堂、物业外包。

（5）行政职能外包，企业可将人事、财务、行政等事务外包给相应的专业公司。以财务共享服务中心为例，它可以作为独立的会计服务而存在，这意味着企业可能会通过会计服务外包而成为财务共享服务中心的客户。

7.4.3　服务外包的核心思想是聚焦主业

未来，一流企业会进化成什么样子呢？首先，不再面向客户直销，让利给代理商，庞大的销售队伍不复存在；其次，将生产外包给代工工厂，企业不再需要采购、仓储以及产业工人。企业要做的是调研客户体验，研发新产品与新功能，通过持续创新维持高额利润，不断用时尚的产品抓住客户。难的、乱的业务都外包出去。

职能大而全的企业往往存在诸如管理难度大、部门墙多、运作效率低等弊端。随着社会分工的细化和企业经营压力的加大，企业开始"减负"，体现轻资产运营的特色。例如，生产外包优势就十分明显，企业无须投入资金建厂房、购设备、养工人，可极大提高资金的周转效率。

7.5　冗员是企业最大的成本

现在有一种现象，员工工资很低的企业，人工成本可能很高；员工工资很高的企业，人工成本可能很低。这是一个具有辩证色彩的话题。如果企业存在冗员，五个人干三个人的活，即便每个人工资都不高，企业整体人工成本也可能很高。

7.5.1　企业人工成本推高的路径

企业人工成本推高主要有以下四个路径。

第一，组织架构越搞越复杂，监管机构与平台部门越设越多、越建越大，辅助职能部门越建越全。这样一来，不直接创造价值的员工越来越多，人工成本自然越来越高。要知道，消费者不会为企业这些不创值的人工成本买单。

第二，企业名头越来越响，招聘要求越来越高，专科生能做的工作也要招聘本科生、研究生来做。企业招聘员工时并非学历越高越好，员工整体学历高也不代表企业人力资源水平就高，关键是要人岗匹配，让合适的人在合适的岗位上。岗位低配会降低工作质量，岗位高配则会拉升人工成本，降低产品竞争优势。

第三，一味地搞人性化管理，念及"苦劳"，养了很多闲人。企业是市场竞争的主体，必须轻装上阵，要时刻保持战斗姿势，市场竞争不会给企业的过度人性化管理加分。企业用人如果不能做到能者上、庸者下，就等于自废武功。

第四，照顾各种关系，招进来许多闲人。企业在经营过程中，有各种各样的关系需要照顾，把关系户"照顾"进企业就会增加企业的闲人。闲人多了是非多，闲人还会形成一种懒散的工作氛围，让企业员工整体士气低落，进取心不足，降低工作效率。

如果企业在用人方面有上述四个问题，那么意味着企业人力资源管理患上了"富贵病"。

7.5.2　冗员的成本有哪些

我曾到一个企业做管理咨询，在车间调研时，车间主任反映他们车间的编制是 38 人，目前只有 25 人在岗，大家工作量加大了，但工资却没有上涨。听完这一番介绍，我立马意识到这家企业存在冗员问题。冗员导致企业整体薪酬居高不下，但人均薪酬却没有竞争力。

首先，冗员形成的成本是工资和五险一金。五险一金与工资挂钩，以在北京工作为例，单位承担的比例为养老保险 20%、医疗保险 10%、失业保险 1%、生育保险 0.8%、工伤保险 0.3%、住房公积金 12%，总计比例为 44.1%。例如，员工的税前工资为 10 000 元，企业实际承担的人工成本是 14 410 元。

其次，员工要正常开展工作，企业还需承担诸多配套的办公成本，如配备计算机、工位、办公家具、办公用品等。

最后，因为人员扩张，管理成本与后勤服务成本也会上升。不难想象，如果企业存在冗员，为此付出的成本是多么高昂。

上述只是冗员的直接成本。冗员不是游离于企业之外的领薪者，他们会散落在企业的各个工作岗位。冗员还会给企业造成间接成本与机会成本，这些间接成本与机会成本只怕远高于直接成本。

7.5.3　解决冗员问题的思路

人口红利减少、通货膨胀都会推高人工成本，这是企业不能左右的。但加强内部管理，提升人均产值和人均利润，这是企业必须努力做到的。因此，降低人工成本决不应该被简单地理解为降低单个员工的工资，也不是定位于降低人工成本总额，而是要降低人工成本占收入的比重。

三个人能做好的事情，交给五个人做不仅不会提高效率，反而会形成短视的攀比，会降低工作效率。如果冗员无所事事还好，就怕冗员"有所作为"。例如，企业为了安置冗员而因人设岗，这等于变相地在工作中设置壁垒，人多帮倒忙就是这个道理。

任正非就要求华为的全体员工都要动起来，优化管理，要减人、增产、涨工资。明年生产要翻一翻，但人员不一定要翻一翻。他的这一要求给出了解决企业冗员的思路，减员、增产、涨工资。裁减冗员，精简流程，提升效率，力求工作流程化、制度化、模板化、智能化；实现人均产出提升后，再给留下来的员工涨工资，这才是双赢的管理模式。

7.6 裁员，企业经营困难时的沉重选择

裁员又叫减员，是"裁减冗员"的简称。裁员一直都是企业人力资源管理沉重的话题。站在员工的角度，裁员是企业对员工不负责任的表现；站在企业的角度，裁员是增效的手段。

7.6.1 裁员不代表企业不负责任

"赶人出门、夺人饭碗"，从表面上看，裁员这个手段过于残酷，会打击员工的士气，会让外界对企业产生偏见与误解。对大多数企业而言，不到万不得已不会启动裁员。即便启动了裁员，企业也会遮遮掩掩，用替代性词句来掩饰。

H公司：放弃平庸员工。

T公司：结构性优化。

W公司：局部优化，提高运营效率。

K公司：提前吃饭的员工需要被优化。

J公司：淘汰掉因身体原因不能拼搏的员工。

A公司：未来每年将会向社会输出1 000名在本公司工作10年以上的人才。

其实，裁员不能简单地被理解为企业不担当，缺乏社会责任感。面对困境，企业迁就冗员的结果可能是破产清算。若走到这一步，才是真正的不负责任。

企业是市场竞争的主体，要参与竞争，就不能背着包袱上路。冗员无疑是企业的包袱，裁减冗员本应是企业的常规管理手段。因为裁员很敏感，所以大多数企业只会在面临困境甚至绝境时才会启动裁员，平时宁可对冗员包容与姑息。

7.6.2 什么样的困境会迫使企业裁员

当企业面临以下困境时，会被迫启动。

第一，企业经营困难，现金流即将断裂。此时，裁员成了企业最后的自救手段，裁员的目的就是为了省下现金流。苦撑待变，为了能让企业活得久一点，好员工可能也会被裁掉。

第二，企业经营模式发生改变，原有组织架构过时。例如，企业过去做直销，现在改做代销，以往建立的直销队伍势必要裁撤。再如，企业的组织架构大而全，现在拟将一些辅助职能外包给第三方，需外包出去的职能机构就要被裁撤，相应人员就要被裁减。

第三，企业通过机械化、信息化、人工智能化实现了高效运营。机器、网络、人工智能完成了简单重复、规则性强的工作，做这些工作的人自然就被替代了。这些人如果不能内部转岗消化，裁员就是企业必为之举。

第四，企业市场竞争受挫，需要缩减规模，以往能进入的市场现在无法进入了，以往销售的产品现在不生产了，人员就会富余出来。企业转型、产品结构升级、市场变迁，往往都会带来裁员的阵痛。

第五，人员技能无法满足企业当前的需要。有个现象值得注意，有些企业一边裁员，一边招聘；一边说人多了，一边说人不够用。这属于典型的人员结构性失衡。有的员工技能单一，当企业转型时，原有岗位没有需求了，又不能适应新岗位，企业就只能裁减他们。

7.6.3　末位淘汰与裁员的区别

末位淘汰是淘汰一人，另外招聘一人顶替，员工总数不会减少；裁员则是净减少员工。从目的上看，末位淘汰是企业优化人力资源结构的手段，裁员是企业降本增效的手段。

总之，在经营过程中，企业出现人员结构性失衡是难免的。失衡了，就要调整。如果企业发展顺利、规模扩张，在发展中调整是容易的；如果企业经营困难、规模萎缩，人员结构性失衡恐怕就只能通过裁员来解决了。

第8章 财务预算管理

许多人面对预算，往往会出现三"不"现象：不会、不准、不用。"不会"是因为知识储备不足、经验积累不够；"不准"是因为对业务吃不透，预算基础脱离实际；"不用"则是把预算当成了应付上级的任务。还有一些人觉得预算没有用，很大原因是对预算期望值过高。预算作为管理工具，落到实处需要时间消化，也需要企业负责人的认同与推动。

8.1 计划、预算、预测的区别与联系

计划、预算、预测，三者的区别与联系是什么？计划一般针对事项与活动而言，多用描述性语言，说明是否做、何时做。预算则是计划的量化与细化，是数字化了的计划。一般先有经营计划，后有财务预算。预测是经济活动进行一段时间后，对结果的预估。

8.1.1 计划与预算的区别

举个生活中的例子来说明计划和预算的差别：

男孩和女孩谈恋爱，女孩对男孩说："明年我们结婚吧！"男孩说："我先算算，拍婚纱照要花多少钱、办酒席要花多少钱、度蜜月要花多少钱……"

女孩的提议就是计划，男孩的规划则是预算。可见，计划先于预算。

企业运营先有战略，再有目标，然后才会有服务于目标的计划。计划一般是针对经济事项与活动而言的，多用描述性语言，说明是否做、何时做，一般没有金额的表述，如"明年计划开拓华东市场"。预算则是计划的量化与细化，是数字化了的计划，直白讲就是把计划货币化，如"拟投入人力成本300万元、宣传费用1 000万元开拓华东市场"。

8.1.2 预算与预测的区别

对于预算与预测的区别，要说清楚并不容易。有时这两个词可以混用，如"滚动预算"与"滚动预测"的意思就是一样的。有时这两个词各有用途，例如，我们只会说编制年度预算，而不会说编制年度预测；只会说对今年的利润做个预测，而不会说做个预算。

举这些例子，是想说明预算与预测的区别，二者做出的时间点是不一样的。预算往往在一项经济业务开展之前就要做出，它是零起点、全覆盖。预测则不同，它一般在经济事项已开展一段时间后再做出，是半路介入、后端覆盖。这样说来，预测也可看作是半截子的预算。

滚动的说法就很形象，它是在有一段历史数据的基础上对未来做推演。滚动预测与滚动预算名字互通，说明了预测与预算确有共同点，但我觉得叫滚动预测更准确。

8.1.3 预算与预测，考核以何为准

人们常说，计划赶不上变化，因此调整预算会是预算管理的常态。如果企业在制定年度预算后，年中根据实际情况重新做了预测。预测结果与预算结果有较大差别，对预算单位负责人的绩效考核该以预算结果为依据，还是以预测结果为依据呢？

我的建议是，如果市场没有出现重大变化，组织机构未进行重大调整，那么绩效考核的依据应该是原预算目标。预测的结果有什么用呢？可以用于过程控制，后续预算执行应以预测结果为主。用一句话概括：考核用预算，执行用预测。

总之，计划相对于预算、预测而言是粗线条的，不量化、不涉及金额。计划是龙头，先有预算，然后才有预测。

8.2 预算编制：自上而下为主，还是自下而上为主

企业在下发年度预算工作通知时，通常会有这样一句话："预算编制自上而下与自下而上相结合"。在预算编制过程中，自上而下为主与自下而上为主有什么差别呢？

8.2.1 预算编制是一个博弈的过程

预算编制是一个博弈的过程，既不可能完全由上级领导主导，也不可能完全由下级单位决定。预算的确定最终是上级与下级相互协商、相互妥协的结果。

谁能在这场博弈中获得更多的话语权，取决于在这个过程中谁掌握了更丰富的信息，谁更有决断力。如果是自上而下为主，意味着预算编制时上级占主导地位。如果是自下而上为主，意味着下级占主导地位。

8.2.2　自下而上与自上而下的利弊分析

大多数企业的预算编制以自下而上为主，因为下级最了解自己的情况，据实填报可以让预算更务实、更接地气。但这里需要说明，下级未必会据实填报预算，因为下级对自己的评估与上级对下级的期望未必一致。

也有一些企业的上级比较强势，编制预算时以自上而下为主，上级定好关键财务指标。例如，集团给子公司敲定收入额、利润率，子公司自己去分解预算，集团定总额指标，子公司的月度预算、分产品预算上级不干预。这种预算方式有个问题，如果上级对下面的情况不了解，掌握的信息不充分，硬要确定预算数据的话，就麻烦了。一旦数据严重失实，预算将成为一纸空文。另外，如果预算目标没有实现，下级可以推脱责任，认为数据是由上级确定好，本身就是不合理的。

自下而上和自上而下两种预算编制方式各有优点。自上而下效率高，上级说了算，避免反反复复地讨价还价。自下而上可能更务实，可执行性强。但这两种预算编制方式都不是尽善尽美的，企业要根据自身实际来选择。

华为的预算编制是自上而下为主，预算确定了，微调后即可实行。为什么华为编制预算有这种自信呢？原因有以下三点：

第一，预算管理部门掌握的信息足够充分（这一点谈不上是充分的理由）；

第二，华为财经体系有一大批精通业务的干部；

第三，华为有很完善的 IT 系统，打通了财务与业务的联系。

做个总结，对一般企业而言，规模比较小时，老板知根知底，更适合自上而下为主的预算编制方式；等到企业规模大了，分支机构足够多时，以自下而上为主编制预算可能更合适。

8.3　预算为什么做不准，怎么破

很多会计人总在为预算做不准而苦恼。须知，预算做不准是常态，做准了是偶然。

企业在不同阶段的经营规律和管理特点是不同的，预算编制不能脱离企业的发展阶段。例如，企业的产品刚刚推向市场，估计没有人能够把销售预算做准。把预算做准，只能是把握住企业特定阶段的经营规律，在关键方面把预算做准。

8.3.1　预算为什么做不准

预算做不准的原因主要在五个方面：战略、市场、运营、数据以及经营层。

1. 战略——企业战略不清，计划不明，朝令夕改

计划是战略的分解，预算是计划的量化。如果源头的战略与计划不清晰，总是调整，处于后端的预算只能随之变化。当企业战略不清、计划不明时，要把预算做清晰几乎是不可能的。

2. 市场——企业开展了新的业务

产品刚刚推出，缺乏历史数据参考，市场处于开拓阶段，这时候要想做准预算则千难万难。新成立的企业、开发出新产品的企业、开拓新市场的企业在编制预算时一般都会面临这样的状况。

华为当年研发 CC08 万门机，很多人都觉得两千门交换机就足够了，开发万门机根本就卖不出去。为了给万门机研发人员鼓劲，负责人在给大家开会时说："你们尽管开发，开发出来，我保证帮你们卖掉十台。"大家都没想到，后来万门机不止卖十台，而是成千上万台地卖，成了国内电话网中的主流交换机。

3. 运营——市场格局出现大的起落，但事先没能预测出这种趋势

任正非对预测十分看重，他强调预测是管理之魂。如果管理者对市场走势的预测误判了，必然会制定出不切实际的经营计划，后面的预算自然也会被带偏。

4. 数据——关键财务数据由不了解下情的上级拍板定夺

上文讲过，很多企业的预算编制以自上而下为主，这意味着预算会根据上级拍板的大数分解编制。但如果上级不了解下情，拍板的数据严重脱离实际，后面预算不准就是必然了。

以某电信运营商为例，2014 年其确定的用户新增目标为 1.2 亿户。这一目标明显脱离实际。实际情况如何呢？该集团 2014 年累计净增用户仅 4 万户。

5. 经营层——对考核有顾虑，有意打埋伏

在企业中，主要的预算数据往往会作为 KPI 指标，被考核的一方自然希望指标能定得低一些。因为信息不对称，经营层在填报预算时会刻意少填报产出类指标，如收入、回款、利润，多填报支出类指标，如成本、费用、采购。如果上级对下情不了解，预算会趋于宽松。

任正非谈及华为的项目预算时曾表示，他某次在听一个项目汇报时，汇报人一开始说亏损 5 000 万元，后来又说亏损 3 000 万元，最后说不亏损了，也不知道到底哪句是真的。这说明其在财经管理上还有极大的上升空间。

针对这个汇报，"不亏损"是真的，前面的汇报为何是亏损 5 000 万元和 3 000 万元呢？很可能是项目负责人在编制项目成本预算时虚报了。

8.3.2 预算不准怎么破

首先，企业要界定清晰的发展思路，围绕这一发展思路前行。企业在经营中要杜绝这山望着那山高、盲目搞多元化的投机心态。

其次，对市场趋势拿不准时，建立弹性预算，收入预算随市场变动，成本费用预算随收入变动。企业应分别按乐观、稳健、悲观三种预估编制预算，根据市场实际情况选择其中一种执行。

再次，抓住预算最核心的方面，重点解决。企业在不同阶段的经营规律和管理特点是不同的，预算编制不能脱离企业的发展阶段。对任何人来说，把各种经营情境下的预算都做准是不现实的，计划赶不上变化的情形会一直客观存在。

企业发展阶段不同，预算编制的侧重点应不同：

创业期，侧重资本预算，活下来是最关键的；

市场拓展期，侧重销售预算，全力抢占市场，加大对市场的资源配置；

平稳期，侧重成本预算，此时市场格局稳定，企业应追求精益管理，实现成本领先；

衰退期，侧重现金流量预算，此时需要收缩战线，回笼资金。

预算做不准，很可能是你对预算准不准的认识存在误区。把预算做准，只需把握住企业特定阶段的经营规律，在关键方面把预算做准就行了。

最后，将预算纳入 KPI 考核，维护预算的权威性。

8.4 预算的起点未必是销售

预算的起点是什么？很多人立马会说是销售，教材中也是这样写的。以销售为起点编制预算的优点很明显，如以销定产，避免出现存货积压；量入为出，合理安排资金使用。但这一预算模式也有不足，如果销量不均衡，会造成生产预算不均衡，不利于降低生产成本；可能出现产品过度开发、过度营销、资源过度向营销倾斜的问题。

在线收听

一般而言，以销售为起点编制预算适用于处于成长期的企业或者有稳定市场需求的企业。但要知道，企业所处的发展阶段并不全然这么理想。例如，有的企业可能还没有做出产品，有的企业的产品没有竞争对手，有的企业已处于衰退阶段，这些情况下销售不是或不再是企业管理的重点，预算的起点也应相应变化。

下面将介绍企业不同发展阶段，不以销售为起点的预算编制模式。

8.4.1 创业型企业的预算起点：资金

对于多数创业型企业而言，资金一直都是困扰。如何在资金告罄之前把产品做出来，把市场打开，这是企业生存的关键。此时编制预算，不要奢谈生产和销售，重中之重是要合理安排资金，确保研发能进行下去，员工工资能发得下来，让企业撑下去。

对于已经做出了产品、尚未打开市场的创业型企业而言，投钱做市场推广是必不可少的市场路径。市场推广究竟投多少钱合适，这取决于两个方面：

第一，预期的市场占有率是否达到；

第二，企业能融到多少资金。

8.4.2 蓝海企业的预算起点：生产

以生产为起点编制预算，本质是以产定销，其优点很明显：能让产能最大化，可降低单位产品成本，进而获得竞争优势；原材料采购可以规模化，提升议价能力，降低采购成本。但也有缺点，一旦市场出现不利变化，产品积压与原材料积压的风险会比较高。

因此，对于处在完全竞争市场的企业，我不推荐以生产为起点编制预算。但若企业的产品特别畅销，或者处于蓝海市场，产品不愁销路，预算不妨以生产为起点编制。

8.4.3　垄断型企业的预算起点：利润

"逐步将居民用水价格调整至不低于成本水平"，看到这样的新闻标题，不由得感叹作者的文字表达能力，涨价都能说得这么含蓄，小心翼翼地不让居民反感。

对于垄断型企业来说，其没有市场竞争压力，产品也不愁销路。如果销售没有变化（也几乎不会有大幅变化），这类企业的营业收入基本是恒定的，它们的预算编制重心就是成本费用预算。

成本费用具有刚性，压缩的可能性不大，增长的诱惑很多。这样一来，利润空间会被逐步蚕食，但企业总要追求利润，至少不能亏损，这就先确认了利润的大小。等到利润确定之后，剩下的就是倒推收入，倒推定价了。

从这一过程可以看出，垄断型企业预算的起点是利润。这一预算模式的本质是成本加成定价，其存在弊端，不利于调动企业积极性挖潜，不利于企业降本增效。

8.4.4　衰退期企业的预算起点：回款

如果企业开始走下坡路了，又没有转型的计划，必然会坐吃山空。此时大概没人会关心企业生产、销售与利润，这类企业也难以从外部融资，维系企业运转只能依靠资产变现，首先是应收款项变现，其次是变卖资产变现。

处于衰退期的企业，预算编制的起点应该是回款，而且要在尽可能短的时间内回款。企业的运营、清理、激励都需要依靠这些回款，等到企业的资产变现完毕，差不多就要"关门"了。

8.5　走出预算管理盲区

当年我应聘华为的财务预算岗位时，面试官问了个"刁钻"的问题："预算会带来决策上的低效，企业为什么还要做预算呢？"针对这个问题，我回答时没有讲理论，只是打了个比方："当我们来到一个陌生的城市，最好先买一份地图，这份地图不见得能快速地指引我们到达目的地，但至少方向不会错。"

8.5.1　预算是否有用

预算有没有用、有什么用？历来说法不一。不少财务人员都觉得做预算没有用，原因大概有两点：

第一，预算编制的基础不接地气，不可刚性执行；

第二，预算没有结合考核，超不超、准不准无关痛痒。

有了第一点，出现第二点是必然的。同样，有了第二点，会倒过来导致第一点。预算的本质是预算单位争夺资源的配置，配置得多，责任相应就大，没有考核怎么能约束多占多要呢？很多时候财务人员不能成功地驾驭预算，不能把预算作为工具让全员接受，预算自然是无用的。

8.5.2 预算具有两面性

预算具有两面性。一方面，计划赶不上变化，预算约束可能导致机会丧失或资源浪费；另一方面，量入为出，预算可避免企业因错误决策一条道走到黑。对企业负责人而言，他希望预算能起到什么作用呢？主要有以下三点：

第一，量入为出，合理配置资源，避免资金链断裂；

第二，降本增效，卡住成本费用的报销，杜绝铺张浪费；

第三，绩效考核，特别是对利润中心，有了预算就有了参照物，可以制定 KPI 进行业绩考核。

预算要真正成为管理工具，很难一蹴而就，一方面受限于会计核算，另一方面受限于财务不懂业务。怎么才能让预算起到上述作用呢？

（1）企业"一把手"要重视与率先垂范，这是前提，没有这个前提，一切都是无用功。

（2）编制时应全员参与，而非闭门造车，数据要接地气。

（3）执行时财务部要有权威，对预算支出能刚性约束。

（4）市场出现重大变化时，要及时调整预算，避免预算与实际脱节。

（5）期末要进行考核，兑现奖惩。

8.5.3 量入为出的前提是什么

资源永远是稀缺的，如果企业同时投入资金做太多的事情，很可能每件事在做完前资金链就断裂了。巨人集团当年的失败就缘于此端，还有无数的房地产企业也在亦步亦趋地走上这条坎坷路。避免资金链断裂与量入为出一直是财务预算的基本要求，量入为出的预算理念深入人心。

资金紧张的企业与资金充裕的企业，谁更需要预算呢？很多人会说："当然是资金紧张的企业，钱少才要规划好了再支出，不能乱花冤枉钱。"我的看法却恰恰相反，资金充裕的企业更应关注预算，因为钱多乱花的可能性更大。钱少时，一眼就能看出轻重缓急；钱多了，盲目扩张往往会迷住企业负责人的双眼，这时更需要预算限制当下，确保将来。

量入为出该如何执行呢？对于可基本确定的"入"与"出"，如费用中心，编制预算相对容易。量入为出难就难在利润中心：

- 收入不可确定，支出不可预计，没有经验数据，预算只能凭主观臆断；
- 收入与支出唇齿相依，互为依存，有了某项支出才会有相应的收入，这种情形等于颠覆了"量入为出"的逻辑。

华为对利润中心预算支出秉持的原则是，检查预算是否有利于潜力与效益的增长，不限定总额，但框定比率。例如，研发费、广告费的预算高了怕企业承担不起，低了又怕影响未来的市场格局，两难之下，没有谁能准确预估究竟应投入多少资金去做研发、打广告。这两项预算的大体思路是"钱多就多花点，钱少就少花点"。但这样讲不严肃，也不好操作，这时不妨将之量化为"收入的 10% 做研发预算、5% 做广告预算"。

8.5.4　如何处置"花不出去"的预算

大企业对预算一般都有刚性约束，对费用报销的审批往往前置在预算环节进行，预算内的费用报销一般只履行形式审批。这种管控模式给了一些部门和个人可乘之机，觉得富余的预算不花白不花，于是年末突击花钱的现象出现了。这种做法虽有私心作怪，但也有难言的苦衷。每年财务部做费用预算时往往会比照上一年，倘若今年的预算没能花掉，明年的预算可能会被削减。这样会导致一个结果，越省着花钱的预算单位会越拮据。

预算绝非花钱指标。如果预算不准确，或者预算事项改变了，自然会形成花不出去的预算。那么，年末"花不出去的预算"怎么处置才合适呢？过期作废，诚如上文所言，必然会导致预算单位突击花钱。如何谋求局部与整体双赢，有两个思路：

- 将没用完的日常性费用预算用于激励，如市内交通费、业务招待费，并将剩余预算的 50% 奖励给例行节俭的部门和个人；
- 将项目性费用预算递延至下一年度，由原预算单位继续使用，如部门活动费、员工培训费。

8.5.5　削减预算的顺序

做预算时，各部门难免要抢资源，强调自己来年的支出不可或缺，这时财务该如何应对呢？无疑，抢资源就是抢权力、抢利益，财务并不适宜孤身出面干预。决定预算的优先级需仰仗总经理、董事会，由统筹全局者根据企业未来战略分配资源；决定做什么，不做什么；优先做什么，延后做什么。

预算确定后，因出现经营计划调整、市场变化或企业资金短缺等情况，企业也可能面临削减预算的问题。预算的削减可遵照以下优先顺序：

（1）削减不再继续执行的事项，如广告投放；

（2）削减无法带来经济利益的预算，如办公室装修费；

（3）削减低效产出的预算，如产能；

（4）削减日常费用预算；

（5）削减人工成本预算。

8.5.6　预算与核算是什么关系

编制预算的过程实际也是会计核算集中预演的过程。每一笔预算留痕必然会体现在会计科目上，做预算的过程虽不需要一笔笔编制会计分录，但需要财务人员心中存有分录，并能根据心中的分录生成预算报表。从这点看，能做财务预算的会计需具备足够的专业敏感性。

预算能否发挥作用，校验在会计核算。企业的会计核算应做到以下几点：

（1）归属清晰，科目分类明确，预算科目能与会计核算科目相对应，以便未来执行预算考核；

（2）方便提取历史数据，相关财务比率可以对标，历史数据可作为预算编制的参照物；

（3）预算分期与会计分期统一，预算结果输出形式与财务报表形式统一；

（4）未来预算考核谁，该预算支出的审批权就应属于谁，责与权需要统一，资金支出审批也要与此相对应。

做到了上述四点，企业可以很方便地进行财务预算与会计核算的对比分析。但前提是会计核算要贴近业务、适应业务、真实反映业务。

此外，企业做预算时务必先做到内部组织结构清晰，因为只有做到组织结构清晰，账务处理才能准确归集成本费用，财务数据才有参考价值；组织结构清晰时，可实现预算的编制与会计核算要求相一致，方便进行预算的过程监控；清晰的组织结构可以厘清责任单元，明确资源该分配给谁，谁应对考核结果负责。

第 9 章　KPI 考核与员工激励

KPI考核一直是一个敏感、深刻的话题。在管理学中，从弗雷德里克·泰勒（Frederick Taylor）的标准化科学管理到彼得·德鲁克（Peter Drucker）的现代组织管理都认为，绝大部分人在没有 KPI 指标时都难以在工作中保持自主性和积极性。

9.1　KPI 考核的步骤与思路

KPI 作为一种管理工具，应根据企业管理特点，科学地进行设计、考核，这对优化资源配置、实现企业战略目标具有重要的现实意义。一个完整的 KPI 考核思路，应该包含以下步骤：（1）KPI 的选取；（2）KPI 的权重设置；（3）KPI 的数额确定；（4）KPI 的进度管理；（5）KPI 考核的评分依据；（6）KPI 考核的奖惩办法。

9.1.1　KPI 的选取

在设定 KPI 时，一般根据平衡记分卡的四个维度（学习与成长、流程与变革、客户、财务）去选择，分别选出有代表性的指标来作为 KPI。在学习与成长维度，关注人均效益的提升、团队能力建设；在流程与变革维度，关注市场机会与盈利能力的提升、交付能力的提升、风险管理；在客户维度，关注客户满意度和与战略伙伴的关系；在财务维度，关注规模性的增长、盈利能力、健康的现金流（"财务金三角"）。

1. 财务 KPI 的选取方向——"财务金三角"

华为公司财务 KPI 是从增长性、盈利性、流动性这三个方向去选取的。体现增长性指标的主要是收入、合同额；体现盈利性指标的是净利润、销售毛利率、成本费用率；体现流动性指标的是净现金流量、应收账款的占用、DSO（应收账款周转天数）、ITO

（存货周转天数）。"财务金三角"体现的是企业的均衡发展，对其中的短木板，可通过 KPI 进行牵引，尽可能让企业经营的增长性、盈利性、流动性俱佳，而不是厚此薄彼。

2. 绝对指标和相对指标的选取

KPI 分绝对指标和相对指标：绝对指标，如收入、回款、总利润；相对指标，如销售毛利率、销售费用率、DSO、ITO。这两类指标的差别在于：绝对指标考核的幅度比较窄，偏刚性；相对指标考核的幅度比较宽，它受多个指标共同影响，更具灵活性。

绝对指标和相对指标如何选取？对结果类的指标，如收入、回款、利润，适合采用绝对指标作为 KPI。对过程类的指标，如成本费用、资产的流转，适合采用相对指标。

3. KPI 的选取体现企业的管理侧重

KPI 的选取不能一成不变，应根据董事会的战略意图做相应调整。华为公司代表处的 KPI 每年都会有变化，例如，要求地区部向利润中心转变，KPI 就增加了净利润指标；为了加强应收账款的管理，增加了 DSO 指标；为了加强存货的管理，增加了 ITO 指标。

9.1.2　KPI 的权重设置

KPI 的权重与 KPI 选取同等重要。企业需要根据其处于生命周期的不同阶段来设置指标的权重，以"财务金三角"为例，从增加性、盈利性、流动性这三个角度来看，KPI 的权重可参考下面的建议。

- 新成立的企业，比例 5：3：2 较合适。新公司主要任务是打开市场，争取更多市场份额。
- 稳定发展的企业，比例 4：3：3 较合适。一方面要追求利润，另一方面也要关注现金流，但要把重点放在收入增长上。
- 现金流紧张的企业，比例 4：2：4 较合适。扩大收入规模，未来有更多的资金流入；另外，应加大对流动性的考核，让经营者更关注回款。
- 亏损的企业或微利企业，比例 4：4：2 较合适。这时重点应放在增长性和盈利性上。

华为公司的 CN 地区部给代表处下达的 KPI 在权重设置上，增长性指标是合同额、收入额，以及从收入额里划出来的服务收入额，这三个指标分别占 10%、20%、5%。盈利性指标是销售毛利率、净利润费用率和内部运作费用率，占考核比重的 30%。流动性是回款、DSO、ITO、超长期应收账款占比，占考核比重的 35%。增长性、盈利性、流动性的权重分别为 35%、30%、35%，公司侧重于增长性和流动性的考核。

KPI 权重设置要合理的分配绝对指标和相对指标，建议是以绝对指标为主，相对指标为辅。相对指标的考核权重建议控制在 25%~35% 之间，最好不要突破 40%，因为相对指标考核幅度宽，很容易人为去操纵。

9.1.3 KPI 的数额确定

KPI 选定后应予以量化。针对 KPI 考核，考核者是绩效评价的主体，被考核者是客体，客体对信息的占有比主体更充分。目标须经足够努力方能实现，"跳起来够得着"才是目标，但把目标定在"天花板"的位置是不易的，原因在于信息不对称。企业给被考核者定目标要客观，同时要做到公平、公正，一方面需要目标制定者有开放的心态；另一方面需要考核者加强对被考核者的监控，力求减轻信息不对称。

9.1.4 KPI 的进度管理

KPI 下达后，无论是考核者还是被考核者，都需要关注 KPI 完成的进度。华为借助经营分析工具紧盯 KPI，每月都要对 KPI 的完成情况进行分析总结，找出其中的暗点。暗点一般是指没有完成目标、进度落后、和上年相比情况恶化的 KPI 指标。对暗点指标要重点阐述，提出措施建议，并落实到责任人，责令其在规定期限内整改。另外，要在下月做经营分析时进行回顾，标注出不确定的情况，对进度落后的项目重点把关，对 KPI 指标的全年完成情况进行预测。

9.1.5 KPI 考核的评分依据

KPI 考核自然要评分量化，评分有开放式和收敛式两种。完成目标给满分，超额部分不予考虑的评分方式是收敛式的，反之是开放式的。收敛式评分一般会确认一个基准线，基准线以下得 0 分，基准线以上按照完成比例得分。这两种方式各有千秋，华为的 KPI 考核评分采用的是开放式的评分标准。

开放式的评分标准意味着得了满分不一定好。为什么华为会有这样一个评分理念呢？从 KPI 下达可以看出大致意图，如果一个公司正常可以完成 100 分水平，若刺激它，它的极限可能完成 120 分，但这个极限谁也摸不准，所以 KPI 理论上应该定在正常水平和极限水平之间。竞争性 KPI 考核示意图如图 9-1 所示。

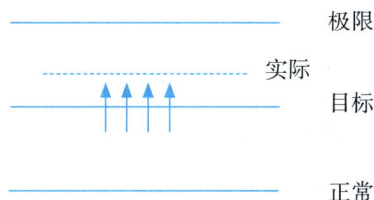

图 9-1　竞争性 KPI 考核示意图

KPI 越靠近极限水平，完成目标的挑战性越大；KPI 越靠近正常水平，完成目标的压力越小。对于考核者来说，都希望被考核者发挥出最大潜力，所以在考核时，应该更看好那些超过目标更多的被考核者。得分靠后的被考核者即便完成了目标，也可能在考核中处于不利地位。开放式评分可以杜绝 60 分万岁的心理，规避完成目标后怠工。

9.1.6　绩效薪酬的兑现

绩效考核之后需要兑现奖惩。奖励的方式有很多种，如升职、加薪、授予荣誉等。本文主要说明高管团队如何兑现绩效薪酬。一般企业对高管团队实行年薪制，年薪制的构成为基本薪酬加绩效薪酬，绩效薪酬在年薪中占比不宜低于 40%。基本薪酬每个月平均发放，绩效薪酬到年底时根据考核结果一次性发放。董事会先定出总经理的年薪，然后再确定其他高管的年薪，其他高管的年薪多为总经理年薪的 50% ~ 80%。

绩效薪酬发放标准取决于 KPI 考核得分。企业一般会规定，KPI 考核得分低于一定标准时不能获得绩效薪酬。例如，KPI 考核得分在 80 分以下，不能拿绩效薪酬；得分在 80 分以上，可根据得分的比率享受绩效薪酬，如 KPI 考核得分为 90 分，0.9 乘以绩效薪酬总额就是能拿到的绩效薪酬数。

9.2　预算调整了，KPI 调整吗

一般而言，KPI 确定后不得随意变更。在预算显失公允时，预算调整与 KPI 调整可以同步，也可以不同步。关键点在于，预算调整后是否对被考核者有利：如果有利，KPI 可随之调整；如果不利，KPI 不宜调整。

9.2.1　考核依据的确认

调整预算是有前提的，不能把因执行者努力不够、经营不善造成预算执行不理想当作调整预算的理由，不能轻易调整一个执行不良的预算。

企业进行预算调整后，对预算单位负责人做绩效考核的 KPI 应该以调整前的预算为依据，还是以调整后的预算为依据呢？这是很多人都困惑的问题。KPI 如同经营者立下的"军令状"，是非常严肃的。理论上 KPI 不应变更。如果市场没有出现重大变化，组织结构未进行重大调整，预算可以调整，但作为绩效考核依据的 KPI 不能调整。调整后的预算主要用于过程控制，后续预算执行以调整后的预算为主。但 KPI 应依旧使用调整前的预算。因此，一般情况下考核用调整前的，执行用调整后的。

9.2.2　特殊情形及案例解析

实务中，也有特殊情形不能按上述原则确认绩效考核依据。例如，KPI 偏差过大，会导致绩效考核显失公允，引起激励效果不足。这时该怎么办？现通过以下两个案例进行分析。

【例 9-1】甲公司销售部 2019 年确定的 KPI 为收入 2 000 万元，回款 2 340 万元。半年过去后，因为甲公司所处行业受到政策性限制，产品销售急剧萎缩。公司决定，将销售部预算调整为年收入 800 万元，回款 936 万元。

很显然，如果继续按照原来的 KPI 对销售部进行考核，已经毫无意义。无论销售部如何努力，都不可能完成 KPI。这种情况下，按照调整后的预算对销售部进行 KPI 考核更可取。

【例 9-2】乙公司旗下新成立了子公司，2019 年确定的 KPI 为收入 2 000 万元，回款 2 340 万元。半年过去后，发现该子公司产品销售势头强劲，上半年就已经超额完成了全年的 KPI。公司决定，将子公司的预算调整为年收入 5 000 万元，回款 5 850 万元。

这种情况下，如果按照调整后的预算重新确定 KPI，会给被考核者一种"鞭打快牛"的感觉。如果让被考核者感觉这是上级在有意调整 KPI 施压，被考核者可能会产生逆向选择的心理，故意不完成 KPI，"留余粮、打埋伏"。因此，这种情形下依旧采用以前的 KPI 或许更易让人接受。

9.3　分子公司 KPI 遴选与权重设置

每到一年一度给分子公司制定 KPI 的时候，总公司都要大费周折。KPI 的建设是成体系的，各指标之间的权重设置也见仁见智。每年绩效考核结果公布之后，想起"结果导向"陷入误区的种种"往事",KPI 的设计者们都要反思，是标准设置出了问题，还是制定目标的方法不妥当呢？

9.3.1 KPI 遴选与权重设置的六大误区

1. 目标沟通的问题

误区一：压低目标。各层级制定目标，基本思路是将自身承接的目标放大（如加成 ××%），按分子公司上年完成情况扩张性分派，特殊情况个别调整。每次目标博弈，总有一些分子公司找出种种理由把目标压低。

误区二：鞭打快牛。对上年绩效好的分子公司，目标层层加码。例如，某公司设定 ITO 为 KPI 指标，曾有业务同事反映，三季度 ITO 76 天，结果四季度的目标成了 70 天；为了避免下一年度目标更"苛刻"，他戏言只有四季度认倒霉，把 ITO 做到 90 天了。

误区三：打埋伏。定目标时如未能吃透分子公司的"家底"，目标与实际可能相差千里。例如，某分子公司一二季度签订的合同额就基本完成年度目标，据兄弟分子公司反映，该子公司上年末留的"余粮"较多，因而斩获了本年的"战果"。

误区四：同情"弱者"。某些分子公司上年考核较差，未见经营管理有显著改进，本年绩效却明显好转。虽未绝对但不可否认，上级领导会尽量不让同一分子公司连续完不成目标。

2.KPI 指标选择的问题

误区五：衡量标准不科学。某些分子公司各产品商务水平都在区域前列，但整体销售毛利率却是后进水平。原因出在产品结构上，低毛利产品销售权重过大。对于这样的分子公司，我们是评价它盈利好还是差呢？

误区六：分子公司 KPI 与总经理 PBC（个人业绩承诺）完全等同。如果团队绩效较差，有可能会埋没总经理在改进客户关系和经营管理上的努力。例如，推行精细化管理，费用下降明显，但因市场未打开，费用率考核时反倒较差。

KPI 的制定和分解是很细腻的工作，好的思路有时受制于客观条件（如数据支持），不一定能落地。有些思路不易量化，操作后能否经得住检验也有诸多未知。KPI 权重设置会体现领导特定时期对特定目标的偏好。有如此多主客观条件的制约，自然不会存在完全科学的考评体系。

9.3.2 KPI 指标的改进

怎样改进 KPI 指标，使之更科学、更客观、更公正呢？下面针对以上六个误区提出五点建议。"建议一"针对"误区一、二、三、四"，"建议二、三、四"针对"误区五"，"建议五"针对"误区六"。

建议一

衡量标准尽可能多元化，减少人为干预。产出指标（订货、收入等）兼顾格局、增长、人均。如果已有效（有盈利、有现金流）占领了绝对优势的市场，能保持住格局考评就应是满分，继续上升还要加分。格局一般时看增长，包括市场占有率的增长和绝对额的增长。市场萎缩了，分子公司绝对量虽下降，但格局提升，仍应给它一个好的评价。发展平稳的分子公司考察人均效率，格局没有改进，人员精简了，这也是进步。

建议二

盈利性指标也要看绝对额。有的分子公司看到收入完成得不错，为了不拖累利润率指标的考核，对低毛利产品的销售有抵触。"警惕分子公司要利润不要收入"，就是对这一现象的形象描述。对盈利、费用等简单用相对数（比率）评价是片面的，采用利润额考核，可能效果会更好。

建议三

回款指标比照发货规模。以往回款目标更多参照订货及上年应收账款存量，因回款目标与发货无关联，草率和粗糙地打开市场的方式大行其道，分子公司不当发货居高不下，ITO 控制难度大。"基于发货的弹性回款管理"模式就很值得学习。发货的时点、批量、进度需要精细化管理的思维做支撑，货发得越多，回款就要越多。

建议四

过程指标（DSO、ITO 等）相似区域一条线看齐。相邻分子公司的 ITO、DSO 目标相差几十天，何以服人呢？华为在 ITO 考核上尝试使用了"统一基线法"，该方法全国一条线，以 80 天为基准，兼顾分子公司的努力——参照改进率打分，执行后分子公司反响热烈。实际上，对于其他过程指标，如 DSO、超长期欠款率等都可以尝试此思路。具体为：

当 ITO ≤ 80 天，得分 =5+0.1×（80-ITO），6 分封顶；

当 ITO > 80 天，得分 = 取大［5+0.1×（80-ITO），改进率 ×12.5］，5 分封顶；

改进率 =1-Q_4ITO/Q_3ITO。

建议五

企业总经理 PBC 与团队 KPI 分开。此建议上文已经论述了不少，团队 KPI 是总经理 PBC 的构成部分，但不能等同。总经理在管理上的作为和对区域的贡献要体现在其个人考核中。

9.4 不均衡的 KPI 导致应收账款居高不下

许多企业在应收账款管理方面陷入了两难境地：抓，销售规模受限；不抓，坏账风险提高。一些企业尽管采用了诸多应收账款治理模式，但收效甚微。这是因为对这些企业而言，应收账款居高不下实质是由企业经营者在不均衡的 KPI 牵引下的短期行为造成的。企业只有从根本上对绩效考核的科学性进行改进，才能真正打破应收账款居高不下的怪圈。

9.4.1 应收账款居高不下的表象

1. 无节制的市场扩张

【例 9-3】A 公司为追求在 A 股上市，需要有持续扩张的业绩支持其上市意图。于是，该公司出现了大规模的赊销举动，年度销售规模翻了一番。因回款不及时，导致公司资金链断裂，被一家上市公司收购。

这种情况常见于有明显功利色彩的企业，如企业追求上市、领导者谋求获得提拔等，此时，孤注一掷的市场扩张会比较常见。这种扩张对企业而言如同釜底抽薪，后果往往较惨烈。

2. 宽松的信用政策与合同条款

【例 9-4】B 公司是广东一家知名通信企业，其手机产品在 2016 年前后一度风靡全国。为了占据更大的市场份额，打击竞争对手，该公司给予了代理商更优裕的信用政策。代理商占用了公司大量资金，同时造成产品脱销的假象，最终导致公司形成数十亿元的坏账。

在激烈的市场竞争中，为了抢占市场，除降价外，促销是一种直接有效的方式。这种方式不能简单地说不好，关键在于有度。如果因信用政策与合同条款放宽带来的增量利润能弥补可能形成的增量坏账损失，那么此方式是可行的。

3. 产品（服务）交付时有瑕疵

【例 9-5】C 公司是北京一家致力于汽车导航系统研制的企业，在产品尚未完全研制成功的情况下，该公司急于生产并投放市场。因为产品质量不过关，引来无数投诉，客户拒绝支付服务费，该公司确认的应收账款成为呆坏账。

这种情况属于典型的"新官不理旧账"，正确的账务处理很简单，应冲减收入和应收账款，减少利润。

4. 提早确认合同收入

【例 9-6】D 公司是西安一家军工企业，公司主业为型号项目研制，项目周期较长，销售合同一般按研制节点回款。因为公司屡屡提早确认收入，致使确认的应收账款成为无源之水，遑论合同取消后已确认的应收账款。

这是一种典型的粉饰财务报表的手段。如果提早确认收入的比重不大，未来企业能维持正常的增长，对企业运营不会有显著影响。一旦形成了"滚雪球"式的效应，就要警惕了。

5. 编制虚假销售合同

【例 9-7】E 公司是深圳一家通信设备制造企业，分子公司部分销售人员出于完成个人销售业绩的需要，伪造销售合同以及电信运营商的验收证明。公司财务依此确认收入和应收账款，导致公司发货后闲置，造成极大损失。

这是一种非常恶劣的操控财务报表的手段，假合同不会给企业带来任何利益，但会直接增加税负成本（增值税、附加税及所得税等）。丑闻一旦曝光，销售人员须承担必要的责任，企业也将遭受极大的损失。

6. 对客户资信缺乏调查

【例 9-8】F 公司是天津一家小型家具企业，效益良好。为了扩大规模，该公司盲目地和大企业建立合作关系。在未对客户身份进行仔细甄别的情况下，贸然接下了一份5 000 万元的家具采购订单。之后因采购方经营不善，致使 F 公司 5 000 万元应收账款损失过半。

一般新成立的企业或者管理不规范的企业会出现这种情况。

7. 清欠不得力

【例 9-9】G 公司是北京一家商贸公司，以代理销售电子产品为主。因公司员工待遇偏低，销售人员流动较为频繁，接任的销售人员对前期客户状况不清，未能及时催收账款，致使公司被拖欠的应收账款越积越多。

这是典型的内控不完善的企业出现的状况。

上述七个案例我们可归纳为几类：A 公司与 B 公司性质相似，都是因追求畸形的规模扩张造成的应收账款膨胀；C 公司是因公司有意不纠正会计差错虚挂应收账款；D 公司和 E 公司是典型的做假账制造"业绩"；F 公司和 G 公司的内控制度不健全，管理混乱。

9.4.2 绩效考核与 KPI 的均衡性

应收账款居高不下令无数企业头疼，其治理让许多企业陷入两难：抓，销售规模受限；不抓，坏账风险提高。实行客户分类管理、差异化的销售政策以及制定销售人员激励措施等诸多管理手段在许多企业已经启用，但收效甚微。究其原因，是因为没有找准症结，应收账款居高不下并不简单取决于销售政策与内部控制。甚至可以说，能通过完善销售政策与健全内部控制解决的问题都是技术层面的问题，不难破解；如果应收账款的非良性增长是游离于内控与管理之外造成的，那就需要做更深层次的分析了。

上文的七个案例在现实中并不鲜见，除 G 公司外，究其背后，隐隐的共性是企业为做大业绩（收入、利润），直接或间接、有意或无意铸就的。企业经营者为什么要这么做？因为无形的指挥棒使然，这根指挥棒就是 KPI。

也就是说，应收账款居高不下之所以普遍，根本原因还在于对企业经营者的绩效考核不科学，下达的 KPI 不合理。KPI 不合理体现在指标的选择或者指标的权重分布上。毋庸置疑，绩效考核对公司经营者的经营思路有强牵引作用。

对一个企业的经营绩效考核、KPI 的制定至少应追求三个方面的均衡，即增长性、盈利性、流动性的均衡。KPI 体现的是"上有所好""投其所好"，"下必甚焉"几乎会是必然。不均衡的 KPI 很可能导致企业经营者采取短期行为"修正"考核结果。上文的案例可以从侧面印证应收账款居高不下会美化收入和利润指标。

均衡的 KPI 模型要求企业绩效考核不能出现通过损害某一指标，从而改观另一指标，进而出现整体绩效偏优的情况，这种"偏优"的绩效对企业的长远发展是不利的。如果出现了这种情况，KPI 模型就是非均衡的。

9.4.3 KPI 模型的均衡性对应收账款管理的影响

下文以 A 公司为例说明 KPI 模型的均衡性对应收账款管理的影响。

【例 9-10】A 公司是上市公司，它在给子公司下达年度 KPI 时对增长性、盈利性关注更多。从下表中不难看出，该公司对子公司流动性的考核力度偏弱，KPI 构成存在短板。这类 KPI 构成模式极易导致经营者的短期行为，因为流动性指标制衡力度有限，应收账款虚高足以改善增长性、盈利性指标，从而整体改良考核结果。于是，两个结果不可逆转地出现了：第一，无利润支持的销售；第二，无现金流保证的利润。这一不均衡的 KPI 模式导致的后果最终反映到了财务报表上，例如，2019 年 6 月底，A 公司旗下子公司经营活动现金净流量全部为负数，两年以上的应收账款有上亿元。

A 公司对下属子公司下达的 KPI 简表

指标名称	KPI 权重			
	XAHX 公司	DFHXX 公司	DFHHT 公司	LZSM 公司
新签合同额	10%	10%	10%	10%
营业收入	20%	20%	20%	20%
一季度营业收入	3%	3%	3%	3%
二季度累计收入	3%	3%	3%	3%
三季度累计收入	4%	4%	4%	4%
利润总额	10%	10%	10%	10%
净利润	10%	10%	10%	10%
一季度净利润	3%	3%	3%	3%
二季度累计净利润	3%	3%	3%	3%
三季度累计净利润	4%	4%	4%	4%
经营活动现金净流量	20%	15%	15%	15%
期末应收账款 / 营业收入	5%	5%	5%	10%
成本费用率	5%	10%	10%	5%
合计	100%	100%	100%	100%
流动性指标考核权重	25%	20%	20%	25%

均衡的 KPI 模型对应收账款管理的牵引作用有多大，不妨看看华为公司的表现。2006 年，华为在绩效考核时引入了 DSO 指标，国内市场部应收账款的周转天数下降 1/3。当然，应收账款下来了，仅仅归功于 DSO 指标难免有夸大之嫌。如果对华为给代

表处下达的 KPI 的整体均衡性进行分析，我们将会有更深刻的认识。从 2005 年开始，华为在对国内代表处进行绩效考核时，合同额、收入等增长性指标的权重逐年缩小，流动性指标的数量和权重逐年增加。2008 年 KPI 权重比为，增长性：盈利性：流动性 = 3.5∶3∶3.5，第一次将流动性考核放到了第一高度。

恰恰是因为很多企业制定的 KPI 不均衡，过分地偏重收入、利润等目标，才导致人为操纵频频发生。在收入、利润、现金流三项中，如果不能均衡考核，通过"无效"销售实现的"白条"利润很容易在账面上维持规模增长与盈利性指标的美观。更有甚者，一些公司以跨界从事微利甚至无利的商贸活动来撑大收入规模，支撑门面。

回到本节【例 9-3】至【例 9-9】，如果对七家公司的绩效考核增加销售回款率、DSO、经营活动净现金流量、超长期应收账款占比等考核指标，并将这些考核指标的权重拉升到一定的高度，是可以抑制经营者盲目扩张市场甚至做假账的动机的，因为它所追逐的增长性和盈利性的增量考核成绩可能不足以弥补对流动性指标造成失分。

透过现象看本质，对一些企业而言，应收账款居高不下试图通过内控建设和管理创新改观很难奏效，因为它们的病灶是不均衡的 KPI 牵引造成的。唯有从根本上对绩效考核的科学性进行改进，才能真正打破应收账款居高不下的怪圈。

9.5　如何对研发人员进行绩效考核

创新是高科技企业之魂。衡量高新技术企业发展后劲，可以看它每年的研发投入。华为能在完全竞争的通信市场笑傲群雄，与产品、技术过硬分不开，这些又与华为研发领先的战略分不开。华为保证每年投入研发的支出不低于销售收入的 10%，持续十多年如是。

9.5.1　认准企业的发展路径

企业的发展有两条路径：

（1）高质量、高价格、高研发，产品永远领跑市场；

（2）低价格、低质量、低投入，一点点做成血汗工厂或造假基地。

无数企业迫于种种压力，或看重短期利益，走了第二条路。坚持第一条路一开始会很辛苦，需要定力与"傻劲"。

9.5.2 研发人员绩效考核的三个阶段

研发是面向未来的，研发的功效需在未来体现，那么，研发的绩效考核该如何进行呢？研发绩效考核聚焦在研发环节是目光短浅的，是就研发论研发。企业要科学衡量研发绩效，应先分解研发的过程。完整的研发分为三个阶段：研发阶段，把想法变为技术；生产阶段，把技术变为产品；销售阶段，把产品推向市场。

1. 研发阶段，把想法变为技术

研发阶段主要在实验室进行，比较封闭，职责也很明确。很多企业对研发人员的激励主要体现在研发阶段，根据研发人员拟定的研发计划确定 KPI 考核。以完成立项目标作为考核依据，很容易陷入技术领先的误区。企业研发不同于科学研究，后者追求高尖端，前者追求满足客户的需求。企业研发不可唯技术论，基于此，评价研发成果是否成功应该把目光放长远，主要看成果是否可以转化为产品。

2. 生产阶段，把技术变为产品

生产阶段相当于研发成果的转化。把实验室的成果演进为大规模生产，这是新的挑战。生产阶段产品质量能否过关，这是对研发绩效的第二层检验。生产过关后，产品能否给企业带来增值收益，这需要在销售阶段验证。

3. 销售阶段，把产品推向市场

销售阶段才是对企业研发成效的终极检验。研发的新产品只有给企业带来增量的收入与利润才是有价值的。做到这一点，才能证明研发是成功的。

综上所述，企业对研发人员的考核需要根据研发所处的三个阶段进行，分别赋予一定的权重进行考核。在研发阶段，能按进度、按预算完成任务，应给予研发人员一定的激励。在生产阶段，根据生产质量的高低，也应兑现一定的奖励。研发考核应以销售阶段为考核重点，根据研发成果的市场表现兑现对研发人员的奖励。然而，直接以销售阶段的增量收入与增量利润考核研发亦有不足，就是过于滞后，所以还需结合研发阶段与生产阶段进行。

9.6 如何做好员工激励

许多企业领导者总是慷慨激昂地为员工描述企业的愿景，会"大方"地承诺"等未

来公司做好了，员工能得到……"做出这些承诺时，企业领导者内心未必不真诚，满心以为这番肺腑之言肯定会对员工起到很好的激励作用，但实际效果却不佳。这些"慷未来之慨"的话员工可能并不买账。

9.6.1　画好未来的饼，分好眼下的蛋糕

本书并非强调企业不能给员工"画饼"。事实上，所有成功的企业家都是"画饼"的高手。"画饼"固然需要，但更重要的是分好眼下的蛋糕。企业愿景大概只有中高层管理人员才感兴趣，对于绝大多数普通员工来说，他们更关注当下的利益。

一个当下不愿意和员工一起分享收益的企业，未来也不会乐意和员工分享收益。道理很简单，眼下的利益这么小，都不愿意与人分享，未来利益大了，又怎么会舍得与人分享！

总之，企业领导者还需务实一点，要和员工谈未来，先和员工谈现在。

9.6.2　工资与奖金安排的讲究

工资与奖金都是给员工的劳动报酬，都带有激励的性质，二者有什么差别呢？

1. 工资是法定义务，奖金是"善意"之举

工资一般要写进劳动合同，是企业对员工的法定义务。奖金则很灵活，形式多样，最常见的奖金有月（季）度绩效奖金与年终奖金。员工有权要求企业按时足额发放工资，但不能要求企业发放奖金。

2. 工资是对长期贡献的激励，奖金是对短期贡献的激励

员工做出了贡献，是该涨工资，还是该发奖金呢？这要看贡献能否持续。工资是对长期贡献的激励，与任职岗位、任职能力相匹配；奖金是对短期贡献的激励，与阶段性成果相匹配。只有在员工整体能力提升的情况下，才可以考虑涨工资。如果员工能力没有提升，短期内又有阶段性贡献，最好是发奖金。

3. 工资有惯性，奖金才是激励

工资有惯性，这个月涨上来，下个月还得接着发；奖金没惯性，今年给了大红包，明年可能就没了。工资虽有激励作用，一旦上涨后，激励作用就会消失，变成了保健作用。在企业整体盈利能力没有持续性保障时，发奖金优于涨工资，因为发奖金可避免企业未来要负担刚性的人工成本。

依据"激励相容"原理，工资是约定好的，让员工安心；奖金具有酌量性，能让员工知道努力工作多重要。工资是"激励相容"原理中的"相容"，决定员工在不在你这儿干；奖金才是"激励"，决定了员工干得卖不卖力。

9.7 股权激励的操作办法

在线收听

股权激励需解决的核心问题共有四个：何时给、给谁、给多少、怎么给。说白了就是什么时间以什么价格给什么人多少比例的股权。股权激励的目的是让员工分享企业未来的红利，不是为企业解决困难。股权激励方案一定要考虑企业所处的发展阶段以及被激励对象的感受。

9.7.1 何时给

很多老板总想着在企业经营困难的时候给员工股权激励，冀图员工与企业共度时艰。这种想法站在老板的角度无可厚非，但站在员工的角度，就值得思考了。企业困难时给员工股权激励，员工未必愿意接受。此时的"激励"有名无实，员工看不到希望，看不到前景，甚至会觉得企业这时候给股权是在给他们下套。

那什么时候做股权激励好呢？建议选择在企业发展前景较好或者比较成功时，让员工要么有一个好的预期，要么直接受益。

9.7.2 给谁

华为的做法是全员持股，认可华为价值观的优秀员工都有可能获得股权激励。多数企业做不到这么极致，股权激励往往只针对干部、骨干员工进行。干部定在什么级别，骨干如何评定，占企业总人数的比例是多少，这是需要详细规划的。如果规划得不好，可能会伤害一部分员工。通俗来说，若想解决给谁的问题，需要企业有眼光识别出对企业未来发展有助益的人。

9.7.3 给多少

拿出多大的股权比例与员工分享，没有参考值可言，比例高的可达90%以上，华为公司能占到98.6%；少的能占到10%~15%。多与少是相对的，关键在于要让被激励对象有获得感。股权激励是给员工一个预期，这个预期如同画饼，饼太小是达不到激励效果的。饼画多大，需要综合考量，既要看员工的薪酬收入，也要看员工的市场价值。如果员工现有薪酬有所亏欠，那么股权激励不妨大一些，以期未来弥补。

9.7.4　怎么给

股权激励怎么给？通俗来说就是股权如何定价。有些企业搞股权激励，希望员工能拿钱出来购买企业股权，解决企业资金缺口。如果老板抱着这样的想法搞股权激励，十有八九会把员工吓跑。员工都希望获得的股权是一种奖励，而不是自己掏钱做投资。如果员工自己掏钱，与做风投何异呢？

对于股权如何定价，先要看企业所处的发展阶段。如果企业处于创业期，没有形成成熟的产品，未来前景渺茫，这个时候送干股可能是最恰当的股权激励模式；如果企业已经走上正轨，准备进一步走向资本市场，可以参照股权净值定价；如果企业上市了，可以参照资本市场定价。

股权激励怎么给，要看员工愿不愿意接受相应条件。如果员工接受不了，强推股权激励会事与愿违。上述股权激励要考虑的四个方面如果都解决好了，会对企业发展起促进作用；如果考虑不周，只是站在老板角度设计方案，则很可能会做成负激励。

第10章 财务报表粉饰

"粉饰"一词有遮掩之意,财务报表粉饰需要遮掩什么?应该是财务真相。如果真实的财务信息披露后会导致对企业不利的后果,企业的经营者就可能责成财务人员对财务报表进行粉饰。财务报表粉饰并不必然产生严重后果,粉饰亦有轻重之别。需要提防的是,不能把财务报表粉饰走向做假这一极端。

10.1 对财务报表粉饰的另类思考

财务报表粉饰与做假账的性质并非完全相同,财务报表粉饰有时也可看作是企业的理性行为。至少有一点是可以肯定的,和其他企业行为一样,财务报表粉饰也是企业的一种竞争策略。

10.1.1 由一个案例引发的思考

【例 10-1】ABC 公司以前年度的利润在 200 万 ~ 500 万元,2019 年 8 月—10 月,公司因种种不便披露的原因造成近 500 万元的损失,以致 2019 年 1 月—11 月利润表上反映的亏损是 400 万元。如果按照正常的经营情况,ABC 公司 12 月可实现利润 200 万元,由此公司 2019 年将亏损 200 万元。这是公司董事会不愿意看到的情况,它可能引起人们对该公司的猜疑,于是责成总经理想办法扭亏为盈。

ABC 公司总经理一时颇感无计可施,而公司财务部经理献出了若干计策:

第一,2019 年 12 月的广告推迟投放,节省广告费 210 万元;

第二,2019 年 12 月办公楼的折旧减半计提,折旧费少计提 210 万元并停止当月的费用摊销;

第三,联系公司的主要客户,与它们签订本应于 2020 年签订的售货合同。

公司总经理稍作思考，接受了第三个建议，并于 2019 年 12 月 10 日召集公司的五个主要客户开会。这五个客户同意 ABC 公司总经理的提议，提前两个月签订了售货合同。ABC 公司也开出了提货单，所购货物暂存于 ABC 公司，2020 年 2 月再提走。由此，ABC 公司 2019 年 12 月实现销售收入 2 500 万元，实现利润 350 万元。最终，ABC 公司 2019 年度实现利润 150 万元，公司总经理圆满完成了董事会制定的盈利目标。

在这一案例中，ABC 公司的扭亏举措究竟属于什么性质、公司 2019 年度的财务报表是否应界定为虚假？这些都是值得思考的问题。很显然，ABC 公司的这一举措并不违规，然而该公司 2019 年所披露的盈利信息又的确与其正常的盈利状况有出入，我们能否说不违反制度规定的财务报表是虚假的呢？

带着上述问题，我们对这一案例做出进一步分析，可得出 ABC 公司 2019 年度利润表的披露有以下四种选择。

（1）接受第一个建议并实现公司盈利 10（-400+200+210）万元。这在程序上是对的，但这种方法会导致第二年销售收入减少 3 000 万元，利润减少 350 万元。

（2）接受第二个建议并实现公司盈利 10（-400+200+210）万元。几乎所有人都能看出这种扭亏方法的不恰当之处，它违反了会计制度的规定。

（3）接受第三个建议并实现公司盈利 150 万元。我们很难对这种行为做出判断，它在形式上是合法的，但实质却偏离了财务报表的真实面貌。

（4）ABC 公司如实披露 2019 年度亏损 200 万元。这种财务报表看起来是最真实的，但其"实"掩盖了该公司 8 月—10 月的非正常损失。

对比上述几种情况，本书拟提出虚假财务报表与财务报表粉饰两个概念，分别对第二、第三两种情况进行界定。第二种情况所出具的报告可界定为虚假财务报表，这种财务报表有一个明显的特征——违法。第三种情况所出具的财务报表可界定为财务报表粉饰，它合法但与事实有一定出入，与最真实的第四种情况有偏差。

10.1.2　虚假财务报表与财务报表粉饰的区别

对于虚假财务报表与财务报表粉饰两个概念的区别，目前会计界、审计界并无一致的认识。在多数情况下，人们将财务报表粉饰与虚假财务报表混为一体。本书认为虚假财务报表与财务报表粉饰二者是不同的。"虚假"指的是与事实不符，虚假财务报表是指财务报表所陈述的内容与企业的基本情况严重不符；财务报表粉饰则是企业利用会计方面的法规或制度规范的模糊性，以时间差、关联交易或一些非常规举措美化财务报表的行为。二者的区别主要表现在以下几个方面。

- 从内容上看，虚假财务报表所陈述的内容是无中生有的（即虚构的）、不完整的（隐瞒不报）或以假乱真的；而经过粉饰的财务报表其内容并非不真实、不完整，只不过其在表述上有所侧重，但并不违规。
- 从法律上看，虚假财务报表是不合法的财务报表，而财务报表粉饰则是以合法为前提的。
- 从道德的角度来看，财务报表粉饰的特点是企业美化财务报表的一种行为，这种行为以合法为前提，且没有超出财务报表使用者心理界限，符合道德的要求，是财务报表使用者可接受的一种行为；而虚假财务报表以捏造事实、歪曲事实或隐瞒事实等为手段，导致报表使用者误解企业财务状态，严重影响报表使用者做出正确的经营决策，远远超出了财务报表使用者的心理界限，是一种不道德的行为。

10.1.3 把握财务报表粉饰的尺度

现实中企业都不同程度地存在美化财务报表的现象，对这种现象我们不能简单地因为心理上的反感就对它一概否定。

沿用【例 10-1】，若 ABC 公司总经理接受第一个建议削减广告费，2019 年公司的确是盈利了，并且名正言顺。但它带来了一个很不利的事实，2020 年的利润减少了；而采用第三个建议只是转嫁 2020 年的利润到 2019 年。对股东而言，削减广告费绝对不足取；而提前确认收入无损于股东利益（不考虑纳税的时间性价值）。

我们只要仍将企业视为股东的企业，那就应接受一个观点：企业行为只要是有利于股东并且合法，就是无可非议的，财务报表粉饰也不例外。如果追寻合法合理采用类似的削减广告费的建议，实质是对股东极大的不负责任。只要财务报表粉饰有利于股东，它就不应成为企业负责人和财务人员的心理障碍。

本书要表明的一个观点是，提供虚假财务报表实不可为，对财务报表进行粉饰却未必不可取。

人们对美的追求不仅希望有"清水芙蓉"之美，也希望有"巧夺天工"之美。大家对财务报表的要求也是如此，天然去雕饰的数据固然可信可靠，但有时却未必可取。例如，企业可能因某种不足为外人道的原因造成亏损，而且这只是一种暂时现象，但这种现象公布出去可能导致股价下跌、债权人逼债、公司破产。这时企业就可以利用一些粉饰的手段让财务报表侥幸过关，并在下一年获得巨大发展。如此，该公司对财务报表进行的这番不出格的"化妆"，既免除了股东的损失，又保全了债权人的权益，这种行为无疑是符合经济原则的。

财务报表是企业形象的数量化。为了达到某种目的，企业负责人完全可以要求有关部门配合财会人员采取一定的行为、运用一定的技巧，对企业财务报表进行粉饰，以将企业更优更美的形象展现在世人面前。精心打扮过的财务报表对企业本身是有利的，它有利于企业改观形象、吸纳资金以及从市场上引进优秀的人才。如果财务报表粉饰能把企业的这些优越性体现出来，那么间接对企业投资者（股东）和员工也是有利的。

10.1.4　财务报表粉饰是否合理的判断标准

当然，财务报表粉饰过度可能会给潜在投资者、债权人、其他相关利益者甚至企业自身带来损害，但这只是粉饰行为对"度"的要求。

一方面，企业是股东的企业，一切企业行为都应为股东利益服务。作为一种营利性的组织，企业的运作应重点关注经济性，社会性是附带的目标。经济性注重的是最大限度地满足股东的利益，社会性注重的是企业如何满足其他利益相关者的权益。经济性和社会性有一致的一面，但有时也是相悖的。无论如何，企业的经济性和社会性的主次是分明的，企业追寻的只是不违背经济性的社会性。如果财务报表粉饰适合经济性目标且不违法，不论其是否有悖社会性，都是可行的。

另一方面，企业股东有大小之分，大小股东的利益追求是不一样的，例如，大股东更热衷于控制权收益，小股东更热衷于货币性收益。如果以股东利益为标准还不足以确定是否应对财务报表进行粉饰，那么可以转换一下思考角度，股东投资的理想目标是实现企业价值（股东财富）最大化，若是企业行为对股东权益最大化有利，则它最终也是对股东整体有利的。因此，是否有利于实现所有者权益最大化可以作为企业进行财务报表粉饰的依据。

财务报表粉饰是企业的一种理性行为。不管如何评价它的动机，有一点都是值得肯定的——和其他企业行为一样，它也是企业的一种竞争策略。

10.2　解读资产负债表

资产负债表反映企业资产的构成及其状况、某一日期的负债总额及其结构，揭示企业资产来源及其构成，解释、评价和预测企业短期偿债能力。

10.2.1 资产负债表的构成

资产负债表的构成如表 10-1 所示。

表 10-1 资产负债表的构成

资产		负债和股东权益	
1.流动资产 2.长期投资 3.固定资产 4.无形资产及其他资产 5.递延税项	流动性	1.流动负债 2.长期负债 3.递延税项	流动
		负债合计	
		1.实收资本（股本） 2.资本公积 3.盈余公积 4.未分配利润	
		股东权益合计	
资产总计		负债和股东权益总计	

10.2.2 对资产负债表的说明

第一，总资产 = 负债 + 股东权益，总资产大不一定意味着企业实力强。

第二，资产与负债均按照"流动性强弱"排列，流动性反映的是资产的变现能力；流动性强的资产相对而言资产质量也要高一些，但两个概念不能等价。

第三，企业"净资产"即"股东权益"才是真正属于股东的资产。

第四，"未分配利润"的正负可以反映企业前期经营状况的好坏；资产负债表中的未分配利润不仅指企业本年的未分配利润，还指企业自经营以来所累计的未分配利润。

10.2.3 资产负债表对企业价值的反映

第一，看资产负债表应重点关注的是净资产，而不是总资产，净资产在一定程度上能反映企业的价值。

第二，资产的质量影响企业的价值，如长期待摊费用、无形资产、递延税款等就属于"垃圾资产"。

第三，应收账款的多少既能反映企业的销售质量，又能反映企业价值实现的风险。"应收账款"账户与企业的销售收入相对应，有一笔应收账款，就对应一笔收入，自然也对应相应的利润。相对而言，现金销售对企业是最有利的，因为它不存在坏账风险。一方面，企业赊销往往都伴随较大的风险，赊销所占销售总额的比例越大，销售的质量越低；另一方面，赊销收现的时间越长，销售质量也越低。销售质量低意味着坏账发生的可能性大，这也表明企业实现价值的风险大。

第四，相关比率能反映企业资产结构的优劣，如资产负债率、流动资产比率等；资本结构越好，企业实现价值的风险越小。

第五，实现企业价值重点体现在增加股东权益。

第六，在股东不新投入资本的情况下，股东权益的增加体现在"盈余公积"与"未分配利润"的增加。

10.3　潜亏在资产负债表中的藏身之所

潜亏是指企业将已发生的成本费用、资产损失不纳入或少纳入损益核算，继续以资产形式呈现，或提前确认收入，虚增利润的一种经济现象。它是会计信息失真的主要表现形式。潜亏的存在或使企业账面盈利大幅增加，或使账面亏损额大幅减少，或使企业财务报表由亏变盈。

潜亏落到资产负债表上一般表现为两种形式：其一，高估资产；其二，低估负债。负债潜亏大多表现为账外负债和预计负债。因低估负债易导致因债权人追讨而露馅，企业较少操纵负债炮制潜亏；高估资产则"安全"系数较高，成了企业操纵盈余的主要手段。因此，潜亏主要体现在资产负债表的资产类科目之中，如应收账款、其他应收款、存货、长期股权投资、在建工程、固定资产及无形资产等是企业潜亏常见的藏身之所。

10.3.1　应收账款

【例 10-2】某企业将未完工的五个工程项目全额记作收入，确认应收账款 8 000 万元。之后因客观原因，一项合同因政策变化无法履行，另一项合同因施工质量问题被客户拒收，造成账面近 3 000 万元的应收账款无法收回。

如果不是现款现销，企业确认销售收入时一般要经"应收账款"周转。多确认销售收入、提早确认销售收入不仅能虚增收入，还可虚增利润，是应付绩效考核常见的思路。因此，不按完工进度结转收入、产品未交付就确认收入、虚构销售合同、产品服务交付有瑕疵不冲账是企业利用应收账款藏匿潜亏的典型手段。

另外，利用坏账准备藏匿潜亏也是较为常见的现象。现行会计制度确认坏账的依据有三项：

第一，债权人破产，依照《中华人民共和国民事诉讼法》清偿后，确认无法追回；

第二，债务人死亡，既无遗产可供清偿，又无义务承担人，确实无法收回；

第三，债务人逾期未履行纳税义务超过三年，确实无法收回。

这三项确认坏账的条件过于严苛，大多数企业顺水推舟，制定了更宽松的坏账准备计提政策。以企业普遍采用的账龄法为例，五年以上的应收账款才要求 100% 计提坏账准备；而在现实的商业环境中，应收账款账龄超过两年，就可基本确认为坏账。从这一现实看，一方面上述虚增的应收账款利用了温和的坏账计提政策制造潜亏；另一方面，正常确认的应收账款也因坏账计提不充分虚增了当期利润。

无疑，虚增应收账款，不充分计提坏账准备是潜亏隐蔽于应收账款中的两把保护伞。要打掉这两把保护伞，必须制定更加严格的收入确认政策。例如，某企业确认收入要求同时符合以下四项条件：

（1）已签订销售合同；

（2）产品已交付并安装调试完毕，取得客户终验证明；

（3）已向客户开具发票并被客户签收；

（4）收到合同约定的头期款。

上述（2）是要严格制定坏账计提标准。企业对客户资质进行 ABC 分类是实践工作中不错的一种思路，根据客户素质的高低分类计提坏账准备，对低素质的客户从严计提坏账准备。

10.3.2 其他应收款

【例 10-3】某企业为了少交个人所得税，用现金给员工发放奖金、福利费后不计入成本费用，而是挂账在"其他应收款"科目。另外，该企业市场部的公关费用因无发票报销而长期挂账。这两项合计挂账超过 2 000 万元。

其他应收款主要结算员工借款、备用金，各种赔款、罚款等与主营业务不相关的应收、暂付款项，正常情况下该科目余额不多。鉴于员工正常借款周期均较短，如出现挂账时间超长的其他应收款，基本可确定其为挂账的费用，要么是找不到发票报销，要么是有意挂账少计费用。本质上这类"其他应收款"已不具备资产属性，只是未及时入账的费用，是企业的潜亏。

另外，企业之间的抵押款、保证金、担保款等往来款项，如果不能收回，也可利用温和的坏账计提政策隐藏潜亏。相较而言，其他应收款制造潜亏的手段比应收账款要单一得多，通过加强费用报销管理和严格坏账计提政策即可约束。

10.3.3 存货

【例 10-4】某生产企业原材料库存积压，该原材料市面单价已降至 8 元，账面成本 10 元，企业未计提原材料跌价准备。另外，因经营困难，生产部门领用原材料投入生产时未做出库处理，导致在产品与产成品的成本不实，虚降产品销售成本。

存货是企业在生产经营过程中为销售或耗用而储备的各种资产，是大多数企业流动资产的重头戏。存货按流转状态主要分为原材料、在产品、产成品等。存货价值的确定涉及两个因素：数量和价格。虚增存货制造潜亏在这两个因素上都可发力，原因主要有两点：

一是确定存货较为困难，在生产经营过程中存货总是在不断地购入、消耗、销售，数量时时刻刻都在更新；

二是随着市场价格的波动，存货价值不可避免地与账面价值存在差异。

因此，存货的数量和价格是否清晰、准确决定了潜亏在存货中藏身空间的大小。

从库存管理层面看，存货潜亏表现为保管不善型、价格倒挂型、超储积压型、品种疲软型四种形式。例如，存货长期堆在仓库不领用，可能在自然作用下残损贬值，如果企业疏于存货盘点或故意不盘点，存货贬值或短缺就构成了潜亏；还有一种形式，将期间费用摊入在产品成本，人为加大存货金额，虚增当期利润；另外，对账面价格明显高于市价和销售价格的存货，如不及时计提跌价准备，也会形成潜亏。

企业要想减少掩藏在存货中的潜亏，不妨从以下三个方面着手。

第一，完善在产品、产成品成本核算制度，不乱挤成本，不在在产品、产成品之间人为调剂成本。

第二，建立经济订货和储存管理模式，加强库存管理和存货控制；加强市场调研，以销定进，同时大力压库促销，加快存货周转，避免新的积压和亏损。

第三，严控存货跌价计提，期末按成本与可变现净值孰低计量存货价值，账面成本高于其可变现净值（高于市价）的部分应计提跌价准备。对于库龄超过一年的存货，在长期资产下单独设项列示，同时在财务报表中披露与揭示其库龄情况。

10.3.4 长期股权投资

【例 10-5】某公司对市场需求调查不充分，盲目投资 1 000 万元建了一个新厂。由于设备质量不过关，成本较高，刚生产几个月就被迫停产关门。因担心处置该亏损公司会导致母公司长期股权投资潜亏曝光，公司领导决定长期保留该亏损公司并以空壳形态运转。

现行企业会计准则规定企业投资比例在 20% 以下或 50% 以上（或有 50% 以上的实质性表决权）的，采用成本法核算长期股权投资。在收回投资前，无论被投资企业经营情况如何，净资产是否增减，投资企业一般不得对长期股权投资账面价值进行调整。在被投资企业亏损的情况下，因为成本法下长期股权投资的账面价值不需要做相应调整，所以会形成潜亏。

这类隐藏于长期股权投资中的潜亏在集团公司比较常见，涉及的金额一般较大。由于集团公司的报表只需披露母体与合并两个层级，单一子公司亏损造成的母公司长期股权投资潜亏不易暴露。如采用【例 10-5】中让子公司名存实亡的空壳运转模式，投资企业甚至可以把潜亏长期雪藏起来。这时运用实质重于形式的会计原则就十分必要了，对于这类长期股权投资，无疑应计提资产减值。

10.3.5 在建工程

【例 10-6】某公司因厂址搬迁，有规模较大的基建工程，为利用好基建项目进行"盈余管理"，公司以该项目名义贷款 1 亿元用于日常经营运转。该项目竣工后，为减少当年折旧费用，公司将竣工验收推迟到第二年 1 月。

企业在建工程发生频次不高，但发生时一般金额较大。潜亏藏匿于在建工程的伪装有三个：

（1）利息费用资本化；

（2）延迟转固；

（3）将日常性期间费用记入"在建工程"账户。

企业为在建工程或固定资产扩建等借款支付的利息，在其投入使用前可予以资本化，计入在建工程成本。有些企业滥用此规定，将在建工程投入使用后的借款利息和日常生产经营中的借款利息资本化，甚至乱挤成本，将与在建工程无关的期间费用记入"在建工程"账户，虚增在建工程价值以达到虚增利润的目的；另外，在建工程完工转固时故意拖延办理，一则可使借款利息继续资本化，二则可不计提固定资产折旧。无论是多计资本化利息费用，还是少计提折旧，最终都会形成企业的潜亏。

在建工程中隐藏的潜亏最终会随着在建工程转固进入固定资产，转固后这部分潜亏一般难以察觉。因此转固前需要企业在内控建设中完善建安工程验收制度，在立项审核中细化进度节点，同时加大对在建工程的审计力度，做到按节点验收，按立项方案验收，杜绝在建工程长期挂账现象，及时转固，不合规的利息支出坚决不予资本化。

10.3.6 固定资产

【例 10-7】某公司从事金属元器件的加工制造，购进价值 3 000 余万元的机器设备，分十年折旧。五年后，业内普遍改用德国进口的机器设备，生产效率能提高 50%。该公司也陆续引进了这项设备，但旧设备并未完全停用，在赶货时仍偶尔使用。

除上文提到的在建工程转固带入的潜亏，隐藏在固定资产中的潜亏还有三种表现形式：

（1）因折旧政策宽松形成的，过早失去使用价值的固定资产挂账；

（2）因设备更新换代，已被淘汰或性能落后的固定资产不计提减值准备；

（3）将固定资产的经常性维修费用资本化计入固定资产。

用固定资产遮掩潜亏常见于老国企和技术更新换代快的新产业。放宽折旧政策，允许采用加速折旧法，不仅能解决折旧不彻底带来的潜亏问题，还有利于推动企业提高技术装备水平，更好地维护固定资产的简单再生产。同时，企业需要对固定资产的性能定期评估，对性能落后，被新产品淘汰的固定资产应及时计提减值。在费用报销时，企业要杜绝将固定资产的经常性维修费资本化，从而挤掉固定资产中的费用泡沫。

10.3.7 无形资产

【例 10-8】某研发公司每年投入近亿元做研发，为了让这些研发费用有资本化的载体，公司申请了 2 000 多项专利和专有技术。公司因此将每年发生的研发费用全部计入无形资产，累计约 7 亿元。

"无形资产"科目是大家普遍熟知的"垃圾资产筐"，原因在于无形资产的价值难以计算，过去经济利益流出所取得的专利权、专有技术、商标、商誉等未来能否带来经济利益很难估量。就研发行为而言，研发费用资本化会减少管理费用而增加企业当期盈利，然而计入无形资产的研发费用预期的增值盈利能力却难以预测。许多企业利用这一政策将本应费用化的研发支出资本化，等于直接制造了潜亏。此外，无形资产入账后不按照规定摊销，一挂了之，造成了无形资产少摊或不摊，更会导致潜亏长期化。

隐藏在无形资产中的潜亏识别容易，但清理困难，因为此类潜亏一般都具有冠冕堂皇的理由。历史原因形成的无形资产潜亏多为企业转制、重组、新建带入的特许经营权、商标权、商誉、专利等，日常经营中增加的无形资产多为研发费用资本化。企业要遏制无形资产中藏匿潜亏，一是要规范无形资产的核算，不能随意将费用资本化；二是要严格执行无形资产摊销制度，拒绝长期挂账；三是要进行无形资产减值测试，对于逾期不能带来经济利益流入的无形资产要足额计提减值准备。

10.3.8 对"潜亏"的总结

基于业绩考核、个人升迁、企业筹资等诸多理由，一些企业管理者不在加强经济管理上用功，而是试图钻制度的空子，指使财务人员做假账，制造虚盈实亏的假象，以达到种种目的。为达到这些目的而制造的潜亏，表面上看是企业管理者为维持企业形象所采取的非常手段，其实质是个别人包装业绩、谋取私利的违规行为。潜亏因高估利润不仅加重了企业的税务负担，还因传递虚假的财务信息极易误导经营决策。企业要治理潜亏，一方面需要完善内控制度与会计核算制度；另一方面是要重点加强外部监督与审计，建立对制造潜亏的责任人的长期追溯机制。企业只有做好这两方面的工作，才可能杜绝经营者基于私利主动制造潜亏行为的发生。

10.4 解读利润表

利润表是综合反映企业一定时期经营成果的报表

10.4.1 利润表的构成

利润表的构成如表 10-2 所示。

10.4.2 对利润表的说明

1. 利润的来源

企业利润的来源主要为主营业务利润、其他业务利润、投资收益、其他收益、营业外收入。通过观察企业利润构成的比例可以看出企业的经营状况是否正常。正常情况下，净利润应主要来源于营业收入。

表 10-2　利润表的构成

一、营业收入 　减：营业成本 　　　税金及附加 　　　销售费用 　　　管理费用 　　　研发费用 　　　财务费用 　加：投资收益 　　　其他收益 　　　资产处置损益	四、净利润（用于年度考核） 　加：年初未分配利润 　　　盈余公积转入
二、营业利润（业务考核） 　加：营业外收入 　减：营业外支出	五、可供分配的利润 　减：提取盈余公积
三、利润总额（考核经营情况） 　减：所得税	六、可供股东分配利润（分红考虑） 　减：应付普通股股利 　　　转作股本的普通股股利
	七、未分配利润（对应资产负债表）

2. 导致利润减少的因素

导致企业利润减少的因素主要有营业成本、税金及附加、销售费用、管理费用、研发费用、财务费用、营业外支出、所得税。列出这几项内容，旨在告诉大家企业节俭成本可以从哪些方面入手。"营业成本"的发生体现在生产环节，"销售费用"的发生体现在销售环节，"管理费用"的发生体现在管理环节，"财务费用"的发生体现在筹资环节，"营业外支出"属于例外损失，"税金及附加"与"所得税"可通过税收筹划合理规避。

3. 销售收入确认的标准

企业销售收入确认的标准主要有：

- 企业已将商品所有权的主要风险和报酬转移给买方；
- 企业既没有保留通常与所有权相联系的继续管理权，也没有对已售出的商品实施控制；
- 与交易相关的经济利益能够流入企业；
- 相关的收入和成本能够可靠地计量。

具体解释销售确认的标准是为告诉大家，在确认收入时不能仅仅以是否签有销售合同为依据。

4. 资产负债表与利润表的联系

资产负债表中"盈余公积"和"未分配利润"的增加取决于企业"可供分配的利

润"；"可供分配的利润"主要取决于企业"净利润"。资产负债表与利润表的联系在于利润表中的"净利润"最终通过分配归并到资产负债表的"盈余公积"和"未分配利润"之中。当然，也有分配现金股利和配股的情况。

5. 如何实现企业价值

要实现企业价值，真正做到"股东权益最大化"，最直接的手段就是增加企业的利润，开拓产生利润的来源，压减导致利润减少的因子。

10.4.3　利润表对企业价值的反映

第一，净利润是企业价值增加最重要的体现。

第二，利润的构成能反映企业实现价值的能力，企业的主要利润应由主营业务利润构成。

第三，营业成本占营业收入的比例能体现出企业产品在市场上的竞争力。

第四，销售费用与管理费用总额占营业收入的比例能体现出企业的管理绩效。

第五，财务费用与负债总额的比率能反映企业借贷成本的高低。

10.5　"分家"的营业外收入

营业外收入是指与生产经营过程无直接关系，应列入当期利润的收入。它是企业财务成果的组成部分。

10.5.1　营业外收入的本来面目

以往，"营业外收入"这个科目是个大杂烩，不好界定的收入都堆砌在里面核算。"世道"变了，"营业外收入"分家，一分为三了。具体如图 10-1 所示。

依据《企业会计准则第 16 号——政府补助》《企业会计准则第 42 号——持有待售的非流动资产、处置组和终止经营》的规定，会计核算新增了"其他收益"与"资产处置损益"两个科目，把原来"营业外收入"相应的核算内容剥离出来，改在这两个新科目核算。具体而言，原来在"营业外收入"核算的财政补贴、退税等改在"其他收益"科目核算了，卖房、卖地、卖资产的收益改在"资产处置损益"科目核算了。

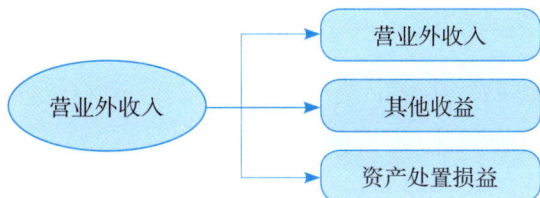

图 10-1 "分家"的营业外收入

营业外收入分家后，其本来面目（营业外）越发清晰，它就是有一搭没一搭的意外收入，是天上掉馅饼。试想天上掉馅饼的好事哪能总有呢？意外收入锦上添花或可喜，指望它过日子可不行，指望它打翻身仗更不行。有人可能会举出反例，上市公司经营得不好，老板的同学大义出手，捐赠数亿，助其渡过难关，这难道不是善事吗？好虽好，可这样的收入不可持续，救急可以，救穷不行。

10.5.2 对营业外收入的趣味分析

你思考过《水浒》中的宋江为何一意要接受招安吗？我从财务角度做了一个有趣的分析：

如果把梁山视作一家公司，梁山的"主营业务收入"是抢劫进项，抢官府的、富豪的、客商的；其他业务收入是餐饮收入（如朱贵开的酒店）。梁山势大，周边能抢的早抢完了，往来客商都绕道而行，主营业务收入大幅缩水；其他业务收入本就是毛毛雨，掩人耳目的，当不得真。只有 CEO 宋江清楚，梁山的商业模式有缺陷，"主营业务收入"不可持续了，后面要指着"营业外收入"撑门面。为了维持外表的光鲜，梁山打肿脸充胖子，一味扩张，高管就任命了 108 位，员工人数更是呈几何级数增长。这样的态势，只能加剧入不敷出的窘境。怎么办？宋总和吴军师想办法将柴进、卢俊义等请上梁山，把他们的家产弄进了公司。梁山的主业不济，宋总门清，所以搞了这几笔营业外收入。营业外收入毕竟不可多得，虽可救急一时，却非长久之计，再加之多方面的原因，宋总也许没了经营信心，才决定把梁山并入大宋集团。不客气地说，营业外收入分家后，它已彻底边缘化，有它不多，没它不少。它表现太亮眼了，惊喜之余，你还会心惊胆战。

10.6 解读现金流量表

现金流量表是财务报表的三个基本报表之一，也叫账务状况变动表，所反映的是在一个固定期间内，一家企业现金的增减变动情形。

10.6.1　现金流量表的构成

现金流量表的构成如表 10-3 所示。

表 10-3　现金流量表的构成

一、经营活动产生的现金流量	三、筹资活动产生的现金流量
1. 销售商品、提供劳务收到的现金	1. 吸收投资收到的现金
2. 收到的税费返还	2. 取得借款收到的现金
3. 收到其他与经营活动有关的现金	3. 收到其他与筹资活动有关的现金
经营活动现金流入小计	筹资活动现金流入小计
1. 购买商品、接收劳务支付的现金	1. 偿还债务支付的现金
2. 支付给职工以及为职工支付的现金	2. 分配股利、利润或偿付利息支付的现金
3. 支付的各项税费	3. 支付其他与筹资活动有关的现金
4. 支付的其他与经营活动有关的现金	
经营活动现金流出小计	筹资活动现金流出小计
经营活动产生的现金流量净额	筹资活动产生的现金流量净额
二、投资活动产生的现金流量	四、汇率变动对现金及现金等价物的影响
1. 收回投资收到的现金	汇率变动对现金及现金等价物的影响额
2. 取得投资收益收到的现金	
3. 处置固定资产、无形资产和其他长期资产收回的现金净额	五、现金及现金等价物净增加额
	现金及现金等价物净增加额
4. 收到其他与投资活动有关的现金	
投资活动现金流入小计	
1. 购建固定资产、无形资产和其他长期资产支付的现金	
2. 投资支付的现金	
3. 支付其他与投资活动有关的现金	
投资活动现金流出小计	
投资活动产生的现金流量净额	

10.6.2　对现金流量表的说明

第一，现金流量表是对资产负债表、利润表反映企业价值时过分注重净资产、净利润的校正。

第二，企业的价值实现不仅体现在利润的高低上，也体现在现金流上。

第三，现金流的水平能够反映企业实现价值能力的高低。

第四，经营活动、投资活动、筹资活动的现金净流量能反映企业的经营状况。如果企业经营状况正常，经营活动产生的现金流量应占主要部分。相反，如果投资活动产生的现金流量占的比重大，那么表明企业主业处于萧条状态；如果筹资活动产生的现金流量大，可能是企业正处于扩张期（如发行新股、债券），或者生计困难，借钱度日。

10.6.3　现金流量表对企业价值的反映

第一，现金之于企业犹如血液之于生命，企业应树立现金流量至上的观念。

第二，经营活动产生的现金流量的高低是企业赖以维持正常运营的前提。

第三，净利润数与经营活动产生的现金流量两个指标是企业价值实现能力的两大衡量指标。

10.7　透过现金流量表识别企业的伪装

见过了太多虚构收入、利润的报表，大家会觉得现金流量表更可信。但现金流量表真的清白吗？也不是。大家轻信它，是因为觉得资金流动的轨迹是真实的。而真实的轨迹何尝不可以运作呢？

🎧 在线收听

10.7.1　现金流量表展示的三类活动

现金流量表展示了企业的三类活动：经营活动、投资活动、筹资活动，表格按这三类活动重要性的高低顺序排列，每类活动都会分别列示：现金（及现金等价物）流入额、流出额、流量净额。具体如图 10-2 所示。

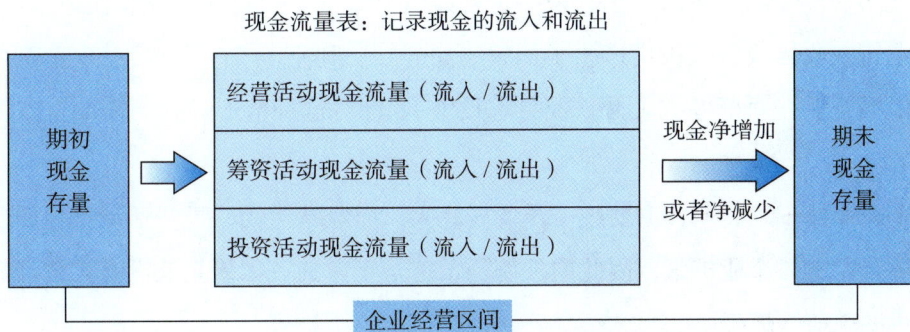

现金流量表：记录现金的流入和流出

图 10-2　现金流量表展示的三类活动

10.7.2　现金流量分析

经营活动、投资活动、筹资活动这三类活动现金流量净额的大小有三种可能：正（现金流入大于流出）、负（现金流入小于流出）、零（现金流入等于流出）。现金流量净额为零这种情况较特殊，我们暂且不予考虑。这样来看，现金流量净额就剩下"正"与"负"两种可能了。

三类活动（经营活动、投资活动、筹资活动），两种可能（现金流量净额为正或负），这个数组的排列组合，可列举出八种可能的情形。具体如表 10-4 所示。

表 10-4　对经营活动、投资活动、筹资活动产生的现金流量净额分析

序号	经营活动	投资活动	筹资活动	企业状态判别
1	正	正	正	发展期，主营业务稳定且占主要地位，没有可供投资的项目
2	正	正	负	产品成熟期，没有可供投资的项目，抗风险能力弱
3	正	负	正	高速发展期，仅靠经营活动的现金流入净额无法满足所需的投资，须通过筹集外部资金作为补充
4	正	负	负	经营状况良好，一方面偿还以前的债务，另一方面正在发展新的盈利模式
5	负	正	正	衰退期，经营活动出现困难，靠借款来维持生产经营的需要
6	负	正	负	加速衰退期，市场萎缩，为应付债务不得不收回投资，已处于破产边缘，需高度警惕
7	负	负	正	如为初创企业，则说明其在投入大量资金开拓市场；如为长期稳定企业，则说明其财务状况具有较大的不确定性
8	负	负	负	陷于严重财务危机，可能破产

下面我们针对上表所列的八种情形，逐一分析报表主体可能存在的财务问题。

情形 1——企业经营能赚钱。

经营活动现金流量净额为正，说明企业经营能赚钱。投资活动现金流量净额为正，说明企业正在收回投资或投资产生了回报（如分红、利息等）。筹资活动现金流量净额为正，说明企业在对外筹款（借款或寻求投资）。针对这种情形，我们需要重点关注筹资的目的。

如果企业处于发展期，需要进一步发展壮大，而经营活动、投资活动产生的现金流量净额不足以支撑企业扩张，因此向外筹资，这是正常的。如果企业没有扩张计划，其筹资的目的就值得怀疑了。

情形 2——企业健康成熟。

经营活动赚钱，投资活动有回报，企业用这两项活动的现金流量净额偿还以前的借款，这是企业健康成熟的表现。值得考虑的是，该企业是否还有发展潜力，是否有新的投资机会。

情形 3——企业经营状态良好且富有发展潜力。

经营活动赚钱，同时不断筹资对外投资，暂且认为该企业经营状态良好且有发展潜力。但要考虑企业投资决策是否稳健，投资项目是否有前景。

情形 4——企业经营状况良好，一边偿还借款一边投资。

企业经营比较好，用赚来的钱一边偿还以前的借款，同时还在不断做投资。这是非常理想的状态，高盈利、高发展的企业（如高科技企业）才具有这样的数据特征。

情形 5——企业经营状况欠佳，不仅收缩投资，还不断筹资。

企业经营不良，为了弥补营运资金短缺，不仅收缩投资，还不断筹资。一般而言，这类企业债务风险极高。如果该企业处于创业发展期，借款用于经营，尚可理解。如果该企业处于衰退期，只能说明企业要靠收回投资和举债维持生计。

情形 6——企业经营状况不好，且无投资机会。

这类企业很有责任心，一边收回投资，一边偿还债务。

情形 7——企业经营状况很不好，举债也要投资扩张。

企业经营状况很不好，但心存不甘，举债也要投资扩张。如果是创业型企业，这种状态可以理解；如果是成熟型企业，要提防其债务风险。

情形 8——企业经营状况不好，但资金存量充足，可以投资和偿还债务。

这类企业经营状况不好，但企业有较多的资金存量，可用存量资金同时做投资和偿还债务。如果这类企业投资不能产生回报，极易陷入财务危机。

如果一家企业的经营活动、投资活动、筹资活动现金净流量均为正，你的第一感觉是什么？不合常规。企业的经营活动能赚钱，投资活动现金流量为正，说明企业在收回投资或收到了投资回报。若是企业在收回投资，这是极不正常的，会显得筹资没有目的性。

如果确有企业如此操作，那么我觉得它有骗钱跑路的意思。准备跑路的企业，会把现金流量表各项活动的现金净流量做成正数，骗取投资人信任。经营活动、投资活动的数字再好看也只是表象，筹资活动的数字才是追寻的目的，这样的企业圈到钱后，很可能会跑路。

10.8 从财务报表看企业的价值实现

企业的价值取决于其未来现金净量净额的折现，只有企业投入的资本回报超过资本成本时，才会创造价值。对这句话通俗的解释就是要实现企业的价值，其中有两点至关重要：

第一，企业要有利润；

第二，利润应切实转变为现金流入企业。

10.8.1 对企业价值的理解：从总资产与净资产角度阐述

企业资产的多少并不代表企业价值，企业的资产由两部分构成：属于股东的资产（在资产负债表上表现为股东权益）和向债权人借入的资产（在资产负债表上表现为负债）。企业的价值肯定不能用总资产的多少来衡量，因为向债权人借入的资产是要偿还的。如果总资产越多，企业价值越大，那么企业只要多举债，这一目标就能实现。

剔除负债因素，企业的价值能否用净资产（股东权益）的多少来衡量呢？这需要考察企业资产的质量。这里所说的资产质量，是指一项资产以其内在价格变现所需时间的长短。举个例子，有 A、B 两项资产都值 200 元，如果把它们都以 200 元的价格出售，若 A 需要 10 天，B 需要 10 个月，这就表明资产 A 的质量比资产 B 的质量要高。

实际上，企业资产质量是有差异的，有的的资产质量量很高，如现金、银行存款、短期投资等；有的资产质量就要差一些，如应收账款、长期投资、固定资产等；有的资产质量很低，被称为"垃圾资产"，如无形资产、长期待摊费用、递延税款等。正因为资产的质量存在高低之分，净资产同样不能代表企业的价值。设想一种极端的情况，如果企业的净资产全部由垃圾资产构成，此时的企业又有何价值可言呢？

10.8.2 企业价值实现的表现形式：净利润和净资产的增加

分析了什么是企业价值，并不足以给人留下感性的印象。用未来现金流量的折现来解释价值是很抽象的，不利于非财务人员理解。鉴于此，我们有必要对企业价值的表现形式进行说明。在具体形态上，企业价值的增加大多表现为净资产和净利润的增加。我们在上文中谈到不能用净资产来衡量企业价值的高低，这里又说企业的价值增加大多表现为净资产和净利润的增加，二者是否互相矛盾呢？回答是否定的，原因在于净资产和净利润与企业价值是现象与本质的关系，现象不能代表本质，但本质能解释说明现象。

既然提到了企业价值，就有必要对企业的理财目标进行说明。利润最大化与每股收益最大化姑且不论，股东权益最大化与企业价值最大化是目前学术界争议较大的一个话题。我们不再对二者的区别与联系进行分析，在企业理财实务中，以股东权益最大化作为目标或许更便于理解和操作。在一定程度上，企业的利润、价值以及股东权益（净资产）是完全正相关的。

10.9　从企业价值实现的角度谈财务报表改进

对于企业管理者而言，其所进行的管理都是基于价值的管理。其针对企业的相关预测、决策、控制等措施都应围绕企业价值实现的目标进行。

10.9.1　什么是好的财务报表

财务报表作为企业形象的数量表示，在一定层面上，它是企业价值的外在反映。从信息传递的角度来看，企业利益相关者从一份好的财务报表中获得的信息与从一份差的财务报表中获得的信息，所做出的判断是截然相反的。什么是好的财务报表，从上文的分析来看，好的财务报表所提供的数据信息应该能够恰当地反映企业的价值。具体而言，资产负债表中的"净资产"应反映企业的价值，利润表中的"本年利润"应反映企业本年的价值增量，现金流量表中企业的现金流量净额应主要来源于企业的经营收入。

10.9.2　企业的价值实现与财务报表改进

改进财务报表并非要企业做假账或粉饰报表。从企业价值实现的角度来谈财务报表改进，目的是要引导大家正确地认识会计利润与企业价值增量、净资产与企业价值之间的异同，树立起为追求企业价值增长而进行管理的理念。追求会计上的利润不应是企业经理人进行管理的目的，如果企业资产质量差，会计利润只是自欺欺人的烟幕弹。

放在财务报表中，企业的价值实现体现在净资产的增减上，对净资产增减变化的考虑应注重两个方面：量和质。"量"体现于净利润的高低，"质"体现于现金流量的水平、资产的质量。会计利润能反映净资产增量的多少，如果企业的现金流量情况正常，来自经营活动的现金流量占总现金流量的比例恰当，应收账款变现情况良好，其他资产的质量较高，这时企业的财务报表就可认为是优秀的。

如果现时企业的报表还不能达到这种水平，企业负责人应努力寻找差距，找到报表水平差的原因。具体操作可体现为以下三点。

第一，比较不同时期企业的财务报表。做这项工作是为了观察企业的成长性，财务报表情况差是暂时现象还是长期现象。如果是暂时现象，应分析是市场疲软导致的，还是产品竞争能力下降导致的；如果是长期现象，就要考虑是不是因为产品已呈夕阳趋势。不一而足，这要根据情况具体分析。

第二，改进企业财务报表的重点在于改进利润表，即如何增加企业的利润。三张报表中利润表是关键，它处于中间的位置"资产负债表←利润表→现金流量表"。利润表中"本年利润"直接影响资产负债表中股东权益的增减变化。实际上，利润数是可以和现金流量表中"经营活动产生的现金流量"建立联系的。只要企业的利润增加了，正常情况下，资产负债表的"股东权益"也会增加，现金流量表中的现金流量净额也会增加。但三者协同变化有一个前提，就是在销售实现的时候收现率要尽可能高。

第三，增加企业利润的两条途径：开源与节流。开源重在实现产品的差异化，节流重在减少产品的生产成本和企业的管理成本。财务报表的改进，绝不仅仅是财务人员的责任；恰恰相反，它是企业高级管理人员的责任。高级管理人员只有基于企业价值实现不断加强企业管理，改进技术，降低成本，才能正确地改进财务报表。

第 11 章　财务分析

财务分析必须服务于业务，挖掘业务背后的因素，这已成了共识。财务分析要结合业务实际，服务业务部门，否则分析报告的作用有限。具体而言，财务分析要指出问题，找出对策，落实责任，到期考核。

11.1　财务分析报告给谁看

在管理会计日渐被重视的当下，财务分析的地位有了提高。谈到财务分析，被问得最多的三类问题是怎么做、分析什么、有用吗？

（1）怎么做？新人喜欢这么问，他们在潜意识里觉得财务分析很高深，又没做过，因此有学习的冲动。

（2）分析什么？职场刚晋级的财务人员喜欢这么问，因为他们觉得可分析的点太多了，但面面俱到又不是领导想要的。

（3）有用吗？财务经理喜欢这么问，每当费尽心思做出的成果不被认可时，他们会很受伤。

在思考这三个问题前，我们要先了解一个前提，财务分析报告到底给谁看。只有明白了这一点，这三个问题才有答案，财务人员才能写好财务分析报告。

11.1.1　需求对象与需求目的

财务分析报告的需求对象与需求目的如表 11-1 所示。

表 11-1　财务分析报告的需求对象与需求目的

需求对象	需求目的
内部人——经营班子	发现问题，改进管理，提升绩效
控股公司——股东	加强监督，防止舞弊

（续表）

需求对象	需求目的
潜在投资者	识别拟投资企业的商业价值
债权人	了解企业的资金情况与偿债能力

从表 11-1 中可以看出，第一类需求对象是企业的内部人，主要是企业内部管理层。管理层作为企业的决策者，他们需要了解企业的真实情况，需要通过对企业财务数据的分析来支撑他们所做的决策。对管理层而言，财务分析可以起到以下两方面的作用。

（1）通过财务分析可以发现企业在经营管理中存在的问题，管理层可以通过解决问题来改进企业的经营管理。

（2）通过财务分析可以提高企业的经营效率。例如，管理层通过了解企业的资金量、资产量、资源量，对企业下一阶段的发展策略做出预判。

第二类需求对象是企业的上级单位，主要是指企业的控股股东（法人或自然人）。股东通过了解被控股公司的实际情况，可以加强对下属经营单位的监督、管理，防止下属经营单位出现经营舞弊、腐败等情况。

第三类需求对象是企业的潜在投资人，如股票二级市场中活跃的投资者。投资者购买某企业的股票，需要通过查看该企业年报、季报来了解其现金流、资产等情况，从判断该企业的股票是否值得投资。再如，风投 VC、PE 等机构在投资某企业之前，需要对该企业做尽职调查，其中一项就是对企业的财务状况进行分析。

第四类需求对象是企业的债权人，他们需要了解企业的资金情况与偿债能力，借此判断是否给企业提供贷款或续贷。

通过以上分析可得出如下结论：财务分析报告的第二、三、四类需求对象与第一类需求对象的立足点是不同的，既然目的不同，分析方法、分析思维也就不同。财务人员在做财务分析时，应根据报告受众不同，分别撰写不同版本的财务分析报告。

11.1.2　财务分析报告的价值

在很多人眼里，财务分析报告是用于交差的，因为季度例会需要或财务总监汇报工作需要，所以就做了。至于做财务分析的目的究竟是什么，财务人员可能没有思考过，或者思考了，却没有想明白。目的不明，思路就不会清晰，这种情况下财务人员难免会把财务分析当作一种应付式的工作。一份"应付式"的财务分析报告，内容牵强附会、逻辑混乱几乎是必然的。

追根溯源，做财务分析是一项财务管理行为。企业财务管理的目的是实现企业价值最大化。以此推演，做财务分析的终极目的也应是实现企业价值最大化。那么，如何让财务分析帮助企业实现价值最大化呢？财务分析本身不是经营活动，因此它自身不能直接为企业创造价值，它的经济收益要通过帮助改善企业经营活动间接体现出来。这也是我极力反对财务部门闭门造车、自说自话做财务分析的原因。

要让财务分析真正有用，它必须立足业务、服务业务，挖掘业务背后的不利原因，并提出改进措施建议。一旦这些改进措施建议被认可，被践行，财务分析报告的价值就显现出来了。

总体而言，财务分析报告的质量如何，可以从以下三个层次来看：

第一个层次，简单的数据比较，找出异常；

第二个层次，对数据异常的原因做出解释；

第三个层次，分析业务原因，找出问题点，并提出相应的解决方案。

只有做到了第三个层次，财务分析才能被视为管理工具。

11.2 比较分析法

比较分析法是财务报告分析的基本方法之一。它是通过对某项财务指标与性质相同的指标评价标准进行对比，揭示企业财务状况、经营情况和现金流量情况的一种分析方法。

11.2.1 比较分析的参照物

没有比较就没有鉴别，经比较后更便于定位问题，进而剖析问题，解决问题。和谁比，选谁作为参照物，是比较分析法的关键。比较分析最常见的参照物有三类：

（1）上年数或上期数；

（2）预算数或目标数；

（3）行业平均数或标杆企业数。

比较的参照物不同，目的就不同。选取上年数作比较，是为了看改进；选取预算数或目标数作比较，是为了考察效率，看完工进度；选取行业平均数或标杆企业数作比较，是为了找差距。

11.2.2 统一口径

为了保证分析的合理性，作比较的两组数据必须统一口径。通俗地讲，就是要让数据具有可比性。建议从以下几方面着手：

（1）会计核算应遵从统一的制度与准则，特别是收入的确认、资本化与费用化的确认应一致；

（2）剔除例外事项与偶发事项；

（3）剔除与分析结论无关联的事项；

（4）挤出人为操纵的水分。

只有把待比较的数据弄清爽了，比较得出的结论才会有价值。

11.2.3 关注异常数据

比较过后，数据问题会一览无余，我们需要关注以下四类异常数据：

（1）不能完成目标的数据；

（2）完成进度落后的数据；

（3）与历史相比异常的数据；

（4）与行业数据相比异常的数据。

比较的目的是找短板、找问题，进而分析业务背后的原因，然后提出解决措施建议。这四类数据是需要我们做进一步分析的关键点。

11.2.4 案例解析

比较分析法是最简单，也是最基础的一种分析方法，在财务分析中应用较为广泛。

【例11-1】以下为A公司2018年与2019年的收入、成本、销售利润数据，从中可以看出该公司2019年经营中存在的问题。

A公司2018年与2019年的收入、成本、销售利润数据

单位：万元

项目	2018年	2019年
销售收入	3 323	3 389
减：销售成本	1 685	1 966
毛利	1 638	1 423
减：期间费用	600	520
销售利润	1 038	903

从销售收入数据看，该企业 2019 年相比 2018 年收入规模几乎没有增长，这是市场疲软的典型特征。在 2018 年与 2019 年销售收入大体相当的情况下（仅增长 1.99%），销售成本大幅增长了 16.68%。出现这样的数据体征，可能的原因有两个：

第一，产品价格下降，导致企业盈利能力滑坡；

第二，产品价格没有下降，但成本提高了，产品的市场竞争力在下滑。

11.3 比率分析法

比率分析法是以同一期财务报告上若干项目的相关数据相互比较，求出比率，用于分析和评价企业的经营活动以及企业目前和历史状况的一种分析方法，是财务分析的基本工具。

为什么要用到比率分析呢？这是因为有些经济指标光看绝对数不能说明问题，而比率是相对数，有时相对数能揭示出问题的本质。

【例 11-2】A、B 两家公司是友商，A 公司年销售收入 5 000 万元，年销售费用 450 万元；B 公司年销售收入 3 000 万元，年销售费用 360 万元。请问 A、B 两家公司谁的销售费用控制得比较好？

从绝对数看，B 公司年销售费用要小于 A 公司年销售费用，如果你因此得出 B 公司销售费用控制较好的结论，那就错了，错误的原因在于 B 公司销售收入要小于 A 公司。如果计算两家公司的销售费用率，问题就清楚了，A 公司销售费用率 9%，B 公司销售费用率 12%，显然 A 公司的销售费用控制得好。

11.3.1 常用的财务比率及参考值

1. 短期偿债能力比率

流动比率＝流动资产÷流动负债，流动资产偿还流动负债的保障倍数，参考值为 2。

速动比率＝速动资产÷流动负债，速动资产对流动负债的保障倍数，参考值为 1。

现金比率＝现金性资产÷流动负债，现有的资金（立即变为现金的资金）偿还负债时有多少保障倍数，参考值 >20%。

利息保障倍数＝息税前利润÷利息，息税前利润有多少可以偿还利息。银行更愿意看到这个数据，如果利息都还不上，本金更不可能偿还。

2. 长期偿债能力比率

资产负债率 = 负债总额 ÷ 资产总额，参考值 <70%。

权益乘数 = 资产总额 ÷ 股东权益，参考值 > 3.33（据资产负债率 <70% 推算得出）。

3. 盈利能力比率

销售毛利率 = 销售毛利 ÷ 销售收入净额

销售利润率 = 利润总额 ÷ 销售收入净额

成本费用利润率 = 利润总额 ÷ 成本费用总额

总资产收益率 = 利润总额 ÷ 资产平均总额

净资产收益率 = 利润总额 ÷ 平均股东权益，是杜邦分析法使用的起始指标。

4. 周转能力比率

DSO = （AR 平均余额 × 计算期天数）÷ 收入净额

ITO = （存货平均余额 × 计算期天数）÷ 销货成本

流动资产周转率 = 销售收入净额 ÷ 流动资产平均余额

固定资产周转率 = 销售收入净额 ÷ 固定资产平均余额

总资产周转率 = 销售收入净额 ÷ 总资产平均余额

周转率的高低反映企业运作效率高低，周转率越高说明企业运作效率越高，企业的整体利润率也会提高。对快速消费品行业而言非常重要，也是其应特别关注的指标。

11.3.2 正确理解财务比率

用好比率分析法的关键是要正确理解财务比率。如何正确理解财务比率呢？建议关注以下四个方面。

1. 财务比率的经济含义

财务人员计算财务比率，要先了解比率所包含的经济含义。

（1）销售毛利率的经济含义为每一元销售收入能带来多少钱的毛利润，这些毛利润可弥补多少期间费用及形成多少利润。销售毛利率越大，表示产品或服务盈利能力越强。企业按期分析该比率，还可对销售收入、销售成本的配比情况做出判断。

（2）应收账款周转天数（DSO）的经济含义为企业从确认应收账款到收现所需的时间。应收账款周转天数越少，说明其收回越快；反之，说明营运资金过多呆滞在应收账款上，影响正常资金周转及偿债能力。

（3）流动比率的经济含义是指企业每偿还一元钱的流动负债需要多少流动资产做保障。

只有清楚了财务比率的经济含义，才能知道它该运用在哪些分析场景。

2. 比率分析法的需求者是谁

实际上，不同的财务比率都有其特定的需求者，之所以说是特定的需求者，原因在于该比率与其利益息息相关。

（1）资产负债率，它的特定需求者是企业的债权人或者潜在的债权人（如银行），债权人根据资产负债率的高低来判断是否给该企业借款。

（2）速动比率、流动比率的特定需求者是供应商，供应商根据这些比率判断客户的短期偿债能力，从而判断是否给予信用政策。

（3）DSO，销售部门更需要，用以考核应收账款账龄，评价客户的信用。

（4）ITO，采购部门更需要。

清楚了财务比率的特定需求者，我们就可以根据财务分析报告的受众去选用相应的财务比率用于分析。

3. 比值大好，还是小好

如上文所示，有些财务比率的比值是有公认参考标准的。比值的高低能够反映企业的经营意图，以及风险承受能力。此外，不同利益相关人对比值大小的观感是不一样的。

以资产负债率为例。对银行而言，比值越高风险越高，比值越低风险越低，为零则更好，银行贷款回收会更有保障。对企业股东而言，比值高不好，比值低也不好。比值高说明企业债务风险大；比值低说明企业经营资金主要来自股东，财务杠杆配置不佳，未能举债来为企业创造更多利润。

4. 区域水平、行业水平如何

财务比率参考值与地域、行业也有较大的关联性。我们在做财务分析时，应充分考虑到这种关联性。以区域为例，位于经济发达地区的企业的人工成本占总成本的比例会远高于经济落后地区。以行业为例，生产制造业的销售毛利率会远高于商品流通业。再如资产负债率，商品流通业资产负债率水平不宜超过 50%，制造业不宜超过 70%，而房地产业的资产负债率普遍在 80% 以上，有的甚至高达 90%。

11.3.3 案例解析

【例 11-3】某公司的流动比率为 2.5，速动比率为 0.7，存货周转率为 1.5。请判断该公司的流动性情况？

该公司流动比率为 2.5，参考值为 2，单看这个指标，可以判断出该公司的流动性不错。速动比率为 0.7，参考值为 1，速动比率偏弱。流动比率好，而速动比率弱，两者的差别主要体现在存货上，存货的周转率是 1.5，存货周转一个周期需要 240 天，即 8 个月。这说明该公司流动比率偏好、速动比率偏弱主要是因为存货造成的。该公司的存货周转太慢了，需要改进存货周转。若公司加强存货管理，存货周转加快，则速动比率会提高。

通过对上述案例的分析，我们可以得出以下结论。

- 一个有意义的比率，必然说明经济上存在重要关系。
- 比率计算简单，但解析不易，其有用性有赖于个人的解析能力。
- 解析比率的意义，往往要结合比较分析法、趋势分析法、因素分析法。
- 计算比率应注意分子、分母口径上的一致性。
- 许多比率与其他比率是相互关联的，需要进行系统的分析。例如，流动比率与速动比率的关联性在于存货，存货周转快慢会影响速动比率。

【例 11-4】A 公司存货包括原材料、低值易耗品及库存商品三部分，年报中的存货结构数据如下表所示，请分析该公司存货管理存在的问题。

A 公司年报中存货的结构数据

单位：万元

存货	期初	比重	期末	比重
原材料	626	23.11%	307	7.93%
低值易耗品	44	1.62%	52	1.34%
库存商品	2 039	75.27%	3 513	90.73%
合计	2 709	100%	3 872	100%

首先，从存货总量来看，该公司期末存货比期初高了 1 163 万元，增长约 42.93%，这个数据显然不理想；其次，从结构方面分析，原材料期末比期初大为降低，低值易耗品期末与期初数额变动不大，库存商品期末比期初大幅增加，增加了 72.29%。该公司存货中库存商品占极大的比重（期末库存商品占存货比重 90.73%，期初占 75.27%）。

通过对上述案例的分析，我们可以得出如下结论：

（1）期末存货增加系库存商品增加所致；

（2）企业库存商品积压，可能存在滞销问题，需要结合实际经营情况来判断。

11.4 因素分析法

因素分析法是指通过分析影响财务指标的各个因素，将财务指标本期实际数与计划数或基期实际数的差异分解到各个因素，最终判定各个因素对财务指标变动影响程度大小的一种分析方法。

11.4.1 哪些指标适用因素分析法

杜邦分析法就是因素分析法的经典运用。它以净资产收益率为起点，逐层展开分析，可以深挖影响净资产收益率变动的原因。

因素分析法适用于综合性较高的财务指标。例如，杜邦分析法中的净资产收益率指标就可分解为多个因素；做产品成本分析时，直接材料、直接人工、制造费用的变动可分解为价差、量差，对这些指标的分析就可使用因素分析法。如果是单结构、单细胞的财务指标（如销售收入、折旧费用），则不适用因素分析法。

11.4.2 因素分析法运用的步骤

第一步，确定影响指标的因素。

例如，对产品销售毛利率做分析，我们先要找出影响产品销售利润率的因素。怎样找呢？可以从销售毛利率的计算公式入手。

销售毛利率＝销售毛利 ÷ 销售收入

＝（收入－销售成本）÷ 单价 × 销量

＝（销量 × 单价－销量 × 单位成本）÷ 单价 × 销量

＝（单价－单位成本）÷ 单价

＝1－单位成本 ÷ 单价

细究下来，影响销售毛利率的因素就两项：单价与单位成本。

第二步，计算各因素对指标的影响程度。

仍以销售毛利率分析为例，单价、单位成本的变化都会影响到销售毛利率的大小。

产品销售毛利率上升，可能是提价所致，也可能是降本所致。如果单价与单位成本都有变化，我们做分析时需要分别计算每项因素变化对销售毛利率变化的影响大小。

11.4.3　因素的影响类型：乘除与加减

1. 乘除关系如何分析

以杜邦分析法为例，影响净资产收益率的各因素无疑是乘除关系。针对乘除关系作因素分析时，我们经常使用连环替代法。例如，将净资产收益率指标分解到每个细项，最终即可界定是哪个（些）因素影响了净资产收益率。

2. 加减关系如何分析

以净利润分析为例，先来看看净利润的计算公式。

净利润 = 主营业务收入 - 主营业务成本 - 税金及附加 + 其他业务收入 - 其他业务支出 - 销售费用 - 管理费用 - 财务费用 + 补贴收入 + 营业外收入 - 营业外支出 + 投资收益 - 投资损失 - 所得税

净利润与"="后各因素的关系就是加减关系。对加减关系做因素分析时常用差额分析法，看每项影响因素自身变化有多大。

11.4.4　案例解析

【例 11-5】甲公司 2019 年的年报已经出来，销售毛利率比 2018 年下降了 5%。试问，该公司在 2020 年能采取什么措施提升销售毛利率。

影响单一产品销售毛利率的因素有两点：单价与单位成本。甲公司可以采取提高产品单价以及降低产品单位成本两种措施来提高产品的销售毛利率。单一产品的销售毛利率提高了，企业整体的销售毛利率也会提高。

如果甲公司同时销售多款（种）产品，综合销售毛利率的计算公式如下：

综合销售毛利率 =（A 产品收入 ×A 产品销售毛利率 +B 产品收入 ×B 产品销售毛利率 +……）÷（A 产品收入 +B 产品收入 +……）

透过上面的公式，不难看出，影响综合毛利率计算的因素除了单一产品的销售毛利率，还包括各产品销售收入占总销售收入的权重。如果高毛利率产品销售占比高，综合毛利率就会高；如果低毛利率产品销售占比高，综合毛利率就会低。

甲公司提高企业综合销售毛利率的思路有哪些，应该如何落地呢？

1.提高各项产品的销售价格

实操中，提高各项产品的销售价格需要考虑客户能否接受、销售人员有无信心、友商是否抢夺客户等因素，除非公司能不断推出创新性产品粘住客户，否则提价牟利会成为一条不归路。

2.降低各项产品的单位成本

降低各项产品的单位成本。公司降低成本并不容易。大部分公司在业绩好的情况下，成本费用也会高。公司往往会在经营不景气的情况下才会提降成本。

3.提高高毛利产品的销售权重

提高高毛利产品的销售权重是一个好的思路。它可以通过销售环节的不同资源配置、采取不同激励模式来实现，即将更多的力量投入到高毛利产品销售上。这样做，短期内可以促进高毛利产品销售，长期来看可以促进产品迭代升级。因为只有附加值高的产品才能卖得好。这等于间接促使了公司产业结构调整。

11.5 趋势分析法

趋势分析法又称水平分析法，是通过对比连续数期财务报告中的相同指标，确定增减变动的方向、数额及幅度，用于说明企业财务数据变动趋势的一种财务分析方法。通俗来讲，趋势分析法是基于数据惯性，用历史判断未来的一种分析方法。下面以 C 公司为例做出趋势分析。

11.5.1 趋势分析的三个方面

1.预测未来趋势

一般情况下，我们认为趋势是会延续的，没有外力介入，趋势不会突然改向。基于这一规律，我们可以根据历史数据对未来进行预测。

【例 11-6】C 公司 2010 年—2019 年销售收入每年增长 10%，如无特殊情况，我们愿意相信该公司 2020 年的销售收入也将增长 10%。财务决策应基于这样的预判进行。如果 C 公司经营层希望 2020 年公司销售收入增长 20%，那就需要额外努力，并在资源配置上向销售倾斜。

2. 分析引起趋势变化的原因

趋势改变是反常的，既然反常，我们就要找到反常的原因。

若 C 公司销售收入原本每年增长 10%，2019 年相比 2018 年突然下降了 20%，我想 C 公司的经营层一定会警觉，会分析引起趋势变化的原因，到底是市场整体疲软所致，还是自身努力不够（如产品不够新颖、促销力度不够大）所致。

3. 分析趋势变动隐藏的风险

趋势平滑，这是正常状况，大增（减）或出现拐点可能隐藏风险，如图 11-1 所示。

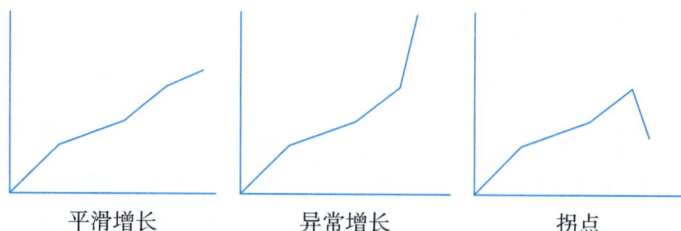

平滑增长　　　　异常增长　　　　拐点

图 11-1　趋势变动示例

C 公司销售收入每年增长 10%，这属于平滑增长。若 2019 年突然增长 30%，这属于异常增长；若下降了 20%，则会出现拐点。

出现异常增长或拐点都属于反常现象，我们在做趋势分析时需要对反常有足够的警惕与重视。有人可能会疑惑，销售收入异常增长不是更好吗？为什么要警惕与重视呢？原因在于，收入异常增长可能导致企业加大生产（增加员工）、加大备货，甚至扩大产能，异常增长如果不可持续，前期为之做出的投入很可能没法收回成本。

11.5.2　如何提升财务数据的均衡性

图 11-2 为 C 公司 2019 年月度合同、收入、回款趋势图，请判断 C 公司管理水平的高低。

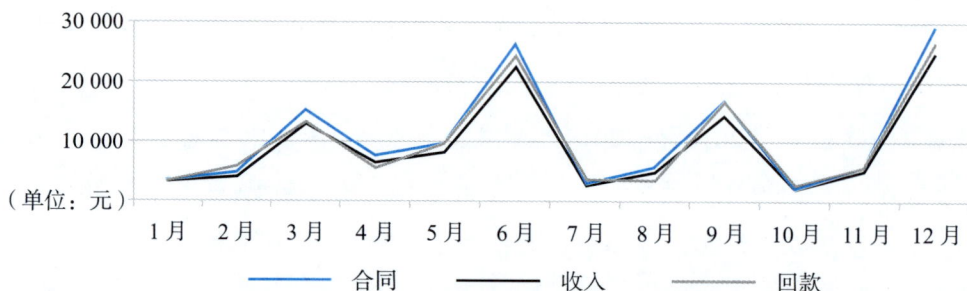

图 11-2　C 公司 2019 年月度合同、收入、回款趋势图

初看这个图，会让人感觉莫名其妙。我们把问题细化一下，图 11-2 中的三条线有什么规律可循吗？

首先，从图中的折线走向可以看出该公司月度合同、收入、回款线高度重合，三者如此吻合，意味着该公司合同同步实现了收入，收入同步实现了回款。能做到这样，说明该公司的内部管理很规范。

其次，看合同、收入、回款月度数据的规律性。从表面上看，数据杂乱无章，极不均衡，没有规律可言。如果将合同、收入、回款数据每三个月截为一段，就不难发现其中的两个规律了：

（1）数据逐月提高，2 月比 1 月高，3 月比 2 月高，5 月比 4 月高，6 月比 5 月高……

（2）季度末月冲高意向明显，6 月、12 月表现更甚。

为什么会有季度末月数据冲高这种情况呢？这是 C 公司按季度进行业绩考核导致的。大家可以思考一下，如果 C 公司按半年进行绩效考核，合同、收入、回款线会呈现什么形状呢？我估计会是一个大写的"N"。

如何提升财务数据的均衡性？我建议 C 公司适当缩短考核周期，将按年考核的改为按半年考核，按半年考核的可改为按季度考核。缩短考核周期，这样可以加强考核的牵引力度，有助于实现财务数据均衡。

11.6　用挑剔的眼光品评年报

有些女生在找男朋友时，会较为看重五个方面：第一，男生的收入情况（有没有本事）；第二，每年能攒多少钱（顾不顾家）；第三，有没有前途（职位能不能上升）；第四，家底是否殷实（是否有房有车）；第五，有无贷款（最好无房贷）。

品评男朋友如此，品评企业年报也是如此。透过年报评价一个企业的优劣，也可依照上述五个方面进行，如图 11-3 所示。

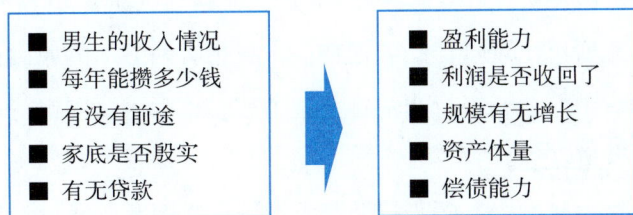

- 男生的收入情况
- 每年能攒多少钱
- 有没有前途
- 家底是否殷实
- 有无贷款

→

- 盈利能力
- 利润是否收回了
- 规模有无增长
- 资产体量
- 偿债能力

图 11-3　品评企业年报的五个方面

企业的盈利能力就像个人的收入，利润好比个人攒下的钱，规模增长犹如个人的发展前途，资产体量如同个人家底，偿债能力如同个人有无还房贷的压力。如果企业盈利能力好，利润有现金流支撑，规模不断扩张，资产体量不断增加，而且没有债务风险，那么这样的企业一定是好企业。

11.6.1　盈利能力

盈利能力包括两个方面。第一，企业层面的盈利能力；第二，产品层面的盈利能力。企业层面的盈利能力，主要是考虑利润的主要来源是什么，成本费用率如何。产品层面的盈利能力，主要考虑产品的市场竞争能力，主要看销售毛利率，透过这一指标能看出产品有无附加值，有没有降价空间。

11.6.2　利润回现

利润能回现才叫"赚钱"。"赚钱"两字是地道的口头禅，可这两个字并不简单，细究下来，它是两个会计学术用语的合体：利润＋现金流。对企业而言，赚钱就是要实现"有现金流的利润"。

11.6.3　规模增长

规模增长可分三个维度：收入规模增长、利润规模增长、资产规模增长。这三个维度都增长得好，说明企业的发展态势好。企业在市场中犹如逆水行舟，不进则退，企业的规模很难维持一个不增不减的常量。规模不增长了，往往说明企业开始走下坡路了。

11.6.4　资产体量

资产体量反映的是企业的抗风险能力。资产体量大，一般意味着企业实力雄厚，抗风险能力也强。但计算资产总量时要剔除掉资产中的水分和垃圾资产。

11.6.5　偿债能力

细读华为 2019 年年报（见图 11-4），你会发现华为的资产负债率逼近 70%，却又始终不突破 70%。之所以出现这样的数据特征，我想有两方面的原因：

第一，70% 是一道红线，银行非常看重这个数，华为需要向银行贷款，自然资产负债率不会轻易突破这道红线；

第二，华为需要大量融资，而股权融资成本较高，因此要通过大量债务融资来降低整体资金成本。

	2019		2018	2017	2016	2015
	（美元百万元）	（人民币百万元）	（人民币百万元）			
销售收入	122,972	858,833	721,202	603,621	521,574	395,009
营业利润	11,145	77,835	73,287	56,384	47,515	45,786
营业利润率	9.1%	9.1%	10.2%	9.3%	9.1%	11.6%
净利润	8,971	62,656	59,345	47,455	37,052	36,910
经营活动现金流	13,085	91,384	74.659	96,336	49,218	52,300
现金与短期投资	53,127	371,040	265,857	199,943	145,653	125,208
运营资本	36,890	257,638	170,864	118,503	116,231	89,019
总资产	122,947	858,661	665,792	505,225	443,634	372,155
总借款	16,060	112,162	69,941	39,925	44,799	28,986
所有者权益	42,316	295,537	233,065	175,616	140,133	119,069
资产负债率	65.6%	65.6%	65.0%	65.2%	68.4%	68.0%

图 11-4　华为 2019 年年报截图

从融资角度看，股权融资的成本远高于债权融资的成本，理论上能通过债权融资解决的资金问题，就不要考虑股权融资。可现实情况是，受制于抵押与担保，企业不见得有债权融资的能力。另外，债权融资是有限度的，不能超出企业的偿债能力。可以这么说，一方面，企业要运用好债务杠杆；另一方面，企业要防范债务风险。

做个小结，通过上述五个要素我们就能对一个企业做出基本的价值判断，无须面面俱到。

11.7　阅读财务报表应重点关注的科目

正如上文所讲，阅读财务报表无须面面俱到，看几个关键数据就能了解一个企业的基本情况。例如，利润表主要看企业的盈利能力（净利润）与产品的盈利能力（销售毛利率）；现金流量表主要看企业赚的钱能否收回来（经营活动现金净流量）；资产负债表主要看企业的偿债能力，有无债务风险（资产负债率、流动比率、速动比率）。

如果财务报表没有水分，通过分析上述数据了解企业的基本情况是没有问题的。但若财务报表做假了，就要有所鉴别。如何判断财务报表有无水分呢？建议重点关注以下科目。

11.7.1 资产负债表应重点关注的科目

1. 应收账款

一方面，如果收入与利润有水分，应收账款就是藏污纳垢之地。因此要注意识别虚增的应收账款；另一方面，如果超长期应收账款金额不菲，有可能说明企业的客户信用管理不过关，或者产品交付有瑕疵。

2. 存货

一方面要注意识别未结转的成本形成的虚假库存；另一方面要关注存货减值，包括原材料减值与产成品减值。

3. 其他应收款

其他应收款有"资产垃圾筐"之称，要注意识别挂账的费用。另外，如果大股东从企业借款较多，说明企业公私不分，没有严格的内控。

4. 无形资产

除土地使用权外，其他的无形资产基本都是伪资产，特别要提防别有用心的研发费用资本化。研发费用资本化会减少当期费用，虚增资产，无形资产（不含土地使用权）比重高的企业往往是美化报表给别人看的，给金融机构看，给潜在投资人看。

5. 其他资产

正常经营的企业，其他资产几乎不会出现。但凡有"其他"，必不寻常，如被法院冻结的银行存款。

11.7.2 利润表应重点关注的科目

1. 销售费用

销售费用占比畸高，往往说明企业销售渠道不畅，客户认可度不高，市场还没有打开，属于硬推出货。

2. 管理费用

通过管理费用占比的高低，可以看出一个企业的内部运营效率。管理费用偏高的企业往往内部运作效率低，形式主义盛行。

3. 营业外支出

除了捐赠支出，企业其他的营业外支出都可以和管理不善挂上钩，营业外支出偏高，说明企业管理出问题了。

4. 资产减值

因为资产周转不畅或管理不善，就可能导致资产减值，资产减值偏高，同样说明企业管理存在问题。

11.7.3　现金流量表应重点关注的科目

1. 销售商品、提供劳务收到的现金

我们要提防美化现金流量表的现象，例如，企业找家关系户，做份采购合同，打笔预付款，经营活动现金流量净额立马会好看。待到明年，把合同取消，预付款退回，一切恢复本来面目。

2. 吸收投资收到的现金、取得借款收到的现金

这两个科目能反映出企业主要的融资渠道。

11.7.4　三招识破上市公司年报伪装

1. 对比收入增幅与营业利润增幅

在线收听

如果上市公司收入增幅远大于利润增幅，你要多留个心眼。这样的年报通常有猫腻，细看你会发现利润表还有个数据特征：销售毛利率在下降。

按照常理，收入增幅会与营业利润增幅同步。二者落差大，理论上有以下两种可能：

第一，该企业产品在做降价促销；

第二，该企业低毛利产品的销售权重变大了。

第一种可能不大会出现，毕竟赔本赚吆喝的事鲜有人为；第二种可能就不好说了，

上市公司游离主业之外做低毛利业务（如做贸易）较为常见，目的自然是为了撑大收入规模。

2. 对比营业利润增幅与经营活动净现金流量增幅

有不少上市公司光赚"利润"不赚钱，具体表现就是利润表上收入增长、利润增长形势喜人，现金流量表上哀鸿一片。这样的上市公司一般还有"配套"表现，喜欢增发圈钱。

有利润却没钱，这是"纸面利润"。为什么会出现这种情况，"纸面利润"潜身何处呢？它们挤到了应收账款之中。如果上市公司应收账款规模年年膨胀，且坏账计提逐年增加，我们完全有理由怀疑这家上市公司在虚增收入利润，目的是配合增发圈钱。

3. 看净利润的来源

对于净利润的主要来源，我们自然会想到经营活动。可有的上市公司的经营活动不盈利或盈利有限，公司又需要"做"出利润，这时利润的主要来源就只能另寻他途了。"他途"包括投资收益、其他收益、固定资产处置损益及营业外收入等。

净利润的主要来源若不是经营活动，想想都不正常，上市公司十有八九是在打肿脸充胖子。等到脸"消肿"那天，这样的上市公司就该暴露出本来面目了。

11.8　如何让财务分析成为管理工具

从企业内部人角度看，财务分析是由财务人员输出的工作成果，是资深财务人员经常要做的工作。尴尬的是，很多财务人员做完财务分析后反倒心生疑窦：财务分析真的有用吗？这样问的财务人员，基本可以断定其在做财务分析时是闭门造车，就数据说数据。这样的分析既没有切入业务，也不能解决问题，当然作用有限。如何让财务分析起到作用，让财务分析成为管理的工具，这是本节所要阐述的内容。

11.8.1　财务分析应始终结合业务

财务分析可以分析自己，也可以分析别人。风投做尽调时的财务分析是分析别人，如同警方断案，嫌疑人不会主动交代，警方需要根据其辩解不断抛出疑点，最终形成证据链。我们平时在企业做的财务分析属于分析自己，如同医生问诊，医生获得的信息很多，其既要给出诊断报告，还要提出治疗方案。医生经验不同则功力不同，肤浅的财务分析类似做体检，不过是通过指标对比找出异常数据；层次略高的财务分析，可结合业务找到异常数据背后的原因，有点类似医生给病人下诊断书；严谨的财务分析不仅仅满足于找原因，更重要的是提出解决方案，如同医生开出的一剂良方。

财务分析应该由谁来做？当然是财务人员啊！如果你只想到这一层，做出来的财务分析报告仅仅是自说自话。财务分析应以财务数据做依托，分析背后的业务。没有业务人员参与，财务分析很容易流于就数字论数字。财务分析自然应由财务人员负责，但需要财务人员与业务人员通力合作，这样财务分析才有可能切入业务深处，成为管理的工具。

11.8.2 财务分析报告常见的问题

1. 立足点不清，把报告写成汇报

财务分析应该成为企业管理的工具。作为工具，财务分析应立足于财务数据，揭示企业存在的问题，分析问题产生的原因，并提出有针对性的解决方案。如果异位，把财务分析演变成下级对上级的汇报，分析报告将会变质，分析问题会变成寻找客观理由，解决问题会变成推诿责任。最终，管理工具沦落为表功道具。

2. 没能重点揭示根本性的问题

每个企业在经营中都会存在突出问题，或者说是根本问题，这如同企业的病灶。病灶会引来诸多的不良反应或其他疾病，但这些反应与疾病都是次要的。成功的财务分析需要透过财务数据，找出企业的根本问题。例如，企业销售收入下降，有研发设计的原因，有成本价格的原因，有质量的原因，还有广告宣传的原因等，但根本的原因可能是研发设计不够吸引人。如果不能把握这一点，那么所有的分析都将是肤浅的，甚至可能产生误导。

3. 问题与对应的专项分析不能呼应

分析报告一旦揭示出企业的根本问题，就需要对此问题进行专项、深入的分析。例如，企业资金链紧张，主要是应收账款过度膨胀造成的。揭示这一问题后，专项分析就应定位在如何限制新增应收账款、如何清收前期应收账款、如何制定赊销政策以及如何进行客户评级。这样娓娓道来，才能首尾呼应，让分析报告富有逻辑性。如果揭示出的问题与专项分析风马牛不相及，那么做出的财务分析必然会与业务实质两张皮。

4. 就数字论数字，没有挖掘业务层面的原因

我们在财务分析报告中经常能看到此类内容："企业的利润率下降了 20%，主要因为收入下降了 10%，管理费用增加了 20%，销售费用增加了 15%。"这样的数据罗列不能称之为分析，因为我们看不出收入缘何而下降，费用因何而增高。我建议这样写，"因华南市场推广受阻，××产品销量降低了 30%，导致毛利减少××万元""因写字楼租金上涨××万元，导致管理费用增加了 20%；华南市场广告投入增加××万元，导致销售费用增加了 15%"。把数据背后的故事说出来，分析报告会更打动人。

5. 定性描述多，定量分析少

"因市场竞争加剧，企业收入出现大幅下降，利润也因之降低。"这是典型的定性式描述。如果财务分析做不到量化，只是宽泛地讲原因，那么分析结果的可信度要下降许多。大家都希望做到分析量化，言之有据，但很多时候数据确实不易取得。原因在于，有的没有积累、有的核算颗粒度太粗放、有的核算维度未涉及、有的组织架构发生了调整。除了这些原因，财务人员对市场、对业务理解不透彻也会导致财务分析无法量化。量化分析不仅是财务核算精准的体现，也是财务人员深入理解业务的体现。

6. 预测的准确性差

财务分析报告在结尾处往往要对全年的经营指标结果进行预测。预测准确与否，从某种程度上讲也是检验财务分析效果的标尺。谈及华为的财务预测工作，任正非曾表示，预测是管理的灵魂。财务对业务的支持从事后走向事前，预测是可以为之的举措。准确的预测有助于企业做出正确的决策，可以优化企业的资源配置。

7. 任务令表述不清晰，改进措施空泛

企业分析清楚出现问题的原因后，就要提出解决思路了。如果能在分析报告中将解决问题的思想落地，等于把财务分析推向了经营分析的高度。既然是期望解决问题，责任就要落实到人，要有明确的解决措施以及完成任务的时间节点。空洞的任务令诸如，"措施：加强市场推广；责任人：销售部全体人员。"可执行的任务令应做到措施就是行动方案，如"在当地电视台投放××分钟的广告，每月选择一个万人社区进行一次路演推广"，责任人可以追责、可以负责，时间节点是考核的依据。

8. 前后期任务令无闭环

财务分析应该是持续进行的，按月度或季度完成。这就要求前后月度或季度的分析

报告应相互呼应，特别是上一期的任务令在本期要有验收，检查是否都完成了，为何有的没有完成，未完成的本期是否继续推动，这些都应该在报告中体现。如果报告中对此不做要求，责任落实可能就是一句空话。如果财务分析不能改进工作，不能成为管理的工具，那么分析报告就成了财务人员自说自话，丧失了应有的价值。

总之，财务分析要想起到作用，推动业务改进是关键。不能帮助改进，财务分析就是形象工程；仅仅改进财务工作，财务分析便是自娱自乐。财务分析需要大胆地走进业务、探究业务，找出数字背后的故事，把定位问题变成解决问题，把推脱责任变成分派任务。如此闭环往复作业，即可实现从财务分析到经营分析的蜕变。

第12章　资本市场

资本市场是个神奇的地方，它可以让股东赚钱与企业盈利脱钩，即使企业亏损也不影响股东利益。资本市场看起来很美，但也有诸如华为、老干妈这样的企业避之不及。任正非谈到华为不打算上市时表示，因为没有资本市场的约束与束缚，所以华为可以为了理想和目标"傻投入"，可以拒绝短视和机会主义。这一对企业上市弊端的论述还是较为深刻的。

12.1　上市对企业而言是一柄双刃剑

上市只是企业做大的手段，不能将之物化为目的，否则就是圈钱了。以圈钱为目的去上市，体现的不过是小生意人的精明。若创业者没有大的格局，企业是不可能做大的。

12.1.1　企业上市的好处

企业上市有以下几点好处。

第一，上市融资可以带来大量资金，提高企业净资产，降低负债率，改善资本结构，提高抗风险能力。

第二，上市创造虚拟财富，通过提升股价使股东财富增加。正因为上市公司股票具有高流动性，所以股东有两种收益选择。

（1）把企业包装好，给股权估个好价，上市融资。这种收益观瞄准的是资本增值。

（2）把企业经营好，股东期待每年都能分红。这种收益观瞄准的是现金流与利润。

第三，企业上市后可以运用更有效的员工激励机制，如实行员工股权激励，这有利于留住和吸引人才。

第四，上市可以构建全方位的融资平台，增强金融机构对企业的信心，贷款和其他融资成本会较低。

第五，上市可获得较高的社会声誉，容易获得地方政府的补贴和支持。

除了上述几点，企业上市的好处还可以总结出许多条。于公于私，上市可让公司与股东双向获益，这也是众多企业前赴后继、乐此不疲做 IPO 的根本原因。

12.1.2 企业上市的弊端

企业上市的弊端主要有以下几点。

第一，信息披露使企业财务状况公开化。企业需要及时披露大量内幕信息，同时上市公司还须公布与企业业绩相关的确定信息和部分预测信息。一旦上市，企业就要在一个透明的环境下运营，完全暴露在投资者的目光下。

第二，股权稀释，减低控股权。股票意味着产权和控制权，它赋予投资者投票的权力，从而使投资者影响企业决策。企业一旦上市，其重大经营与管理决定，如净利润保留、增资或兼并等，都需要股东在年度会议上通过，这意味着企业上市后老板对企业的控制力会减弱。

第三，有被敌意收购的风险。一旦上市，企业股票可自由买卖，这意味着可能遭到敌意收购，可能有一天企业会被其他人突然接管。

第四，股价的异常波动会给企业运营带来负面影响。企业的经营状况会影响股价的表现；反过来，股价的不正常波动也可能给经营带来不必要的麻烦，甚至会成为拖垮企业的导火索。

第五，上市的成本较高。企业一旦计划上市并开始实施，即需要先向法律顾问、保荐人、会计师支付部分费用，此部分费用无论上市成功与否都会发生。另外，维持上市公司地位亦会增添其他费用。除了进行首次公开发行和入场交易的费用外，还有一次性的准备和改造成本及上市后成本。甚至，有时还会发生诉讼，如果产生投资者赔偿，那成本就更高了。

12.1.3 IPO 不能以圈钱为目的

企业上市融资本应是为了扩大或改善经营。但不少上市公司圈钱后却花不出去。这说明钱圈多了，也意味着股权被过度稀释了。要是原始股东对企业前景充满信心，其应该更在意股权。如果不惜多稀释股权圈钱，这等于暴露了原始股东的心虚。紧盯上市公司圈钱后的用途和使用效益，能让人看清这家公司的发展前景。

企业上市后就变脸，这是屡见不鲜的丑闻了。现在不少企业IPO骗了股民，肥了原始股东。企业经营一塌糊涂，原始股东却能轻松套现数千万元。这既有悖伦理，又助长了投机和短期行为。

如何治理呢？可以考虑对创始股东进行必要的约束。例如，创始人的股权多长时间才可套现，我觉得五年较合适，这么长时间应该可以把包装的本来面貌暴露出来。如果五年后企业业绩滑坡，还应继续延长解禁期。

12.2　新三板并没有那么美

挂牌新三板与上市是两个完全不同的概念。上市意味着能圈钱进账，挂牌新三板理论上也存在着圈钱的可能，实际希望渺茫。随着新三板市场流动性的持续萎缩，试图通过挂牌新三板来解决企业发展资金短缺的可能性越来越小。

退而求其次，能卖壳吗？不知何时传出谣言，新三板的壳至少值2 000万元，此谣言误导了很多老板。他们想着挂牌成功后，即便企业经营不善，也能有保底回报。实际上呢，新三板的壳并不值钱，原因在于挂牌新三板难度不大，成本不高，借壳的意义自然不大。

12.2.1　挂牌新三板要付出的代价

对于创业型企业来说，挂牌新三板是要付出一定代价的，主要有以下三个方面：

第一，中介费用；

第二，财务规范改造支出；

第三，挂牌成功后每年的定向支出。

新三板挂牌费用可分为挂牌前一次性费用、挂牌后按年收取的持续服务费以及权益分派、信息披露义务人查询费等费用。拟挂牌阶段的一次性费用主要涉及企业改制、中介机构尽调、股份登记挂牌等服务。而挂牌后每年需要支付主办券商持续督导、年报审计、法律意见咨询等费用，以及股转系统收取的年费等服务费用。

综合计算下来，挂牌前中介费约200万元，挂牌后每年的定向费用约30万元。如果进行定向增发融资，还需要支付相关的中介费用。

12.2.2 花钱做财务合规性改造

民营企业挂牌新三板，财务合规性改造需要花钱买规范，花钱的地方主要集中在以下几个方面：

- 收入没有全额入账，需要补交增值税、附加税、企业所得税等；
- 企业资金与大股东个人资金不分，需要清理资金占用或补交个税；
- 补交员工社保、公积金；
- 费用发票有瑕疵，补交所得税。

要做合规性改造，一要大把撒钱补税，把收入、利润做进利润表；二要大把撒钱给员工补交社保、公积金；三要大股东还钱给企业。为了挂牌，合规性改造费用多则数百万元，少则数十万元。

付出 200 万元的中介费，数百万元的规范化成本，挂牌的结果可能是"僵尸"企业。挂牌新三板不过是做大企业的助力，以圈钱为目的上新三板，体现的不过是小生意人的精明。创业者没大的格局，即便上了新三板也不会有大的作为。

新三板挂牌的目的是什么？如果老板没想明白，挂牌成功后可能会后悔。因为挂牌新三板达不到他想要的目的，还要为之付出数百万元的代价，此后企业经营还要受到诸多约束，这绝不是理性选择。

挂牌新三板，应秉持的心态是强制规范、增强信心、提升形象。

12.3 企业理想的股权结构

一个企业是否值得投资，是否值得信赖，可以看看它的股权结构。有个幽默的说法：股权是企业的基因。股权结构有瑕疵，意味着企业基因有缺陷。

理想的股权结构具有几个特点：股权架构简单清晰、股东之间相互信任、股东资源能够互补、大股东能控制企业、大股东只安心经营一家企业。

12.3.1 股权结构简单、清晰

下面先介绍一个股权结构不简单、不清晰的案例：

某公司由国企改制而成，改制前曾操作过员工持股。近年来公司发展良好，董事会有意挂牌新三板。问题是，这家公司的股东共有 296 人，超过了 200 人的红线。能

不能想办法减少股东呢？大股东想了个办法，成立一家持股公司，把小股东转到持股公司去。可小股东普遍不同意，且不同意的理由是一致的——为什么是我进股权池而你不进？

股权结构复杂到影响企业的发展战略，这无疑是一种悲哀。最终这家公司放弃了挂牌新三板的计划。

12.3.2　股东之间相互信任

股东之间应该有基本的信任，相互包容，如果互相猜忌、互相提防、互相拆台，这个企业往往无法正常经营。如果真碰到这样的情况，最好的办法是有一方主动退出。

12.3.3　股东资源能够互补

站在企业的角度，如果有的股东能够在市场上扶持、有的股东能够在资金上提供帮助、有的股东能够在管理上推动、有的股东能够在研发上进行引导，那么这样的股东结构是最理想的。若你打算创业，选择合作伙伴时不妨借鉴这个思路。

12.3.4　大股东能控制企业

随着企业扩展，可能会不断引进新的投资人。这时股权会被不断稀释，一个阶段后将没有人能处于绝对控股地位。但这不意味着企业不需要稳定的核心。无论股权如何稀释，企业都需要有向心力、有掌舵人。例如，任正非仅持有华为约 1% 的股份，但他始终是华为的灵魂人物。

如果你打算创业，那么千万要记住，不要平均分配股权。核心人物一定要占绝大多数股份，比如一个人占 70%，另三四个人共占 30%。

12.3.5　大股东只安心经营一家企业

这里的安心做好一件事是指经营好一家企业，大股东如果同时开几个公司，股东之间的信任会大打折扣。一方面，一个人的时间精力是有限的，同时做几件事可能会力不从心，不能全身心投入，导致每件事都做不好。有一家知名投资机构对此就有一个原则，不投名片对折的人（有些人的名片抬头太多）。另一方面，如果大股东的其他公司与之发生关联交易，交易的公允性会让人生疑。大股东只安心经营一家企业，是一种态度，也是给自己征信。

12.4　悲哀的财务合规性改造

财务合规性改造是一个时髦的话题。企业要走向资本市场，绕不开它；企业要做大，也绕不开它。财务合规性改造说白了就是把以前的乱账理清楚，给未来的投资人看，给中介机构看，给监管机构看。

12.4.1　财务合规性改造既荒唐又让人心酸

财务合规性改造居然成了一个专业术语，这是一件荒唐的事情，也是一件让人心酸的事情。从道理上讲，财务人员所做的账目就应该是规范的，是合理合法的。现在一本正经地提出财务合规性改造，等于承认之前做的会计账都是在"糊弄"。从这个角度看，财务合规性改造是会计人的"原罪"，自证了企业在做大之前、在走出去之前会计账是见不得光的。更尴尬的是，财务合规性改造改来改去，最后落在了花钱买规范上。以前不规范是为了少花钱，现在要做规范，等于以前的"小算计"都付诸流水了。

12.4.2　财务合规性改造的三大项

1. 出资款

首先，对于一些认缴未缴的、出资不实及缴后抽逃的款项，企业要全额补齐，让企业的出生证"合法"。例如，很多企业注册时，注册资金打进去后很快就被挪走了；等到企业要做 IPO、要挂牌新三板、要引入新的投资者时，自证"历史清白"就成了必须之举，出资款不可再继续空缺。再有，通过无形资产评估出资的，如果资产没有给企业带来应有的收益，也需要用货币资金补足，相关股东要承担出资的连带责任。

2. 补税

企业一旦要面向资本市场，会计账就不能再蓬头垢面、邋里邋遢，此时都希望把财务报表做得光鲜亮丽。要达到这个目的，就需要把以前没有入账的收入补进来，做大经营体量，做大利润，以求打动投资人。补收入就涉及补税。

补税是财务合规性改造的重头戏，要补的税主要有三类。

（1）流转税。很多企业两套账，部分收入不做到外账上，钱直接落到老板个人的兜里，这部分账外收入的增值税自然未缴纳，对应的附加税也未缴纳。

（2）企业所得税。因为收入没有做到账里来，利润理所当然就缺少一块，企业所得税自然也就少交了。另外，企业部分费用有瑕疵，可能要做纳税调整，也要补交企业所得税。

（3）个人所得税。很多老板公私不分，搞家财务，从企业拿走了钱，长期挂在"其他应收款"账户。挂账不处理自然不行，中介机构与投资人都不会认可。要消化这些挂账，无论是以工资名目、奖金名目还是以分红名目，都需要补缴个税。

一番税补下来，金额一般不会小。财务合规性改造对老板而言，是挖肉补疮，两害之间取其轻。多缴税自然是心痛的，把企业的账做实未必是情愿的，但又不得不这么做，因为老板希望能在资本市场上圈到更多的钱。

如此说来，对一些企业而言，补税好像是个钓饵，圈钱才是目的。

3. 员工社保和公积金

很多企业不给员工上住房公积金，不给全部员工上社保，即便是上了，也不按法定要求足额缴纳。财务合规性改造自然对此有要求，那就是必须按照法定标准，为员工把这部分钱缴足。

12.5　关于独立董事制度的几点思考

本节针对我国上市公司独立董事制度存在的独立董事任职资格的规定、独立董事由谁聘任或派出、独立不"懂事"与"懂事"不独立的矛盾、独立董事的薪酬设计这四个问题，一一展开分析探讨。

12.5.1　独立董事任职资格的规定

什么人可以担当独立董事？从现在上市公司的实行情况看，独立董事以大学教授居多。探讨独立董事的任职资格问题，有必要先搞清楚独立董事要起到的作用。与当前我国上市公司的"特色"问题相联系，不难发现我国引入独立董事制度要达到的目的无非有两个：

（1）独立董事应能替企业的最大股东（国家或政府）制约代表国家或政府行使所有者职权的内部董事；

（2）独立董事要反映被忽视的中小股东的利益，为他们"呐喊"。

在清楚了独立董事职责的前提下，探讨独立董事是否真正具有任职资格的问题，关键要考虑的因素是"独立"。独立董事的独立性应体现在：与企业的内部董事独立，与企业的管理经营者独立。这种独立不仅应是形式上的，还应是实质上的。

独立董事作为董事会的重要成员，担任着企业的战略规划和决策的重任，他们将不仅是来自某一领域的专才，更是人格独立、重视信用、勇担责任的人。这一描述既反映了对独立董事能力方面的要求——某一领域的专才；又反映了对独立董事责任方面的要求——人格独立、重视信用、勇担责任。

能力要求是硬指标，可以衡量、必须达到；责任要求是软指标，很难进行合理确定。如果仅考虑第一个要求，在现阶段除了高校老师外，我国的注册会计师、执业律师、社会研究机构的研究员、金融中介机构的资深管理人员以及在大公司任职多年的高级管理人员等都可以成为独立董事的来源。

但上述人员具备的仅是"能力"资格，在没有办法恰当衡量"责任"资格的情况下，为避免独立董事演变成"灰色"董事，对有"能力"资格的人员担当独立董事进行适当的限制是完全必要的。

纵观国外对独立董事任职资格的要求，从 1994 年开始，加拿大多伦多证券交易所的独立董事任职资格采用列举法；而美国许多机构投资者包括美国著名的加州公务员服务系统和机构投资理事会均采用类似排除法。

我国对独立董事的任职资格现在尚未有明确的法律意义上的规定，在现实中，被聘任的独立董事多是某一方面的专家、学者。对于这些人的能力问题毋庸置疑，但专家、学者们是否真正有精力履行他们的独立董事职责，却不容乐观。

我国上市公司独立董事的任职资格究竟应如何规定，我的观点是将美国的排除法和加拿大的列举法合二为一。具体的做法是，先列举出可以担当独立董事的人员资格，然后一一列出这些人员自身存在的不适合担当此任的事由，让独立董事的资格规定一目了然，以利于操作。

参照国外做法，本文将有"能力"资格的人员不适合担任独立董事的敏感事由罗列如下：

- 亲属在该公司工作；
- 与该公司的重要雇员（主要管理人员）有亲戚关系；
- 受雇于公司或对公司提供管理咨询服务；
- 以前是该公司雇员且离职未满两年（或三年）；
- 与公司直接或间接存在金额超过一定限度的交易关系；

- 其工作单位与该公司之间有互利式或受益式的经济往来；
- 持有该公司的股票或所持股票数在一定的限额以上。

如果符合独立董事任职"能力"资格的人员具有以上事由，则应被排除在独立董事人选的考虑范围之外。这就是本文所说的独立董事任职资格列举法与排除法合二为一。

12.5.2 独立董事由谁聘任或派出

企业的董事会成员应当有三分之一以上为独立董事（其中应当至少包括一名会计专业人员）；如果上市公司董事会下设薪酬、审计、提名等委员会的，独立董事应当占二分之一的比例。

要使独立董事真正做到"名副其实"，认真分析其应由谁提名、推荐很有必要。国外成熟公司的董事会下面一般设有独立董事占多数的提名委员会，或称组织委员会、治理委员会，该委员会就董事会规模和构成向董事会提出建议，向董事会提名新的独立董事候选人，确保整个聘任程序公正、透明。

当前，我国上市公司聘任独立董事的一般做法是由董事会、监事会提名。这种提名方式缺点较多。独立董事的主要职责是对上市公司及全体股东履行诚信与勤勉义务，维护公司整体利益，尤其是关注中小股东利益。独立董事要真正履行其职责，独立于内部董事是一个基本前提。独立董事既应保持实质上的独立，又应保持形式上的独立。如果独立董事由董事会、监事会提名，其实质上的独立姑且不论，至少没有保证形式上的独立。

我国上市公司独立董事比较合理的提名、推荐方式有以下三种：

（1）考虑由那些在股东会中不拥有董事席位的股东来选择和决定独立董事的产生；

（2）由政府部门招聘后委派；

（3）在法人治理结构比较完善的公司，尤其是监事会的作用发挥比较明显的公司，也可采用监事会提名方式。

需明确的是，对于以上方式，都不应该是长远的打算，而只能是一种过渡性的方式。因为这些方式每一种都有其内在缺陷。

采用第一种方式，中小股东中只怕很少有人会热心参与此事；如果中小股东参与人数不多，被选取的独立董事将缺乏代表性。

采用第二种方式，会给人一种政企不分、政府行政干预的感觉，这是大家都不愿意看到的。

采用第三种方式，首先一个缺点在于它的适应面很小；其次对哪些公司能达到规定的要求也很难判断，可操作性差。

鉴于此，在采用过渡性方法选择独立董事的同时，有关部门应抓紧考虑长远的方法。要么建立提名委员会；要么将独立董事职业化，由政府批准建立"独立董事协会"或"独立董事事务所"之类的法人机构，把独立董事的自然人责任转化为法人责任，由法人组织对独立董事的行为加以约束、规范。

12.5.3 独立不"懂事"与"懂事"不独立的矛盾

独立董事的独立性要求其不能在企业任职，不能担任企业的实际管理职务。目前，上市公司聘任独立董事时多注重的是其名望和社会影响，而把是否为企业经营和运作发挥实际作用放在次要位置。多家企业甚至争聘同一位专家、学者担任企业独立董事，事实上是把独立董事变成了名誉职务。这些现象清楚地暴露出独立董事是否真正"懂事"的问题。

如果找出一条合理途径保证独立董事实质上和形式上的独立还不甚难办，那么要确保独立董事真正"懂事"将不啻于一个难题。独立董事成为"花瓶董事""人情董事""御用董事"的现象不在少数。究其原因，独立董事不能真正起到其应有作用既有主观方面的因素，又有客观方面的因素。

在主观方面，担当独立董事的人员往往是某一方面的专家，工作比较忙，没有足够的时间和精力深入了解企业情况，难以真正完成独立董事的工作负荷。

在客观方面，独立董事一般为企业的管理者所聘任，在与内部董事决策不一致时，很难抹下情面提出否决意见；另外，在内部人控制的企业，企业的一般管理者对独立董事往往是敬而远之，让独立董事难以了解真实情况。

换一个角度想，假如独立董事亲自到企业了解情况，变得真正"懂事"，另一个问题又会浮现出来："懂事"不独立。上市公司内部人控制现象严重，如果独立董事能够从内部人控制的上市公司中了解到实质性的问题，可能性有两个：第一，独立董事制度已经真正的生效了；第二，独立董事与企业的内部人已打成一片。就第一种可能来看，有些企业尚未达到；而第二种可能会给人以独立董事与内部董事合谋的感觉。

从现阶段来看，既要解决独立不"懂事"的问题，又要解决"懂事"不独立的问题，只怕还没有可行的途径。要真正解决这两个对立性的矛盾问题，只能等到独立董事制度逐渐完善之后。

12.5.4　独立董事的薪酬设计

责任和报酬对等是任何劳动付出的必然要求，在制度规定中独立董事的责任重大，事务不少，其履行职责的动力何在，究竟靠什么来激励独立董事，这是值得深究的问题。车马费、美誉度，独立董事同样需要激励机制，这既包括薪酬，也包括为其提供良好的工作条件等。没有激励，很难激发独立董事的工作激情；而激励不当，将会导致比没有激励机制更坏的效果。

我国企业目前普遍采用固定年薪的办法作为独立董事的薪酬激励，这种方法虽然操作简单，但有明显不足，它未能与独立董事的工作绩效挂钩。一方面，独立董事干与不干一个样，干好干坏一个样，实际上这种做法并没有起到真正意义上的激励作用；另一方面，如果因为决策错误要追究独立董事责任的话，这种激励方式极易导致独立董事不作为，如在表决时，独立董事总是做出保留意见的决定。

针对我国上市公司对独立董事激励制度的不足，参照国外做法，我认为独立董事的薪酬支付可以采用以下两种方法：

（1）固定薪酬加公司利润分红；

（2）固定薪酬加股票期权。

第一种方法解决了对独立董事真正有意义的激励问题。但又可能产生另外一个问题：独立董事与内部人合谋，夸大企业业绩，谋求个人好处。如果出现这种现象，后果将是非常严重的。

第二种方法理论上规避了第一种方法存在的问题，但这种方法的可操作性还需探讨。股票期权在我国尚为一个新事物，其具体运作还需要许多相关配套"条件"的完善。

对独立董事的激励采用固定年薪加股票期权的做法，还存在很多要考虑的问题，如期股的配置数额、期股流通的时间限制，等等。现在试行独立董事薪酬制度，一种比较合理的做法是先采用第一种方法，在条件允许的情况下逐渐向第二种方法过渡。

在大股东（国家）和中小股东对上市公司内部人控制现象监督、制约乏力的情况下，为了完善公司法人治理结构，独立董事制度应运而生。必须声明，这种制度并非我国特产，英美等西方发达国家早已实行，并且已摸索出了一定的经验。

12.6　对注册资本认缴登记制的认识

注册资本认缴登记制是工商登记制度的一项改革措施，对此我们要有正确的认识。认缴了，就是一份责任！

12.6.1　自行约定认缴出资的期限

公司注册资本从实缴登记制改为认缴登记制后，《中华人民共和国公司法》（以下简称《公司法》）对认缴出资时间的规定为，股东的出资期限由公司章程自行约定，原则上不作限制。

公司登记机关可以进行合理性审查。什么是合理性呢？举两个例子来说明。例如，某公司的营业执照注明的经营年限为 20 年，但股东认缴出资的年限设定为 30 年，这就不合理。再如，自然人股东设定的出资认缴年限为 50 年，可自然人股东现有年龄已 50 岁了，这也不合理。

对超出公司经营期限的出资期限，登记机关可要求企业予以纠正或者相应延长公司经营期限。对于超过自然人股东生命年龄极限的认缴时间承诺，登记机关可建议自然人股东缩短认缴时间；自然人股东坚持的，仍按自然人股东意见办理。

12.6.2　股东就认缴数承担债务

注册公司，出资是认缴制。认缴，顾名思义就是"承诺缴纳"，这个承诺绝不是一句空话。

有的老板出于好面子，或出于讲排场，把认缴的出资搞很大，实缴却很少。这里有个风险要注意了，如果公司资不抵债，股东需要就注册资本的认缴数而非实缴数承担债务。

12.6.3　企业注销是否要补齐认缴数额

某企业注册资金 3 000 万元是认缴的，认缴注册资金尚未到足，因经营不善，股东会决定将企业注销。请问，企业注销前股东需要补齐注册资金吗？

对于这个问题，关键要看企业有无债务纷扰，具体可分两种情况处理。

（1）若企业经营期内无对外欠债，企业因不涉及债务偿还问题，所以不需要把认缴的资金补齐到位，直接申请注销即可。

（2）反之，若企业有对外的欠债，由于企业涉及债务偿还问题，当企业现有资产不够偿还债务时，需要股东补齐注册资本来偿还外债。

12.7 上市公司审计委托权应属于谁

当前，将上市公司审计委托权赋予独立董事审计委员会能否确保独立审计监督的有效性，在理论上和实践上都还有待证实。如果换一种思路：要使得审计委托人真实履行职责，其应是真实审计报告的需要者；而审计报告在相当程度上是对会计信息真实性的鉴别。也就是说，对真实会计信息的需要是审计委托人真实履行审计委托职能的前提。由此，如何从制度上对上市公司审计委托模式进行革新就是本节要系统阐述的问题。

12.7.1 审计委托权应属于真实会计信息需要者

由真实会计信息需要者委托审计不是指将上市公司审计委托权赋予全部的真实会计信息需要者。事实上，各类真实会计信息需要者的利益与信息真实性的相关度强弱各不一样，由弱利益相关者参与委托审计或其他表决，"搭便车"几乎难以避免。从理论上讲，能够参与委托审计并能尽心履行委托职责的真实会计信息需要者应具有以下特征。

1. 对真实会计信息需求强烈，并与其利益高度相关

只有符合这一要求，才能确保委托人有强烈的利益动机对审计工作进行监督。从利益相关性程度来看，外部大股东、债权人、潜在投资者、潜在债权人、企业主要往来客户、合作伙伴和竞争对手都具有这一特征。

2. 与上市公司具有现存的利益契约

这一特征是确认审计委托人资格的可行性标准。潜在投资者、潜在债权人不存在与企业现存的利益关系，对他们进行资格鉴定成本非常高，显然将他们界定为审计委托人是不合适的。

3. 上市公司与真实会计信息需求者之间的利益正相关

竞争对手之间的利益关系是负相关的，无论是从财务保密原则还是市场竞争要求来看，上市公司竞争对手都不能充当审计委托人。

综上所述，具备这些特征的真实会计信息需要者包括外部大股东、债权人、企业

主要往来客户、合作伙伴等，由他们参与委托审计无疑是合适的。对于另一个重要群体——独立董事，如果以上述三个特征进行衡量，他们并不适合充当审计委托人。但独立董事作为内部董事的制约者和中小股东的代言人处于比较关键的位置，完全由独立董事或由独立董事为主委托审计难以解除人们对独董参与合谋的顾虑。在目前公司治理比较倚重独立董事的情况下，让一定数目的独立董事加入由真实会计信息需要者形成的审计委员会是合适的。

12.7.2 审计委托权属于真实会计信息需要者的充分性分析

1. 由真实会计信息需要者取代股东委托审计是一个扬弃的过程

从历史延续性来看，"上市公司审计委托权属于真实会计信息需要者"并不是对"独立审计起源时审计委托权属于企业财产所有者（股东）"这一命题的简单否定，它的哲学内涵是扬弃。以"真实会计信息需要者"替代"财产所有者"作为企业审计委托人固然是一种理论创新，但这种创新所造就的新理论与旧理论是兼容的。从独立审计的起源看，当时的企业财产所有者（股东）同时也是真实会计信息的需要者。就此而言，审计委托权应属于真实会计信息需要者是对审计委托权归属于股东理论的发展。旧理论是新结论的基础，新理论扩大了旧理论的适用范围。

2. 只有真实会计信息的需要者才是真实审计报告的需要者

当股东中的绝大部分已不再关注会计信息的真实性，甚至热衷于粉饰财务报表的时候，作为一个整体，股东对审计报告真实性的关注程度已经减弱了。审计报告对更多的股东而言，只是应付其他会计信息需要者的证明材料，于其自身则是可有可无的东西。客观上，仅仅那些比较倾心于真实会计信息的企业利益相关者才可能对审计报告的真实性有较高的关注。因为在某种意义上审计报告是对企业会计信息真实性的一种检验。换言之，只有真实会计信息的需要者才是真实审计报告的需要者。

3. 由真实会计信息的需要者委托审计能加强对注册会计师审计工作的监督

当审计委托人更希望得到真实的会计信息时，必然会关注审计工作，重视注册会计师工作的质量。这种关注实质上加强了审计委托人对注册会计师工作的监督。对比监督有力和监督乏力两种情形，我们有理由相信由真实会计信息需要者委托审计要胜于由股东委托审计。

4. 由真实会计信息的需要者委托审计会加大企业内部人的贿赂成本

主观上，独立董事也是企业真实会计信息的需要者，但完全由独立董事审计委员会委托审计却并非最优选择。原因在于独立董事与真实会计信息之间的利益相关性较弱，容易被企业内部人收买。设想如果让企业审计委员会多元化，吸纳各类的真实会计信息需要者参与，必将加大企业内部人会计作假的贿赂成本。

12.7.3　审计委托权属于真实会计信息需要者的必要性分析

1. 有利于资本市场的发展

会计信息失真是长期以来困扰我国资本市场发展的顽疾，解决好上市公司审计委托权归属问题，找出适宜的审计委托人，无疑是解决会计信息失真问题的重要途径。实现债权人、企业主要客户、合作伙伴参与委托审计，这等于向市场发出了一个信号，在对上市公司进行资本投资和债券投资时，存在一个或多个可以信赖的跟进对象。由此可让资金供给者有更为稳定的预期，这样资本市场才可能真正活跃。

2. 有利于市场稳定

在真实会计信息需要者中有企业的主要往来客户和合作伙伴，让他们也参与委托审计对于畅通企业间的业务往来和供销渠道大有裨益。将这一设想付诸实践，也可为商家信誉危机和三角债问题的解决提供一种思路。

3. 有利于强化上市公司治理结构的制衡

上市公司内部人控制并不仅仅是国有股一股独大情况下的一种扭曲，从发展的前景来看，随着股权的不断分散，内部人控制也是一种趋势。在内部人控制的情况下，引入独董制度并不能十分有效地监督内部董事，这是由独立董事的弱利益相关性决定的。独立董事可能被收买，且自身缺乏内部监督，形成了治理结构新的软肋。而将审计委托权赋予全部的真实会计信息需要者，对独立董事而言也是一种制约。

4. 有利于注册会计师行业发展

由董事会或独立董事委托审计，注册会计师可能受胁迫与内部人合谋舞弊，从而被其"俘虏"，难以做到真正独立。如果通过改变审计委托关系，能使注册会计师与企业内部人真正独立，这无疑能免除注册会计师担心得罪内部人而失去客户的顾虑。若如此，我们有理由相信注册会计师在执业中更公正。在某种程度上，这也限制了会计师事务所之间不讲质量的恶性竞争，净化了注册会计师的执业环境。

5. 有利于职业经理人市场的形成

未能形成职业经理人市场，在客观上也是导致公司治理结构流于形式的一个重要原因。当然，职业经理人的培育是一个长期的过程，需要公司财产所有者与公司受托经营者长期博弈，建立诚信和适宜的激励约束机制。由真实会计信息需要者委托审计无疑是对经营者一种较为有效的约束，这种约束也有利于经营者建立信誉。

12.7.4 由真实会计信息需要者委托审计的可行性

遵照成本效益原则，部分真实会计信息需要者有动机履行委托审计职能。真实会计信息需要者是否有动机参与委托审计是这一设想能否转化为现实的关键一环。如果以成本效益原则进行考核，可以确认当真实会计信息需求者参与委托审计的成本小于他们获取真实会计信息所得到的收益或避免的损失时，参与委托审计是理性决策。真实会计信息需要者参与委托审计，除财务成本外，还要花费一定的时间和精力。就一些外部大董事、大债权人和合作伙伴而言，获取真实会计信息所能得到的收益要远远大于这些成本。从这一点看，不难断言由真实会计信息需要者委托审计存在可行性基础。

1. 有利于实现企业理财目标

现代理财学对理财目标的探讨已实现了由"股东财富最大化"到"企业价值最大化"的演变。姑且不论这两大目标之间的异同，通过考察我国上市公司会计信息失真的基本状况不难发现，上市公司会计造假大多表现为虚增资产、虚报利润，考虑税收因素，这类会计行为与"股东财富最大化"和"企业价值最大化"都是相悖的。从这一角度看，可以认定由真实会计信息需要者委托审计，加强审计监管有利于实现企业的理财目标。

2. 不会加大企业审计成本

从企业成本角度考虑，由真实会计信息需要者委托审计除去增加必要的会务费、交通费以及接待费用外，聘任事务所的审计费用大致不会有太大的变化。换言之，审计委托人的这种转变与审计成本的增减无关。

3. 不会干扰企业日常事务

"审计三角"体现了审计委托人、审计人、被审计人之间的制衡关系。这种关系是确保审计监督有效的必要条件。现在普遍存在审计监管失效的根本原因就是"审计三角"扭曲为直线，由真实会计信息需要者委托审计将是"审计三角"关系的重建。将真实会计信息需要者作为"审计三角"的一方，在人格上可以保证其与另两方的独立。也就是说，真实会计信息需要者在委托审计的同时不会干扰企业日常事务。

12.7.5 小结

在对上市公司真实会计信息需要者细分之后，本节从充分性、必要性和可行性三个方面分析了由真实会计信息需要者委托审计的合理性。但如前文的结论，仅外部大股东、债权人、企业主要往来客户、合作伙伴及独立董事这些真实会计信息需要者，才适合参与委托审计。具体的操作办法是，由企业与之的利益关系确定一个量的标准，从中选取一些与企业利益高度相关的真实会计信息需求者组成审计委员会，由该审计委员会委托审计。

12.8 投资决策要看数据，也要重常识

财务数据是投资决策的重要参考依据，但有些情况下，企业在做投资决策时除了看财务数据，还要重常识。

12.8.1 多做调查，切勿纸上谈兵

十年前有项生意摆在我的面前，我左思右想，做了 SWOT 分析（优势、缺点、机会和威胁），计算了投资收益，考虑了机会成本，画了鱼骨图，但我觉得还是有风险，最后放弃了。

我把这个机会告诉了我的一个老乡，他来北京简单考察了一下市场，决定做了。我问他有没有把握，他回答有。我见他回答笃定，不好多说什么。几年后，我的这位老乡做这项生意挣了几千万元。我问他，当初做决定为什么那么自信？他告诉我的理由是，当时市场上做得最好的老板只读到小学三年级，他比那个人学历高，而且他谈吐比那人要好，各项条件都不比那人差，别人能成，他就能成。

从这件事后，我算彻底明白了什么叫"纸上谈兵"。想一千，道一万，不如一句"别人行，我就行"管用。

我认识一位风投界的成功人士，他也是一名会计学教授，我原本以为他做投资时会

很关注财务指标，结果他说他更看重人品，以及被投资者以前是否做成过事。

我刚参加工作那年，北京房价均价不到四千，我们这一拨人赶上了低房价的尾巴，刚工作就快速置业了。当时我有位同事对此不以为然，他根据资本资产定价模型，用房租与利率测算出房价仍是虚高的，他坚持认为租房比买房划算。当房价涨到两万元一平方米时，他终于绷不住，出手买房了。

每当想起这位同事"房子买不如租"的逻辑，我就会想起一句名言："尽信书，则不如无书。"

12.8.2 不要忽视附加因素

企业做决策时，财务数据的价值是什么、究竟有没有价值？否定财务数据的价值显然是不恰当的，定量代替定性、量化分析代替感性分析，则有助于提升决策科学性。

问题在于，我们所能获得的数据不一定是支撑我们做正确决策的全部数据。"房子买不如租"的错误就在于忽视了房价上涨、通货膨胀、工资增长赶不上房价增长等因素。做决策时数据不充分怎么办，也并非毫无意义，它们用作"证伪"或许比用作"证实"更有价值。

我有时候会想，是不是学财务、做财务把我们会计人的思维束缚住了，以至于我们忘记了数据之外还有常识。

第 13 章　向华为学财务管理

华为要求经营干部成为半个财务专家。半个专家可不是半吊子专家，如何理解呢？作为经营干部，一是要掌握财务知识，不求精细，泛泛理解即可；二是侧重于理解财务管理方面的知识，无须纠结于具体会计处理；三是对会计知识懂得解码，无须会编码。这个要求让人觉得有辩证的意思，如果打开华为曾经的纲领性文件《华为基本法》，我们会发现更多的财务辩证思维。

13.1　《华为基本法》里的财务辩证思维

《华为基本法》诞生于 1998 年，曾是华为管理的纲领性文件，时至今日，华为的发展、变革依旧与《华为基本法》的精神一脉相承。近年来，华为成功实施了 IFS（集成财务转型）变革，其财务管理为公司管理效益的提升起到了推动作用。今天重读《华为基本法》，感悟其中的财务辩证思维，会让人对华为财经管理变革、财务工作在企业管理中发挥的作用有更深刻的认识。

13.1.1　利润最大化与可持续增长的辩证统一

利润最大化与可持续增长的辩证统一：不单纯追求利润最大化是为了可持续发展。

无疑，企业需要追求利润，但如果把全部着眼点都放到追求利润最大化上，极易造成企业行为短视，只顾眼前利益而损害长远发展。要实现可持续发展，有时需要企业承担诸多不能立即产生回报的成本费用，如研发支出、企业文化建设支出、人力资源建设支出等。这些支出构成了成本费用，会减少企业当下的利润，但对企业长远发展不无裨益，甚至可能对企业未来参与市场竞争起到决定性作用。

资源终归是有限的，企业不可能为了长远发展而在当下做无节制的投入，如何理顺长期利润与短期利润的关系呢？《华为基本法》第十一条写到，"我们将按照我们的事业可持续成长的要求，设立每个时期的合理的利润率和利润目标，而不单纯追求利润的最大化。"这一论述的新意在于，追求的利润目标应该是"合理的"，而不是"最大化"。利润合理化相比利润最大化，一是可以拒绝短期行为，二是可以培植深耕土壤。

以研发为例，研发支出高了，企业利润就会下降；反过来，只有研发出高附加值的产品，企业才会创造出更丰厚的利润。2014 年，华为研发投入 408 亿元人民币，占当年营业收入的 14.2%，较 2013 年大幅增长 29.4%。华为的研发投入占比在全球同业中居高，研发人员占员工人数的比率大大高于同业，当然，独立研发的专利技术也远多于同业。

我们知道，创新是高新技术企业之魂，华为始终强调研发领先战略，研发能力也一直是华为的核心竞争力之一。为了把创新思维变成集体意识，华为对研发的投入有制度约束。《华为基本法》第二十六条明确规定，"我们保证按销售额的 10% 拨付研发经费，有必要且可能时还将加大拨付的比例。"自 1998 年以来，华为持续十多年研发投入都超过 10%。华为现任财务总监孟晚舟认为，"研发投入要像跑马拉松，而不是百米冲刺。"

13.1.2　人工成本与企业利润的辩证统一

人工成本与企业利润的辩证统一：分好"蛋糕"才能做大"蛋糕"。

《华为基本法》第二条写到，"认真负责和管理有效的员工是华为最大的财富。"可惜，华为的人力资源文化被不少企业老板理解为对员工要"狠"一点，要让员工更多地加班工作，对华为给员工的高薪酬和股权激励却视而不见。只顾做大"蛋糕"，而不管分好"蛋糕"，这是对华为人力资源文化的误解。

人力资源增值与人工成本增长高度正相关。企业自然希望最大限度地激发员工潜力，创造更多的利润；而从员工的角度来说，在报酬没有显著改善的前提下，其更愿意追求工作的舒适度。人工成本与利润是矛盾的：一方面，涨薪会吃掉利润；另一方面，涨薪能调动员工积极性去做大利润。怎么平衡呢？《华为基本法》第六十九条这样论述，"我们不会牺牲公司的长期利益去满足员工短期利益分配的最大化，但是公司保证在经济景气时期与事业发展良好阶段，员工的人均年收入高于区域行业相应的最高水平。"

13.1.3　会计核算与审计监控的辩证统一

会计核算与审计监控的辩证统一：审计监控是为了提高会计核算的质量。

为了强化财务管控，华为将子公司虚拟化，实行资金集中管理和账务集中管理。财务人员与账务处理实现跨区域、跨国度集中，财务人员集中最大限度地保证了财务工作的独立性，账务集中处理至少表现出了以下优越性：有利于总部的监管，有利于节省成本，有利于细化财务分工、标准化作业，有利于实现绩效考核公平。

例如，华为确认收入要求同时满足四项条件：

（1）已签订销售合同；

（2）产品已交付并安装调试完毕，取得客户终验证明；

（3）已向客户开具发票并被客户签收；

（4）收到合同约定的头期款。

因为收入确认标准严苛，华为的营业收入与利润质量很高，各代表处、地区部、片区使用统一的标准确认收入让业绩更可比，绩效考核更客观。

会计核算对业务的监督只是一个侧面，华为内部审计对会计核算的监督也非常严格。《华为基本法》第八十九条明确指出，"公司内部审计是对公司各部门、事业部和子公司经营活动的真实性、合法性、效益性及各种内部控制制度的科学性和有效性进行审查、核实和评价的一种监控活动。"华为曾有代表处市场经理做假验收报告骗取财务确认收入，被内部审计发现后，该财务经理当即被除名。

13.1.4　财务与业务的辩证统一

财务与业务的辩证统一：财务必须融入业务。

财务与业务的关系可从两个维度看：

第一，监督业务，对业务成果的真实性进行审核，并记录；

第二，服务业务，为业务协调资源，为业务决策提供支持。

站在财务的角度，监督业务很容易做到，教科书上就有现成的方法；服务业务则很难，一方面财务放不下架子，习惯充当监督者的角色；另一方面自己不了解业务，不知道该从哪个方向帮助业务，甚至担心自己的帮忙与监督职能发生冲突。

财务融入业务，好说难做。财务人员如何与业务人员沟通，怎么做好工作对接，华为财经管理部提出了"四化"标准：财务理论大众化、财务语言通俗化、财务制度统一化、财务输出模板化。这"四化"给出了财务切入业务的方法。财务人员要想切入业务，可优选三个方向。

第一个方向，参与项目管理。

企业规模越大，财务分工越细，这时财务人员往往只能专注一小段工作，很难窥探财务工作全貌。基层财务人员要想尽快掌握会计整体，最好的选择是做项目财务。一个项目相当于一个小企业的完整周期，全面且贴近业务，经历了这样的循环，财务人员可以为转身成为 CFO 奠定基础。

第二个方向，参与经营分析。

华为推崇经营分析，而不是单纯的财务分析。财务分析一定要结合实际，服务业务部门，否则分析报告的作用有限。具体言之，财务分析要透过财务数据挖掘背后的业务原因，指出问题，找出对策，落实责任，到期考核。这样下来，财务分析自然突破了财务的范畴。

第三个方向，参与预算预测。

财务人员必须不断与业务人员沟通才能得出务实的结论。计划与预算是什么关系？计划是龙头，制订计划的人一定要明白业务。地区部要成立计划、预算与核算部，要让明白业务的人来做头。只有计划做好了，预算与核算才有依据来修正、考核计划。计划是方向、预算是量化、核算是校验，三者互相促进，其关键点是做计划的人要懂业务。

《华为基本法》第八十一条规定："公司以及事业部和子公司的财务部门，应定期向财经管理委员会提交预算执行情况的分析报告。根据预算目标实现程度和预算实现偏离程度，考核财务部预算编制和预算控制效果。"

万事万物都是矛盾的统一体，矛盾都带有辩证的色彩，财务管理工作也不例外。在财务管理实践中，非此即彼的思维是错误的，好与坏在一定程度上都是可以逆转的。正如本文所述，《华为基本法》把诸如利润最大化与可持续增长、人工成本与企业利润、会计核算与审计监控、财务与业务等矛盾由对立转化为统一，为企业管理、企业价值最大化做出了贡献。这可视作管理方法论上的进步，可为广大企业财务管理工作者提供有益借鉴。

13.2 华为的财务"四化"建设

我在华为工作时，曾听财经管理部总裁提起过华为的财务"四化"建设，顿觉耳目一新。何谓财务"四化"建设，即财务理论大众化、财务语言通俗化、财务标准统一化、财务输出模板化。这"四化"既有语言的艺术，又有工作的技巧。财务人员不妨借鉴一下，搞好自己的"四化"建设。

13.2.1 财务理论大众化

财务要为业务服务，不应故作高深，如果财务原理、理论只有财务人员自己明白而业务人员听不懂，这是财务工作不接地气的表现。道理很简单，要是业务人员听不懂财务的语言和逻辑，财务如何为业务提供服务呢？

13.2.2 财务语言通俗化

财务人员要用通俗易懂的语言来表述财务观点。真正的高手能把专业术语通俗化地表达出来，这是一种高度和境界。财务人员若能做到这一点，则功力不凡。能够使用通俗、凝练的语言表述复杂的理论，需要财务人员对自身的工作有深刻的理解。

13.2.3 财务标准统一化

财务制度、流程、科目、代码等均需统一，这是集团化财务管理的基本要求。标准化可以减少沟通成本，让大家快速地理解财务工作的内容。

13.2.4 财务输出模板化

财务工作的成果如何呈现，大有讲究。以财务分析为例，分析报告的格式可以是Word 或 PPT，哪种形式更好，要看企业要求。不管用哪种形式，至少要统一体例，如逻辑、框架、排版，这个体例就是模板。使用模板的目的是为了便于工作。模板的好处至少体现在以下几个方面。

1. 格式固化

由上级下发给下级，体现的是上级的意图，等于上级为下级工作指明了方向。如果不明确上级意图，下级会习惯性地做成"大而全"。

2. 交付格式统一

报告的交付格式统一可便于汇总，尤其有利于集团化公司工作。假如子公司财务分析报告格式不一，琳琅满目，阅读报告的人的思维就要不断地跳跃，跟着子公司财务分析报告的思路转换。如果格式统一，不仅可以让看的人省心，也可以让汇总的人省事。

3. 填报的时候直奔主题

例如，学生在考试时总觉得填空题好做、选择题好做，但论述题不好做。这是因为填空题、选择题有方向，而论述题不着边际。同样的道理应用到企业财务管理中，上级给了下级模板，下级就会有明确的方向，知道应该填写哪些内容。

4. 关注点明确，减少上级的无效阅读

如果下级做一份大而全的报告交差，对上级而言，会浪费其很多阅读时间，因为其要关注的内容可能只是其中的一段，他需要从冗长的报告中找出关键内容。

华为的财务"四化"建设也是财务人员服务意识的体现。就像华为的愿景，"为顾客创造价值是我们存在的唯一理由"。财务工作服务谁：业务、一线、下游的部门。它们实际就是财务的顾客。

13.3 华为的费用报销流程

华为的财务总监孟晚舟女士在 2017 年新年致辞"却顾所来径，苍苍横翠微"中提到："在会计核算领域，我们积极尝试自动化、智能化，将标准业务场景的会计核算工作交给机器完成。目前，年平均约 120 万单的员工费用报销，员工在自助报销的同时，机器根据既定规则直接生成会计凭证。"

13.3.1 实现 IT 流程化处理

华为员工报销费用，可能既见不着财务人员，也见不着出纳。华为实现了费用报销 IT 流程化处理。十年前，智能手机尚未普及，华为就已在互联网上开发了 SSE 费用报销系统，员工可登录 SSE 系统填写费用报销单，填写完毕后，费用报销单系统会自动提交领导审批。

以报销差旅费为例，员工可先上网填报费用报销信息，信息流转到主管处；主管需确认差旅事项的真实性及费用的合理性；主管确认后，由上级权签人审批。同时，报销人员需将费用报销单打印出来，附上相应发票，提交给部门秘书。华为每个部门都配有秘书，秘书会集中将部门的费用报销单快递至财务共享服务中心。财务共享服务中心签收后，出纳会集中打款，这时，整个报销流程结束，剩下的就是会计做账了。

13.3.2 费用报销审批要求

1. 由主管领导审核费用报销的真实性与合理性

华为的财务人员一般不对费用发票做实质性审核，原因有两点：第一，费用的真实

性应由报销人员的主管领导把关，因为他们才真正知情；第二，费用审核工作量很大，成本效益上不划算。例如，公司全年 120 万笔费用报销，每一笔审核需要 3 分钟，总计耗时需要 360 万分钟。这 360 万分钟的费用审核需要多少人工去完成呢？

可能有人会担心出现虚假报销怎么办？除了前端主管领导的把关，华为在后端还通过审计抽查对费用报销予以监督。审计抽查是一种事后监控模式，如果抽查发现有问题，弄虚作假者会受到严厉的处罚。

2. 限定领导电子审批的时间

为了保证费用报销审批的及时性，华为规定了电子审批的时限。自电子流流转到审批人之日起超过一定时间没有审批的，系统将自动跳转到下个环节，默认本环节审批人已经同意。当然，默认审批通过后出现问题的，仍由该审批人承担责任。另外，公司会定期提取审批时效记录予以通报，超时审批会进行批评。

3. 限定员工费用报销的时限

华为员工费用报销原则上要在费用发生后三个月内进行。若超过三个月，但未超过六个月的，须说明未及时报销的原因并申请特批；超过六个月的，不能报销。

4. 丢失发票只报销费用的一半

如果员工不小心将发票丢失，只要能证明费用真实发生了，也可报销。但报销时需要做出详细的说明，审批通过后可报销费用的一半。

为什么只报销费用的一半呢？一方面，发票丢失，所报销的费用不能在企业所得税前扣除，这意味着公司要承担 25% 的企业所得税损失，这部分损失是员工造成的，理应由员工承担。另一方面，另外的 25% 带有处罚性质，可视作对员工个人粗心大意弄丢发票的惩处。

13.3.3 华为内审对员工费用报销的监督

华为给每个员工都建立了费用报销诚信档案，每个员工都有诚信分值。这个分值会决定个人费用报销被审计抽查的概率。

员工刚入职时，初始分为 80 分，B 等。以后每报销一笔费用，若没有出现差错，就可以加 1 分，最高可累加到 120 分。诚信分数为 80~90 分的，内审的抽查比例为 20%；90 分以上的，抽查比例为 10%；100 分以上的，抽查比例为 5%。分数在 80 分以下的，所有的费用报销都需要检查。另外，分数低于 70 分的，每笔费用报销财务都要事先审核，这将导致费用报销时限延长。

13.4 华为的成本费用控制

成本费用控制是企业财务管理永恒的话题。由于成本费用是利润的死敌，会消减企业的利润，因此企业往往会把控制成本费用当作扭亏增效的手段。但我们不宜把成本费用与利润截然对立。

13.4.1 成本费用控制需要适度

成本费用控制需要适度，不宜做过。一方面，成本费用是利润的耗减；另一方面，成本费用是利润的源泉。成本费用可能会促进业务的开展，实现创收增利。成本费用与利润是矛盾的统一体。那么问题来了，怎么去平衡这个辩证关系、怎么做才能恰到好处呢？

关于成本费用控制，《华为基本法》第八十二条里有一段描述：成本是市场竞争的关键制胜因素。成本控制应当从产品价值链的角度，权衡投入产出的综合效益，合理地确定控制策略。

13.4.2 成本费用控制的依据

成本费用的控制依据不应是"多与少"，而应是"是与非"，关键是要衡量投入产出比。控制成本费用不一定要追求成本费用总额的下降，而应尽可能让成本费用带来增量产出。

华为在成本费用控制方面，主要关注五点：（1）设计成本，（2）采购成本与外协成本，（3）质量成本，（4）库存成本，（5）期间费用。

1. 设计成本

设计成本是指企业在进行产品设计时，根据设计方案中规定使用的材料、经过生产工艺过程等条件计算出来的产品成本。它是一种事前成本，并不是实际成本，也可以说是一种预计成本。

2. 采购成本与外协成本

采购成本与外协成本取决于企业的业务规模与议价能力。在很大程度上，议价能力也取决于业务规模。要降低这两项成本，最佳的方式是不断拓展业务，实现规模经济。

3. 质量成本

质量成本一直是华为成本控制的重点。如果产品质量有瑕，必然会导致退换货，维修、运输等成本也会增高。如果产品直接面向消费者，产品质量问题还有可能导致企业整体形象受损，甚至给企业带来毁灭性灾难。

4. 库存成本

库存过高一方面会增加仓储费用，另一方面会增加资金占用成本。库存主要包括两部分：原材料和产成品。在市场生产过剩的情形下，企业都有控制产量的意识，应在维持安全库存的情况下做到按订单生产。对于原材料，要重点关注因版本升级造成的呆料和死料。

5. 期间费用

很多企业都把成本控制的重心放在了期间费用上，如预算控制、总额控制、比率控制及人均控制，方法诸多，不一而足，但控制效果却不好。原因在于，期间费用在成本费用中的比重一般不高，监管的难度却很大，本着成本效益原则，企业不应对期间费用过多干预。企业对期间费用的控制重心不妨后移，这主要体现在对责任中心的利润考核当中。华为对期间费用控制的理念是做到不浪费就好。

总体而言，企业控制成本费用要摆脱紧盯局部而不顾整体的思维。降低成本费用绝非控制成本费用的目标，降低企业的运营成本才是关键，企业应重点关注成本费用的投入产出比。

13.5 华为的人工成本控制

成本竞争是企业竞争的一个重要方面，在人口红利消减和知识经济大背景下，成本竞争的关键在于人工成本。人工成本竞争的关键在于人均产出。如果企业存在冗员，人均产出与人均利润就会被显著拉低。

华为 2016 年的年报显示，华为全年实现销售收入 5 215.74 亿元，同比增长 32%；实现净利润 370.52 亿元，同比增长 0.38%。利润增长与收入增长极不同步，创下了近年来增幅新低。然而，华为在员工待遇上依然慷慨。2016 年，18 万名华为员工的人均薪酬接近 60 万元，相比 2015 年有大幅增加。

华为的利润增长遇到瓶颈，持续维持员工的薪酬增长是有压力的。员工薪酬构成成本费用，使利润抵减。理论上，要达成利润最大化，就应尽可能降低成本费用。员工薪酬是否也应降低呢？这需要辩证来看，一方面，低薪酬能提升利润；另一方面，低薪酬不利于吸引优秀人才，不利于调动员工的工作积极性。这是矛盾的，企业该如何平衡呢？

13.5.1 任正非用人的三句名言

任正非在用人上有三句名言值得我们思考。

1. "三个人干五个人的活，挣四个人的工资"

员工获得的高薪绝不是老板施舍的。即便老板有善心，企业不盈利，这种施舍也是不可持续的。员工的高薪应该从自己给企业创造的利润中分享，这就要求员工提升工作效率，让自己的贡献大于成本。

2. "给的钱多了，不是人才也变成了人才"

指责员工责任心不够往往无济于事，责任心很大程度上源于对工作岗位的珍惜。如果企业的薪酬水平高于业界平均水平，员工是不会轻言跳槽的。结合华为的绩效考核与末位淘汰制，员工会有主动性不断学习提升工作技能，也会有自觉性提升工作责任心。这等于是一根无形的"鞭子"在督促员工进步，让员工变得越来越优秀。

3. "每增加一个干部，前端要先减少两个干部"

在信息技术时代，计算机与人工智能不断地替代原本应由人完成的工作。在这样的大前提下，企业的管理与控制应该越来越简洁、越来越高效，应该不断减少控制节点与控制岗位，让计算机代替人去工作。

任总的这三句话可以归结为一个意思，减员、增效、涨工资。在华为利润增长碰到瓶颈的时候，降本增效是破局之道。其中，裁减冗员与低价值员工是重要的降本手段，目的是降低企业整体的运营成本。华为的做法是边淘汰低效员工，边给高效员工涨工资。

13.5.2 如何平衡涨薪与利润间的矛盾

前面讲过《华为基本法》里有一条："我们不会牺牲公司的长期利益去满足员工短

期利益分配的最大化，但是公司保证在经济景气时期与事业发展良好阶段，员工的人均年收入高于区域行业相应的最高水平。"

以下从两个层面对这句话进行解读。

（1）对员工来说，其更愿意追求短期内的回报最大化。员工是打工心态，干几年可能会跳槽，自然希望企业尽可能多地把利润拿出来做奖金。但企业不可能把利润都发给员工，除了股东需要有回报，还有一部分利润要留下来满足企业扩大再生产的需要。所以，企业只能拿出利润中的一部分满足员工的利益诉求。

（2）华为也强调了，如果企业发展良好，会让员工的收入比较乐观。量化标准有两个：第一个是所处行业的水平；第二个是所在地区的水平。华为给员工定的薪酬标准在行业里面较高，在地区也是居高的，就是双高的标准。

在华为的利润分享计划中，员工能通过薪酬、年终奖、补助、虚拟受限股分红等形式把个人利益与企业利益捆绑在一起。在确保企业可持续发展的前提下，保证员工的薪酬较高，同时让员工分享企业增量的经营成果；反过来，利润分享计划会激发出员工更旺盛的创造力，让企业收获更优秀的经营业绩。这样就把人工成本与企业利润这一矛盾由对立转化为统一了。

13.6 华为的研发项目财务管理

我们不得不承认，对研发项目进行财务管理并不容易，如何管、管什么、管到什么程度，业界没有现成的经验可以依循。

如何对研发项目进行财务管理，不少财务人员的认识还停留在研发费用加计扣除阶段。这是远远不够的，一方面，研发事关企业战略，对研发项目进行管理，就是对企业的长远和未来进行管理；另一方面，研发具有极大的不确定性，这种不确定性极易掩盖决策错误与过程紊乱，甚至会掩盖研发过程中的腐败。

13.6.1 华为的研发预算如何确定

研发是高新技术企业的核心竞争力，是发展后劲之所在。《华为基本法》第二十六条就明确规定，"我们保证按销售额的10%拨付研发经费，有必要且可能时还将加大拨付的比例。"

如果在这句话中找一个关键词，应该是"销售额"。实际上，华为近些年来每年的研发经费都超过了销售额的 14%。截至 2019 年年底，华为研发人员 9.6 万名，占公司总人数的 49%；2019 年华为研发费用支出 1 316.59 亿元，占年销售额的 15.3%。

研发预算属于华为的战略预算，它有两项特权：优先保证、足额拨付。换言之，就是研发预算具有刚性。对此华为 CFO 孟晚舟女士说过这样一段话："华为从不追求当期利润最大化，而是保持对未来的持续投入。人们只看见了我们在经营上的成功，却没看见我们在冰山下的努力……未来几年，华为每年的研发经费将会超过 100 亿美元，其中 15%~30% 投入基础技术研究和创新。用今天的钱，建明天的能力。"

13.6.2　华为研发预算的风险点

虽然华为的研发非常成功，但我仍想说，华为的研发预算模式是冒了一定风险的，主要有以下两点：

第一，按照营收比例固化研发预算会成为硬约束，当利润增长低于收入增长时，可能会导致企业利润与现金流更为紧张；

第二，当营收增幅较大时，会导致研发投入过度，有可能造成浪费。

华为某位前研发体系管理者就说过这样的话，"我做了四年华为研发总裁，那时候最大的压力就是研发的钱花不完怎么办，花不完我就要被撤职，而钱花得不对也要被处分。所以，你又要把钱花掉，又要花得对，这是件很难的事情。"

华为现在处于应对激烈技术竞争的阶段，预算向研发倾斜是可以理解的，也是正确的。要避免研发出现较大的风险，华为研发须同时做到两点：钱花得出，且花得对。

13.6.3　如何花对研发预算

大企业研发管理与小企业研发管理的思想不尽相同。小企业实力有限、资金有限，研发只能瞄准一个方向（点）努力，方向对了，企业快速成长；方向错了，企业关门。大企业做研发需要分散风险，可在多个方向上努力，将其中一个方向作为重点，作为主航道即可，然后根据市场变化随时调整方向。

为了把钱花对，华为对研发预算实行分类控制。如同本书 7.2.9 所讲，针对研发预算资金的使用，任正非有个十分形象的比喻，"先开一枪，再打一炮，然后范弗里特弹药量"。先在不同前沿技术方向开展研究，并控制好节奏；当感觉到研发方向可能会有突破时，再加大资源投入；当觉得有点把握时，再进行密集投入。

华为研发预算的大蛋糕又分为若干小蛋糕，蛋糕不能串着吃，其中预研费用（先开一枪）占研发费用的比例不低于10%。

13.6.4　开发阶段的控制是重点

研发就是从不确定中寻求确定或寻求相对确定，研发项目进入开发阶段后，确定性就一点点提高了。因此，研发管理的重点是开发阶段的管理。

任正非曾说："开发是一个特殊的确定性项目，应有计划、有预算、有核算，不仅投入财务可视，过程及核算也应财务可视，我们要加强研发财经队伍的建设，为实现有效管理而逐步努力。所谓特殊性确定，就是失败了可再申请预算。"

我们从任总的话中可以解读出两点：

第一，研发进入开发阶段后要纳入项目管理范畴，要有财务人员参与管理；

第二，开发阶段的预算要有足够的灵活性，允许继续试错，只要企业研发大方向未变，开发预算花完了，还可以再申请。

13.6.5　对研发的绩效考核

如何对研发进行绩效考核？不少企业存在误区，过度关注研发成果本身，往往会把研发结项、获得专利、形成专有技术作为兑现奖励的关键点。这样的做法是不合理的，企业研发不同于高校研发，技术成果绝非关键，市场成果才是重点。如果技术领先，而无市场优先，这样的研发对企业而言同样是失败的。

华为在研发管理上有几个核心理念很关键：

（1）华为不会刻意培养院士，我们需要的是工程商人；

（2）领先半步是"先进"，领先一步是"先烈"；

（3）技术市场化，市场技术化。

华为针对研发的绩效考核，有个思想很值得借鉴——从对科研成果负责转变为对产品负责。理解了这一思想，实际也就理解了企业研发的终极目的。

13.7　华为的项目财务

2020年4月28日，任总在平台协调会上关于代表处CFO定位的讲话中批评了轻视项目财务的领导。任总说：

"我们招聘大量的优秀员工，加入项目财务（PFC）的工作，是为了培养未来的接班人，PFC 在高潮时候曾达到 1 700 人，其中有大量外国名校毕业的博士、硕士，我正高兴过几年我们就具有提升财务专家、干部的资源基础了。突然几年前一阵寒风吹，不知谁裁掉了 1 100 人，让我生气不已。不知是谁干了这事，心声上也不检讨，这种领导鼠目寸光。"

华为的项目财务人员扑在全球各大项目上，全程参与项目的管理，他们的价值体现在项目中。项目财务人员中的优秀者有项目 CFO 的头衔。华为 CFO 孟晚舟在"2017 新年致辞"中说，"项目财务队伍已经持续建设了三年多，今年，各个区域还给我们补充了不少项目财务人员，在'形似'上，项目的财务人员配置已基本到位；在'神似'上，我们距离管理层的期望还很远。"

华为如此重视项目财经队伍建设，我认为主要是基于以下几个方面的原因。

13.7.1　项目管理是企业商业目标达成和战略实现的手段

项目对华为极为重要，项目是华为经营管理的基本细胞，项目管理是企业商业目标达成和战略实现的手段。可以这么说，华为的成功有赖于每个项目的成功。项目管理至少可以给华为带来以下几方面的益处：

（1）缩短项目的周期；

（2）降低成本；

（3）减少风险、增加价值；

（4）提高企业的应变能力。

项目财务管理可以在项目管理中发挥重要作用。

13.7.2　培养财务人员的大局观与全局视野

华为的财务分工非常细，总部财务平台的工作几乎都是片段式的。片段式的工作虽容易做精，但很难窥探财务工作的全貌。财务人员要想对财务工作的全貌有所了解，就要完整地参与一个项目。一个项目相当于一个企业的小循环，能让财务人员在最短的时间内了解企业的业务运行。参加项目管理，能够培养财务人员的大局观与全局视野，让财务人员站在崭新的高度俯视企业业务运行的全貌。

13.7.3　培养合格的财务干部

对企业人力资源管理而言，项目管理有助于培养合格的财务干部。华为的 CFO 体系，就由项目 CFO、作战 CFO、平台 CFO 构成，项目 CFO 是 CFO 体系的基础。优秀的项目财务人员可以逐步走向各级管理岗位，如大项目 CFO、小项目 CEO、作战 CFO、总部财务机关一些重要岗位的助手。

对于华为 CFO 的选拔，任正非曾明确指出，"将来我们平台 CFO 的来源，要么是精通财务的人员懂业务，要么是精通业务的人员懂财务，就从这两种人中选拔。将来我们作战 CFO 的选拔，也要求懂业务……财经一部分人下到项目实战，这就是横向打通。"

组织原则明确后，华为对财务人员专业技能的要求也因之明确。华为财经对财务人员提出了"五懂"的要求：懂项目、懂合同、懂产品、懂会计、懂绩效。财务人员如果能做到这五懂，实际已经蜕变为一名经营管理人员了。这五懂其实可以归结为一懂：懂项目。

13.8　华为股权激励的特色

🎧 在线收听

华为认为，劳动、知识、企业家、资本一起创造了全部的价值。对员工来说，劳动与知识都有资格参与剩余价值分配。追根溯源，华为股权激励制度并非是一开始主动设计出来的，它有偶然性、戏剧性、规律性、独特性。华为的股权激励有以下几个特点：

第一，全员持股，股权高度分散；
第二，给员工虚拟受限股，只有分红权与股价的增值收益权；
第三，股权激励是华为重要的融资手段；
第四，员工离开公司时，华为会回购其股权；
第五，新入职的员工同样可以获得股权激励；
第六，每年分红兑现持股收益。

13.8.1　全员持股，股权高度分散

任正非曾表示，他本人仅持有华为约 1% 的股份。可见，华为早已打破了一股独大。对此，我有几点感想：

（1）创业者要控制企业，除了 50% 以上的股权，还可以凭借人格魅力；

（2）要上下同欲，让员工有主人翁意识，需要给员工做主人的资本；

（3）财散人聚是真理，但做到较难。

员工持股激发出来的效率得到了任正非的认可，他本人如此低的持股比例，说明华为真正做到了把公司利润和员工分享。

13.8.2　给员工虚拟受限股，只有分红权与股价的增值收益权

虚拟受限股是华为工会授予员工的一种特殊股票，没有所有权、表决权，不能转让、出售、继承，本质是净利润的分配权。严格来讲，虚拟受限股不是真实的股份，员工享受的是净利润的收益权。华为的虚拟受限股实际上是分享制，而不是股份制，员工将知识资本化，华为给优秀员工分红权。

虚拟受限股制度兼有股权投资和劳动力投入两种性质，每年的红利分配也就兼有投资报酬和劳动报酬两种性质。对员工股东而言，在资金投入和劳动力双重投入的情况下，其承担着资本投资和劳动力投入的双重风险，必然会要求较高的风险报酬。对华为而言，其承担着较高的金融成本和融资风险。

13.8.3　股权激励是华为重要的融资手段

华为员工取得虚拟受限股时需要出资购买，股价为华为上年度财报每股净资产额。华为员工可以使用自有资金购买，也可以贷款购买。员工需要贷款的，华为会对接好银行，员工将股权抵押给银行，银行将款项划入华为工会账户。每年华为会从员工的分红款中代扣利息支付给银行。员工离职时，华为工会回购股权，回购款先代为偿还银行贷款。

华为的股权激励一方面减少了公司现金流风险，另一方面增强了员工的归属感。虚拟受限股已经成了华为的一大融资手段。需要说明，虚拟受限股融资与非法集资是有本质差别的。差别主要表现为以下两点：

第一，非法集资是面向非特定全体，华为的虚拟受限股融资是面向公司员工；

第二，非法集资往往打着保本保息的噱头，华为的虚拟受限股融资强调了投资的风险。

通过虚拟受限股融资，华为从员工股东手中获取了巨额营运资金。任正非不止一次提醒员工注意虚拟受限股的风险，他说："任何投资都是有风险的，我们是把风险捆在

员工奋斗上，员工对自己的奋斗有信心，就自愿购买，也可以不买。如果你担心，现在公司处在平静的发展时期，任何人都可以自愿全部退出虚拟受限股计划，但退出后就不能再逆向购买。若想再购买，仍然是按基于贡献的饱和配股计划执行。"

13.8.4　员工离职，华为会回购其股权

全员持股有个弊端，容易导致企业的股权结构复杂化。赋予员工股权时就涉及股权变化，有限责任公司需频繁地进行工商变更。持股员工离职时，股权管理会变得困难。为了避免出现这样的难题，华为设定了股权回购机制，可确保股权不流失到本企业员工之外。

华为通过工会实现员工持股计划，可做到股权收放自如，避免股权结构复杂化。员工获得华为的虚拟受限股后，并非就能终身持有。如果员工从公司离职，华为工会会回购其股权。股权回购后，可继续用于在职员工的激励。可见，华为股权激励的核心思想是让在职员工获益。离职回购股权的做法，一方面预留了员工股权变现的通道，保证了股权的流动性；另一方面能保证股权集中在华为在职员工手中，公司利润由在职员工分享。

13.8.5　新员工同样可以获得股权激励

随着华为业务规模不断扩张，华为员工人数也急剧增加。华为员工入职后，只要达到任职年限、业绩达标，都有资格获得股权激励。新老员工一视同仁，这在一定程度上是在否定按资排辈，目的是给新人更多的机会。

用于激励的股权来源有两个，一个是从离职员工手中回购，但离职员工少，入职员工多，回购股权激励额度不足。为了保证可供激励的股权充足，另一个激励股权来源是增发，华为会根据需要每年增发一定比例的股份，原则上每次增发比例不超过10%。

13.8.6　每年分红兑现持股收益

员工持有股权的终极目的是要获益，如何让收益落袋为安是有讲究的。上市公司搞股权激励比较好办，有未来与现在的股价做参考。如果企业没有上市，股权的流动性就不足，股权收益套现会成为难题。能否及时获得收益，会影响员工认购股权的积极性。

华为不是上市公司，公司规定员工不能自行转让股权。这等于堵住了员工自行转股获取收益的通道。华为以每年分红的方式回报虚拟受限股股东，持股员工能逐年获得收益。要做到这一点并不容易，华为能持续给虚拟受限股分红，一方面说明华为有可观的利润，另一方面说明华为的利润有现金流入做支撑。

要知道，实现每年分红或每年高额分红是存在风险的，唯有员工的价值创造大于自身成本，才会有利润用于分红。从这点看，能否分红、分多少取决于员工自身。

毫无疑问，华为践行的员工持股计划成了华为最核心的员工激励策略。公司发展早期，虚拟受限股融资帮助华为度过了资金链紧张的困境；现在虚拟受限股成了华为吸引优秀人才加盟、激发员工潜能的手段。

13.8.7 对虚拟受限股的思考

华为的虚拟受限股激励模式有几点是值得其他企业借鉴与思考的。

- 知识经济时代，对员工的激励手段应该多元化，传统的工资加奖金的激励模式力度是不够的，让员工参与利润分配有助于建立员工的主人翁责任感。
- 员工股权激励要做到可持续进行，需要设计股权的回购机制，确保利润由公司奋斗者分享。
- 股权分散与控制权强化是一对矛盾，但不宜把二者截然对立起来，控制公司除了高比例的股份，还可以凭借领导人的才能与权威；
- 股权激励的初衷是让员工受益，如何受益、如何让收益落袋为安，要让员工一开始就清晰地知道。

虚拟受限股是个新生的事物，它并不完美，基于华为高增长、高盈利的发展态势，它运行正常。一旦企业利润不足或亏损，虚拟受限股能否度过坎坷，还有待观察。虚拟受限股是一种尝试，应给它更长的时间完善自己。

13.9 末位淘汰制的精髓

末位淘汰制的精髓在于激发员工的潜能。末位淘汰制是和目标责任制相对应的考核制度，无疑，末位淘汰制的考核要求更高。末位淘汰不仅会把完不成目标的不合格员工淘汰掉，也会把能胜任工作但表现不显眼的员工淘汰掉。严格地讲，这一制度淘汰的并非是不合格的员工，而是一群合格员工当中表现最不优秀的那一个。

13.9.1 桃子、绳子、鞭子和筛子

有人形容华为是商场猛将的发源地，华为员工是商场上的战士。华为是如何找到这些猛将，并将之凝聚成一股力量的呢？这有赖于华为用人的"四子经"，即桃子、绳子、

鞭子和筛子。

桃子是吸引。一方面，华为的品牌与美誉度能吸引许多优秀人才；另一方面，华为一直践行用高薪吸引人才，员工薪酬标准领先于同行业、同区域。

绳子是牵挂。员工入职华为后，业绩合格的两年后能获得虚拟受限股，参与企业的利润分红，获得劳动以外的资本性回报。

鞭子是约束。华为制度严苛，奖罚分明，"逼"着员工进步。高薪酬与严要求相结合，才能激发员工的自觉性，提高其责任心与上进心。

筛子是鞭策。华为每季度进行一次全员绩效考核，实行末位淘汰制。近年来末位淘汰的做法在互联网上饱受争议，有不少声音提出末位淘汰制有违法之嫌。

13.9.2　末位淘汰制有利于激发员工潜能

末位淘汰给员工传递的压力无疑是巨大的，虽有不近情理之处，但末位淘汰对激发员工潜能、优化人力资源结构有极大帮助。

任正非谈及华为文化时表示，公司不迁就任何人，末位淘汰要日常化。华为将末位淘汰融入日常绩效考核工作体系，实现末位淘汰日常化。不合格干部清理和员工末位淘汰形成制度和量化的方法，立足于绩效，用数据说话。公司面向未来，逐步把不合格干部清理和员工末位淘汰工作融入日常绩效管理工作体系中，以形成一体化的工作模式，而不是独立开展。

设计末位淘汰制度，有管理上的考虑，也有员工心理上的考量。站在员工的角度，其在应对 KPI 考核时，会有 100 分万岁的心理。如果只满足于 100 分，员工剩余的能力会被刻意保留下来。站在企业的角度，自然希望员工能最大限度地发挥潜能。KPI 考核不能仅仅满足于达成目标，而应该追求极限。

两个得 100 分的员工未必同等优秀，如果能给员工一个加分的机会，优秀的员工会做出超出预期的业绩。末位淘汰与开放式评分相结合，能让员工的绩效不断攀升，让企业的人力资源水平不断进步。

华为的"开放式评分"模式是指完成目标得满分，超过目标有加分。鼓励自我突破，看好超目标更多的员工。得分靠后的员工即便完成了目标，也可能受到处罚。这种方法可杜绝 60 分万岁的心理，规避完成目标后怠工。

末位淘汰制是人力资源管理的一剂猛药，却也是优劣并存，唯有善用者方能得其利。

第 3 部分

税务管理

第 14 章　税务处理

如果说会计是交叉学科，那么交叉得最深、受影响最大的无疑是税务。税务处理是令会计人感到纠结的一项工作。让我们来看看常见的税种，个人所得税，其免征额和年终奖扣税问题一直存在争议；增值税，设计者既是天才也是魔鬼；企业所得税，无数秘密尽藏其中。

14.1　企业税负的"痛感"来自哪里

很多企业老板会吐槽税负重，生产经营的压力大。但说到税负重这个话题，也会有很多人跳出来反驳，他们认为名义税负重是一方面，另一方面是企业自身多多少少存在偷漏税的现象，企业并没有完全按照税法要求纳税，导致后期补税时加重了税负。如果把偷漏税的因素考虑进来，企业实际税负并没有名义上那么重。

14.1.1　税负重与偷漏税的辩证

如果上述两个事实我们都承认，那么企业税负重就成了很复杂的话题。很多人在思考，究竟是税负重导致了偷漏税，还是偷漏税导致了名义税负重。无论答案如何，都不是正常的情形。

一方面，如果企业认为税负重，觉得诚实纳税有困难，从而玩火式地偷漏税，那么会让企业时刻面临法律风险。例如，很多企业想做 IPO，打算在新三板挂牌，有一项前期工作叫财务合规性改造。正如我们前面所讲，财务合规性改造很大程度上就是补税。

另一方面，默许这类存在会导致市场出现逆淘汰机制。遵纪守法、照章纳税的企业可能因为产品价格竞争力不够（税负影响了产品定价），导致经营陷入困境。

14.1.2 投资办企业面临的三层税负

投资办企业要面临三层税负：一是流转税（增值税＋附加税），增值税主税率为13%；二是企业所得税，账面利润经纳税调整后的四分之一（25%）要交税；三是个人所得税，投资人要想拿走企业的税后利润，还要交20%的个税。作为投资人，要算计自己的回报；作为企业，尤其是中小企业，必须承担这些税负。

1. 不管是否盈利，企业都要交增值税

只要做生意，就有此税，不管生意是否盈利，不管生意做完后能否回款，企业都要交增值税。此外，还有视同销售的解释权会变戏法似的卡住这项税。

2. 企业所得税的计税依据可能被放大

企业所得税名义上按利润征收，但对企业的账面利润，税务部门并不完全认可。一方面，会把部分费用调减出去，增大应纳税所得额；另一方面，会调增企业的收入。一番操作下来，可能会导致计税依据大于账面利润。

3. 计税依据不见得完全有现金做支撑

税务依据权责发生制征税，不认可现金收付制的说法。企业确认收入、开具发票后，就要交增值税。此时，会计账面对应的还是一笔应收账款，还没有从客户那里把钱收回来。客户未回款而让企业交税，等于是企业在垫付税款。所得税也同此理。

正因为上述原因，有些企业会有"痛感"，觉得税负重、税急。我国税收制度多次改革，基调都是减税，目的就是减轻企业的税负。

14.2 税务如何看"实质"与"形式"

"实质"与"形式"哪个更重要，会计要求"实质重于形式"。从会计工作的外部监管角度看，税务好像更关注形式，如以票控税、进项抵扣等。但税务只看重形式吗？当然不是。下面就分析一下税务是如何理解"实质"与"形式"的。

14.2.1 税务对"实质"与"形式"的理解

税务机构是权力机关，对税收有监督权、解释权、裁量权。如果把税务部门人格化，我们不难发现税务理解"实质"与"形式"的规律，税务对会计实质与形式的理解

遵循三条线。

第一，成本费用形式有瑕疵时，税务主张形式重于实质。什么是对企业有利的事项呢？例如，企业发生的费用没有发票或发票不合规，遵照实质重于形式原则，应允许企业税前扣除。但此时税务认定形式重于实质，没有发票就不能税前扣除。

第二，成本费用上实质有瑕疵时，税务主张实质重于形式。例如，一些企业找发票平账、套现、虚构费用做低所得税等。这时税务认定有发票也不得在税前扣除。

第三，对收入征税时，具备形式的，税务主张形式重于实质；不具备形式的，税务主张实质重于形式。例如，企业开票了，但收入尚未确定，企业要先交税，此时形式重于实质。企业确认了收入，但没有给对方开发票，企业同样要交税，此时实质重于形式。

14.2.2 税务既重形式，又重实质

税务把规则运用得灵活自如。会计的实质与形式，在税务眼里都可能成为对征税有利的说辞。税务强调形式重于实质时，大家容易理解，在此不多阐述，下面重点分析税务部门是如何理解实质重于形式的。

1. 收入的确认

在本书 2.2.1 中介绍过，税务确认收入有五个标准：收钱、开票、发货、进度、合同，取其中一点即可。税务看哪个标准确认的金额大、确认的时间早，就认定它为计税依据。

2. 视同销售

发明"视同销售"这个概念的人是个天才，它堵住了企业变相逃税的口子。视同销售是指会计核算上不确认收入，但税务要将之按收入征税。

税务认为视同销售是两个经济动作合二为一，掩盖了销售动作。即便会计不确认收入，但税务要还原出销售动作。例如，企业将自产的豆浆机发给员工作为福利，就可分解成两步：第一步，企业把豆浆机销售给员工；第二步，企业把应收的货款发放给员工作为福利。其他视同销售行为也同此理。

3. 货款长期挂账

企业收了客户的钱，客户不要发票，企业就把销售款长期挂在预收账款科目，不确认收入，这样做行不行？税务认为长期挂账的预收账款没有正当理由的，要视同收

入，需要补税。销售不开发票，不等于可以不确认收入，收入不做账税务同样会征收增值税。

4. 股东借款

有的股东从企业借钱后长期不还，也不打算还。其借款实际是分红或股东薪酬，但会计账上不记作分红或薪酬，这样处理就不用交个税了吗？税务的规定是，股东从企业借款长期不还，已跨年的，税务要视同分红征收个税。

5. 关联交易

对于关联交易，作价显著偏低的，税务机关不会认可会计账上的处理，而是要根据市场上的公允价格重新核定交易价格，依据核定的价格征税。

实质与形式，一体两面，在涉税问题上都很关键。在这里给财务人员提个醒，帮企业做税收筹划时，不要肆意抖机灵，以为能打擦边球，这可能会适得其反。财务人员自以为得意的筹划手段，如果有悖"实质重于形式"原则，税务能轻易予以否决。财务人员居于从属地位，我们应该谨记税务有解释权与裁量权。

切记，针对纳税事项，税务既重形式，又重实质！

14.3 正确理解增值税

20世纪50年代，法国税务总局局长莫里斯·洛雷（Maurice Laure）设计了增值税。为了保证当年法国政府的财政收入，这位"天才"的税务官创造了这一新的流转税种。此税一出，税务机关征税更为强硬，不管企业挣不挣钱，只要做了生意就得交税；也不管生意做成后企业有没有收到回款，税一刻也不得拖延。

14.3.1 开票、确认收入与纳税时间

《中华人民共和国发票管理办法实施细则》第二十六条规定："填开发票的单位和个人必须在发生经营业务确认营业收入时开具发票。未发生经营业务一律不准开具发票。"但这不意味着现实中确认增值税销项税与会计确认收入是完全同步的。

现实中存在着不符合收入确认条件但提前开具发票的情况，也存在着符合收入确认条件但延后开具发票的情况。

除了特殊情况，增值税纳税义务的确认原则在实践中可以概括为两句话：

（1）只要会计确认了收入，无论是否开票，都要确认增值税销项税；

（2）只要开了票，无论会计是否确认收入，都要确认增值税销项税。

可见，税务是在两头拦堵企业。

开票、确认收入、纳税，如果三者能保持一致会计工作最省心。不一致时，每月的纳税申报都需要做调整，并向税务作解释说明。开票滞后的，需要在增值税申报时通过附表 1 的"未开票收入"来调整。频繁地这样操作，会加大会计对账的工作量，无异于自找麻烦。

要做到开票、确认收入、纳税三者一致，并不容易。这是个系统工程，有时受制于现实的无奈，不能简单地在会计核算环节做硬性规定。例如，有的客户要求开具发票与付款挂钩，收到发票后再付款。这样一来，开发票与确认收入就脱节了。

怎么才能更好地解决这一难题呢？企业最好从销售源头布局，在签订合同时把会计的这一意图贯彻进去，在合同中约定商品交付时同步开票、按完工进度开票。这样做等于在业务前端做了约定，后面账务处理与纳税申报自然能省事。

14.3.2 "三流"不一致需要有合理解释

"三流"是指货物流、资金流、发票流。何谓三流一致，指的是货物、资金和发票的流动指向同一法律主体。在增值税应税劳务和应税服务的情况下，货物流可以被解释为劳务流和服务流。

企业之间的经济交易如无特殊约定，"三流"应该一致。例如，A 公司购买 B 公司的产品，A 公司给 B 公司付货款，B 公司给 A 公司发货和开发票，这是正常的状态。但若这个交易过程中横插进来一个 C 公司，可能就会存在问题。

税务机关很早就发布过一项规定，"纳税人购进货物或应税劳务，支付运输费用，所支付款项的单位，必须与开具抵扣凭证的销货单位、提供劳务的单位一致，才能够申报抵扣进项税额，否则不予抵扣。"这一规定或可视作"三流"一致要求的源头。

在查处企业是否涉嫌虚开增值税发票时，"三流"一致是税务部门常用的判别依据与预警依据。但严格来讲，税收法规确实没有明确过"三流"一致的业务才是真实的。举例而言，A 公司购买 B 公司的产品，C 公司与 A 公司约定由它替 A 公司向 B 公司支付货款，这也无可厚非，我们不能因为"三流"不一致，就认为这属于虚开增值税发票。再举个例子，A 公司购买 B 公司的产品，拟销售给 C 公司，A 公司为了省事，让

B公司直接发货给C公司，这也未尝不可。

强调"三流"一致是为了防范虚开增值税发票，如果有证据表明形式上的"三流"不一致不存在"虚开发票"的情形，应本着实质重于形式的原则处理。

总体来说，"三流"是否一致只是作为企业涉嫌虚开增值税发票的线索，但线索不能作为判断标准。"三流"不一致固然是反常现象，虽易引起税务质疑，但绝不意味着"三流"不一致就是虚开，就一定有问题，关键要看业务实质。如果企业能做出合理解释，能提供正当理由，"三流"不一致无须过分担心。

14.3.3　增值税关键问题答疑

问题1：哪些增值税不能抵扣？

解答：我常被问到这个问题，有个简洁的判断标准：只要能拿到增值税专票，就能抵扣；拿不到增值税专票，就不能抵扣。有些行业比较特殊，目前规定不能给客户开专票，如银行的贷款利息、手续费，餐饮服务，娱乐服务等。也有例外，增值税规定了进项转出的情形，如果要列入转出，增值税专票就不能抵扣了。

问题2.如何理解销项税减进项税计征增值税的模式？

解答：销项税减进项税计征增值税的模式实际是放大了增值额。计税增值额并非商品交易环节的名义增值额，它在名义增值额的基础上增添了不少斤两。但税务有时也会出台政策做些调减，以期减轻企业税负。对比下来，计税增值额高出名义增值额的部分大致是不能取得进项税票的成本费用。

问题3：增值税专票开错后怎么处理？

解答：增值税专票开错后，要先看是否已认证。如果认证了，要先做进项转出，然后要求开票方开出红字发票与正确的发票，注意，错票不要退回；如果未做认证，建议先不要做账务处理，把错票退给开票方，然后要求对方重新开出正确的发票。如果会计已做账务处理，要先做红字冲销，再做正确分录。

问题4：如何对增值税进行税负管理？

解答：增值税设计相对科学，围绕增值税进行筹划的空间很小，但依旧有方法进行税负管理。从增值税应纳税额的计算看，应纳税额＝销项税－进项税。如果想让当期增值税少交一点，有两个办法：第一，让当期销项税少一点；第二，让当期进项税多一点。企业要对增值税进行税负管理，就应从这两方面入手。

14.4 增值税为何没有在利润表中体现

"为什么增值税没有出现在利润表中，企业实实在在支付了增值税，难道不是成本的一部分，增值税不影响利润吗？"这个问题表面上看很简单，但仔细一想，你会发现想说清楚并不容易，因为增值税的表现与观感有很大的反差。

增值税的本意是对增值额征税。何谓增值额？从理论上讲，增值额是指从销售额中扣除当期购进商品与劳务的价值差额后余下的价值量，即企业或个人在生产经营过程中所创造的那部分价值。按增值额征税无疑只是美好的愿望，在实际执行过程中很快就走样变形了。

14.4.1 生产环节与流通环节的增值额

从商品的流通属性看，商品从制造到最终由消费者购买可分两个阶段：第一个阶段是商品的生产环节，第二个阶段是商品的流通环节。

第二个阶段增值额比较好计算，就是商品的销售价差。流通环节表现为贸易行为，增值税只需对销价高于进价的部分（即毛利）计税。举一个例子，企业购进一台价值600万元的设备，最后作价以1 000万元卖出去，增值额就是400万元，400万元乘以税率，就是它应交的增值税。可见在流通环节，增值税的计征比较符合增值税的定义。

第一个阶段增值税的计算要繁杂一些。一方面，理论上将商品的售价减去商品的生产成本视为增值额，但现实中，在生产阶段按照增值额计算应交增值税不易操作，而且税务对增值额的理解并非如此，其会根据国情、政策要求，在增值额中增加一些斤两。另一方面，生产环节的收入成本不可能有流通环节的收入成本那么清晰且一一对应的关系。例如，原材料对应哪一单销售，谁能说得清楚呢？

14.4.2 销项税减进项税的计征模式

税务给出了一个应纳增值税的计算方法：将每一单采购或成本费用支出核算一笔进项税，将每一单销售核算一笔销项税，最后用所有的销项税减去进项税，以此算出应纳税额。通过分析这样的计算模式，我们很容易知道增值税并不是按照增值额计算的，它是按照销项税减进项税算出的。销项税减进项税算出的结果与按照名义增值额算出的结果是有差异的。

如果不考虑期间费用因素，我们可以举个例子分析：

【例 14-1】某企业卖出一件产品，售价 120 元。产品的成本由三部分构成：直接材料 30 元，直接人工 30 元，制造费用 27 元。其中，制造费用含水电气暖费 3 元、能源费 5 元、设备折旧费 10 元、人工薪酬 2 元、日常费用 5 元、其他费用 2 元。算下来，销售毛利是 33 元。针对这一单产品的销售，相关计算如下。

如果按毛利计算增值税，应纳税额 $=33 \times 13\%=4.29$（元）。

如果按增值额计征增值税，它的销项税额 $=120 \times 13\%=15.6$（元），进项税额 $=(30+3+5+10) \times 13\%=6.24$（元），应纳税额 $=[120-(30+3+5+10)] \times 13\%=9.36$（元）。

有这样一个计算过程的对比，我们就知道了，销项税减进项税计征增值税的模式实际是放大了增值额。计税的增值额是税务人为认定的增值额，它会大于毛利润，增值额高出毛利润的部分就是成本费用中不能取得进项税的金额。

计税增值额 = 毛利 + 不能取得进项税的成本费用

14.4.3　增值税的设计初衷

增值税在设计时，名义上需由消费者承担，但对最终消费者（主要是个人）而言，他们消费时对"价"与"税"的差别是不敏感的；对销售方而言，"价"与"税"合计起来构成了合同总额，但只有"价"能形成销售收入，"税"形成对税务的负债（增值税销项税）。从这个角度讲，增值税销项税在形式上表现为企业向消费者代收税款，然后按期返还税务。

企业在缴纳增值税时，并非要上缴全部的"代收税款"，它存在一部分可抵扣金额。这部分可抵扣金额就是企业购置资产以及发生成本费用时的进项税。

在会计科目设计上，增值税不像所得税，它在负债类科目"应交税费——应交增值税"科目核算。这给了会计人一种根深蒂固的理解，增值税不是费用，它不会影响企业的利润。而会计上的这一常识，却与人们对增值税的观感不一。如果增值税不影响企业利润，为何会有虚开增值税发票，偷逃增值税的违法行为呢？

14.4.4　增值税影响利润的方式

增值税对利润既有直接影响，也有间接影响。

1. 直接影响

（1）企业在资产购置及发生成本费用时，若能取得增值税专用发票，对应的进项税可用于抵扣，这等于降低了成本费用；反之，若未能取得增值税专用发票，成本费用等于增大了。

（2）缴纳增值税后还有附加税，附加税是费用，会影响利润。

（3）若混合销售时高低税率的业务切割不清，税务会从高征税，从而导致收入减少。

（4）视同销售会降低成本，视同销售是税务把成本费用当收入看，要从中抠出一块当作增值税销项税，等于减少了成本费用。

（5）进项转出会加大成本，一旦税务不认可某项成本费用用于应税项目，不允许进项税纳入抵扣，这等于增大了成本费用。

2. 间接影响

增值税对利润的影响有时会拐个弯，通过影响资产负债表淡化其对利润影响的色彩。间接影响体现在：

（1）如果没有增值税，合同额即收入，有了增值税后收入额缩水了。对比一般纳税人与小规模纳税人的税负就容易理解了，100 万元的商品销售合同，一般纳税人能确认收入 88.50（100÷1.13=88.50）万元，小规模纳税人能确认收入 97.09（100÷1.03）万元。交税低的企业更具有竞争优势。

（2）坏账的影响。企业在确认收入时要相应确认销项税，收入与增值税销项税都体现在应收账款之中。不管应收账款是否能收回，增值税都必须如期缴纳。如果应收账款（收入＋销项税）最终被确认为坏账，其中企业确认的销项税等于被认定为费用了。

14.5 如何开出增值税红字发票

红色在会计业务里属于不太"吉利"的颜色。例如，我们分录做错了要用红字去改正，开具红字发票与此类似，就像之前发票开错了，现在要去做改正一样。既然是要改正错误，并且是与税相关的错误，操作肯定会比较烦琐。

在线收听

14.5.1 作废发票与红字发票的区别

通常情况下，开错发票有两种更正方式，一种是"作废"，另一种是"开红字发票"。但开红字发票与发票作废是不一样的概念。企业有两种情形需要开红字发票：其一，销售方已经把增值税专票开出，并提交给购买方，且购买方已经将该发票做了认证处理；其二，销售方开出的发票在以后会计期间才发现有错误，即发票跨期了。

企业同一月度内出现以下两种情况时，销售方直接将错票作废即可，用不着开红字发票。

（1）增值税专票开出当月就发现出错了，同时购买方还没有认证，购买方完整地把发票联、抵扣联退还给销售方。

（2）销售方发票开出后还没有交给购买方，自己就发现了错误。

14.5.2　由谁申请开具红字发票

开具增值税红字发票需向税务机关申请。由谁申请呢？可以由购货方申请，也可以由销货方申请。购货方已认证的发票发生退货或发现发票开具错误时需由购货方提出申请，并且购货方要先做进项税额转出。由销货方提出申请的前提是，开出的专票没有被购货方认证。具体的情况有两种：

第一，因开票有误，购买方拒收的专用发票，销售方需申请开具红字专票；

第二，因开票有误等原因尚未将专票交给购买方的。

14.5.3　如何提交申请

销售方提交红字发票开票申请需在申请单上写清楚具体原因，以及相对应的原蓝字专用发票的信息，还需要提供由购买方出具的载明拒收理由、错误明细的书面材料。需要特别说明的是，购买方要在证明上加盖公章。

申请单提交之后，税务机关审核确认通过后会给申请方出具开具红字发票的通知单，凭这份通知单，销售方就能开出红字发票了。

14.6　增值税税率降了，老合同如何开票

从 2019 年 4 月 1 日起，增值税税率调整，16% 这档税率降为 13%，10% 这档税率降为 9%。增值税税率降低自然是皆大欢喜的事情，但也会给会计人带来一点小小的烦恼。

14.6.1　降税红利应该由谁获得

税率降低后，该如何给客户开票，客户如果不愿意接受低税率的增值税专票又该怎么办？这一烦恼的本质是降税红利到底应该由谁获得，是销售方还是购买方？假定合同总额不变，增值税税率降低，就意味着销售方可确认的收入提高了，也意味着购买方可用作抵扣的进项税额减少了，这是一个彼消此长的数据变化过程。

从长远看，增值税税率降低了，购销双方在签订合同时会就价格重新进行谈判。购买方会要求销售方降价，弥补其进项抵扣不足的损失；销售方基于留住客户的考量，在保证收入不降低的条件下，完全没有理由拒绝购买方的诉求。理论上，降税的最终受益者会是购买方，也应该是购买方。对此，销售方大可不必着急，对下游来说，你是销售方；对上游来说，你是购买方。销售方同样可与上游博弈，分享降税红利。

眼下的问题是，在新旧税率变换的过渡期，该如何给客户开发票呢？这里说的过渡期是指，合同已签订，合同约定了 16% 或 10% 的增值税税率，2019 年 3 月 31 日前尚未给客户开具增值税专票，4 月 1 日后又该如何开具增值税专票呢？

如果纳税义务发生在 4 月 1 日之前的应税行为，已申报纳税但尚未开具增值税发票的，现在仍可按原 16%、10% 的税率补开发票。举例说明，甲公司 2019 年 3 月向乙公司销售货物，但乙公司未索取发票。甲公司在 3 月对该项销售货物行为已按 16% 的适用税率做了纳税申报。4 月，乙公司索要发票，甲公司仍可按 16% 的税率向乙公司开具发票。

政策已变，除上述情形外，4 月 1 日后开不了税率为 16% 与 10% 的增值税票了。可合同又有约定于先，按新税率给客户开票对购买方显然不公平。此时要么变更合同（重新约定合同额），要么达成妥协（在原有合同额基础上打折），才能不损害购买方的利益。

为了操作简便，我建议在原有合同额基础上打折解决开票难题。具体思路是按原合同额给购买方开票，但给购买方一个现金折扣，折扣额为合同额按新旧税率算出的收入之差或按新旧税率算出的进项税额之差。这样一来，购买方进项抵扣虽然少了，但付款额也少了。对销售方而言，虽然给出了现金折扣，但合同利润并未减少。

14.6.2　案例分析

【例 14-2】2019 年 3 月，甲公司与乙公司签订了一单总金额为 10 万元的产品销售合同，合同约定 2019 年 4 月 20 日交付产品，同时甲公司给乙公司开具 16% 的增值税专票。因为增值税税率降低，甲公司与乙公司商定，甲公司给乙公司现金折扣。折扣额为按新旧税率算出的收入之差。按新税率计算出的收入为 88 495.58（100 000÷1.13）元，按旧税率计算出的收入为 86 206.90（100 000÷1.16）元，现金折扣为 2 288.68（88 495.58-86 206.90）元。

1. 甲公司会计分录

借：应收账款——乙公司		100 000.00
贷：主营业务收入		88 495.58
应交税费——应交增值税（销项税）		11 504.42
借：银行存款		97 711.32
财务费用——现金折扣		2 288.68
贷：应收账款——乙公司		100 000.00

2. 乙公司会计分录

借：存货		88 495.58
应交税费——应交增值税（进项税）		11 504.42
贷：应付账款——甲公司		100 000.00
借：应付账款——甲公司		100 000.00
贷：银行存款		97 711.32
财务费用——现金折扣		2 288.68

现在已经明确，增值税的税率要由三档变两档。我相信增值税税率不会提升，既然要并档，就意味着高档的增值税税率还会降低。掌握增值税税率降低后的开票要领，未来也能用得上。

14.7 印花税，不起眼的小税种

印花税历史悠久，1624年荷兰政府发生经济危机，掌政者为缓解财政困难，需要谋求敛财妙策，于是寻求设计新的税种，印花税就是精选出来的"杰作"。印花税的设计可谓独具匠心，一旦征税，税源很大，但因税负轻，被征税者的痛感并不明显。

14.7.1　会计核算

以前印花税是在"管理费用"科目下核算，现在变了，印花税改在"税金及附加"科目核算了。有这样变化的税费还涉及房产税、土地使用税、车船使用税等，它们以前也是在"管理费用"科目核算的。总结一下规则：除企业所得税外，凡在利润表中体现的税费，今后均改在"税金及附加"科目核算。

14.7.2　不交印花税的合同

企业与事务所签订的审计合同用交印花税吗？答案是不用。审计合同、咨询合同、培训合同都不需要交印花税。这几类合同不属于征印花税的范畴。另外，企业间拆借资金签订的借款合同、企业与个人签订的借款合同、企业通过银行签订的委贷合同也不需要交印花税。只有企业与银行等金融机构签订的借款合同才需要交印花税。可见，并非所有的合同都需要交印花税。

印花税税率的记忆口诀：

千一猪（租）管饱（保），万三狗（购）见（建）鸡（技），万五赢（营）家（加）运产茶（察）。每个字代表一类合同。千一（千分之一）：租赁合同、保管合同和保险合同。万三（万分之三）：购销合同、建筑合同、技术合同。万五（万分之五）：营业账簿（自 2018 年 5 月 1 日起，减半征收印花税）、加工承揽合同、运输合同、产权转移合同和勘察合同。

14.7.3　纳税义务时点

印花税纳税义务发生的时间点如何确定？官方解释是应纳税凭证应当于书立或者领受时完税。这里所说的书立或者领受时完税，是指在合同签订、书据立据、账簿启用和证照领受时完税。如果合同是在国外签订的，那么应在国内使用时完税。完税后，即使合同不执行了，合同金额变少了，多交的印花税也不能退返。

14.7.4　购销合同

在商品购销活动中，采用以货换货方式进行商品交易签订的合同具有双重属性，既购又销。此时印花税完税应遵循实质重于形式原则，将该合同视作两份合同，按合同所载的购、销合计金额计税。

购销合同计征印花税时，收入的计税依据是否含税呢？这一问题应分三种情况处理：

（1）购销合同中只有不含税金额的，以不含税金额作为印花税的计税依据；

（2）购销合同中既有不含税金额又有增值税金额，且分别记载的，以不含税金额作为印花税的计税依据；

（3）购销合同所载金额中包含增值税金额，但未分别记载的，以合同所载金额（即含税金额）作为印花税的计税依据。

14.7.5　加工承揽合同

印花税里也能体现税收筹划的思维。以加工承揽合同为例，受托方同时提供原材料与加工服务时，合同约定情形不同，印花税处理也不同。

（1）大包承揽：受托方提供原材料及辅料，并收取加工费且分别注明的，原材料和辅料按购销合同计税贴花，加工费按加工承揽合同计税。

（2）税率从高：合同未分别记载原辅料及加工费金额的，一律就全部金额按加工承揽合同计税。

（3）手工费计税：委托方提供原材料，受托方收取加工费及辅料费，双方就加工费及辅料费按加工承揽合同计税。

征税有一个基本的原则就是，税收不受损。含糊不清、约定不明的，都会被从高征税。

14.7.6　合同金额不明

签订时无法确定计税金额的应税合同，如房屋租赁合同中会约定是按月还是按天计算租金，总额不定，如何缴纳印花税呢？这种情况下，可在签订时先按定额5元完税，以后结算再按实际金额计税，补交印花税。

合同实际执行金额与合同约定金额不一致时，如果不签订补充合同，即便实际执行金额大于合同约定金额，也不需要补交印花税。如果签订了补充合同，应就补充合同增加的金额补交印花税。

14.7.7　未签购销合同也要缴纳印花税

有一点需要明确，印花税的征税对象并非只是合同。印花税是对经济活动和经济交往中书立、领受、使用的应税经济凭证所征收的一种税。未签订购销合同的购销行为也需要缴纳印花税。只要是具有合同性质的购销往来凭证，即使要素不完整但明确了双方主要权利、义务的，如有结算单据、交货确认单，就应视同合同，缴纳印花税。

14.8 "税金及附加"科目名称与核算范围的变迁

"营改增"以后，"营业税金及附加"这个科目名不副实了，没了营业税这个主体，科目名称有必要做变更，于是改名为"税金及附加"。

14.8.1 科目名称的变化

现今盘踞在利润表中的科目"税金及附加"有过几个曾用名：主营业务税金及附加、营业税金及附加。这两次名称的变化与会计准则变革及税务变革息息相关。

最早利润表中主营业务收入与其他业务收入分开列式，"主营业务税金及附加"用来核算主营业务收入应负担的税金及附加，包括营业税、消费税、附加税（城市维护建设税、教育费附加、地方教育费附加）等。

新会计准则公布后，利润表的结构变化了，主营业务收入与其他业务收入合并为营业收入，原来由"其他业务支出"负担的税金及附加与"主营业务税金及附加"合并列示。如此一来，"主营业务税金及附加"的名称就有些不合时宜了，"主营"两字被拿掉了，科目名称被改为"营业税金及附加"。

2016 年 5 月，在营业税全面退出历史舞台后，利润表里的"营业税金及附加"一下子失去了最主要的核算对象"营业税"。财会〔2016〕22 号文恰到好处地出台了，该文规定全面试行"营业税改征增值税"后，"营业税金及附加"科目的名称变更为"税金及附加"。

14.8.2 核算范围的变化

这次名称变化不仅是形式的变化，也有实质的变化。之前在"管理费用"科目中列支的"四小税"（房产税、土地使用税、车船使用税、印花税），调整到"税金及附加"科目核算了。正如本章 14.7.1 所讲，除企业所得税外，今后凡在利润表中体现的税费，如消费税、资源税、城建税、教育费附加、地方教育费附加、房产税、土地使用税、车船使用税及印花税等，均改在"税金及附加"科目核算了。

"营业税金及附加"之所以改名为"税金及附加"，可以从两个角度理解：第一，营业税取消了，"营业税金及附加"看起来显得"名不副实"，没了"营业税金"，光剩下

"及附加"了；第二，"四小税"的加盟，让"税金及附加"科目与"营业"二字没了必然的关联。

14.9 端午节粽子涉及的税

端午节有两个标志性的习俗，一为赛龙舟，二为吃粽子。赛龙舟受自然条件限制，很多地方玩不了，但吃粽子就不同了，哪里都不受限。粽子也是端午节时馈赠亲友，作为商业福利的上选。作为商业福利的粽子，除了文化上的内涵，还有税务上的考量，本文就给大家分析一下小小粽子涉及的税。

14.9.1 生产与销售粽子

1. 自产自销

粽子虽是用糯米加工制作而成，属于农产品的深加工，但粽子本身不属于农产品。因此，生产粽子的企业在销售时应按 13% 的税率缴纳增值税（小规模纳税人按 3%）。

2. 餐馆销售粽子

餐馆提供餐饮服务时销售的粽子，应按"餐饮服务"6% 的税率缴纳增值税（小规模纳税人按 3%）；如果顾客不在餐馆用餐，只是从餐馆买粽子打包带走，应按 13% 的税率缴纳增值税（小规模纳税人按 3%）。前者属于提供餐饮服务，后者属于产品销售。

14.9.2 个人取得厂商赠送的粽子

个人取得厂商赠送的粽子是否应交个税，分以下两种情况处理：

（1）如果个人是在购买厂商的产品或服务时取得馈赠的粽子，不需要缴纳个人所得税；

（2）如果个人未购买厂商的产品或服务，而取得馈赠的粽子，则应按照"其他所得"适用 20% 的税率代扣代缴个人所得税。

14.9.3 单位给员工发粽子

单位给员工发粽子，这无疑是福利了。无论是发实物粽子还是粽子购物券，粽子的价税（进项税不能认证抵扣）都要并入员工工资计征个税。还有一种情况，单位食堂中午给员工发放一个粽子佐餐，这时粽子是不需要交个税的。给员工发的粽子，会计做账时应计入福利费。

14.9.4 单位馈赠客人的粽子

单位买了一批粽子作为礼物，在端午节馈赠客人。每箱粽子的价格为 100 元，进项税为 13 元。会计做账时要注意以下三点：

第一，进项税不得认证抵扣；

第二，粽子送出后应计入"业务招待费"；

第三，应按照赠与适用 20% 的税率代扣代缴个人所得税。

以送出一箱粽子为例，个人所得说计算如下：

个人所得税 = $[(100+13) \div 80\%] \times 20\% = 28.25$（元）

具体会计分录如下。

1. 购进粽子

借：存货——低值易耗品   113

　　贷：银行存款   113

2. 送出粽子

借：业务招待费   141.25

　　贷：存货   113.00

　　　　其他应付款——代扣代缴个税   28.25

3. 代扣代缴个税

借：其他应付款——代扣代缴个税   28.25

　　贷：银行存款   28.25

会计做账后要记得在汇算清缴时做纳税调整，送出一箱粽子，需调增的费用包括以下两项：

（1）没有发票的业务招待费 28.25 元；

（2）业务招待费（113 元）中不能扣除的部分。

14.10 职工福利费是否需要交个税

财务人员都知道工资、奖金、分红需要缴纳个税。除此之外，还有许多的职工福利事项也要并入薪酬计征个税，如出差补贴、节假日发的实物、员工旅游费等。对这些计税事项都能准确识别的财务人员并不多，本节将一一介绍这些需要缴个税的职工福利，以及一些不需要缴个税的情形。

14.10.1 需要交个税的情形

1. 出差补贴

员工出差，补贴也要凭票据实报销，如不能提供发票，出差补贴须并入当月工资计征个税。

2 员工给企业内部刊物投稿所获得的稿酬

稿酬所得是指个人因其作品以图书、报刊形式出版、发表而取得的所得。对于稿酬所得，有专门的方法计征个税。但前提是作品要正式公开出版发行。企业内部刊物显然不符合这一要求，因此，员工给公司内部刊物投稿所获得的稿酬不适用稿酬所得计征个税，而应合并到当月工资中，按工资、薪金所得征税。

3. 传统节假日公司发的粽子、月饼等

根据《中华人民共和国个人所得税法》（以下简称《个人所得税法》）的规定，工资、薪金所得，是指个人因任职或者受雇而取得的工资、薪金、奖金、年终加薪、劳动分红、津贴、补贴以及与任职或者受雇有关的其他所得。个人所得的形式包括现金、实物、有价证券等。按照此规定，端午节单位发的粽子、中秋节单位发的月饼均属于实物福利，都应计入当月工资一并计征个税。

4. 企业给员工报销的置装费

企业给员工报销的置装费能税前扣除吗？这要分两种情形看。由企业统一购置并要求员工统一着装发生的置装费，可以作为企业合理支出在所得税前扣除。如果是企业规定员工每年可报销置装费若干，由员工提供相应发票到财务部报销，这种情形等同企业给员工发补贴，报销额度应并入工资计征个税。

5. 企业为员工报销的旅游费

有些企业福利较好，每年会给员工报销一定金额的旅游费。这部分费用财务一般会在员工福利费中列支，这么做是存在涉税风险的。严格来说，员工的旅游费不在福利费的列支范围内。正确的做法是，员工报销的旅游费应并入员工当月工资一并计征个税。

6. 为员工上的商业保险

企业为员工上的商业保险或补充保险通过应付职工薪酬核算，可计入职工福利费。但这一部分保险属于社会保险统筹之外，实质是企业给职工的奖励。因此，企业给员工上的商业保险与补充保险应并入员工当月工资一并计征个税。

计入个人薪酬就要交个税，税务对此有优惠政策。对个人购买商业健康保险产品的支出，允许在当年（月）计算应纳税所得额时予以税前扣除，扣除限额为 2 400 元 / 年（200 元 / 月）。简单来说，只要每月不超过 200 元就不用交税。

7. 员工报销的学历教育学费

员工教育经费是指上岗和转岗培训、各类岗位适应性培训、岗位培训、职业技术等级培训、高技能人才培训、专业技术人员继续教育、特种作业人员培训、企业组织的职工外送培训的经费支出、职工参加的职业技能鉴定、职业资格认证等经费支出、购置教学设备与设施、职工岗位自学成才奖励费用、职工教育培训管理费用、有关职工教育的其他开支。异地的培训所涉及的来回交通费、住宿费、餐费等也可以计入职工教育经费。

但员工参加学历教育、学位教育的学费（如 MBA、EMBA）不得计入职工教育经费，也不得在企业所得税前扣除，员工在单位报销学历教育学费的，报销金额须并入当月工资计征个税。

8. 年会上的奖品

员工与家属参加企业年会，在年会上抽到的奖品要交个税吗？明确回答，要。员工家属中奖，按偶然所得计征个税，税率为 20%。具体操作时要把奖品金额还原为税前金额，如中奖 300 元，需扣缴个税 75［300÷（1-20%）×20%］元。如果员工中奖，按工资薪金所得交个税，具体操作是将奖品金额并入当月工资一并计征个税。因此，员工与家属在企业年会上抽到的奖品，需要按偶然所得计征个税。

14.10.2 不需要交个税的情形

下面几种职工福利不需要交个税：

（1）因企业办公或经营需要发生的福利费免征个税，如建筑工地发放的防暑降温用品、非常时期给员工发放的体温计等费用；

（2）不能合理按人头计量的福利费免征个税，如单位年会时组织员工聚餐发生的餐费；

（3）某些特殊的福利费免征个税，如向生活困难员工发放的临时性困难补助。

14.11 年会奖品如何做账和交税

每年年末，企业都会组织年会，为了活跃年会气氛，会有抽奖活动，奖品以实物居多。年会上的奖品该如何做账、如何纳税，很多财务人员对此都没有认真思考过。

针对此类事项，常见的会计处理方式是将购入的奖品按发票上的金额计入费用，有进项税的，进项税做认证抵扣。会计分录为：

借：管理费用——低值易耗品

　　应交税费——应交增值税（进项税）

　贷：银行存款

我要强调一点，这样处理是错误的。一方面，奖品不是用于企业生产经营活动的，对应的进项税不得认证抵扣，已认证的进项税需要做转出处理；另一方面，奖品发放给个人，这属于非货币性质的福利或赠与，需要缴纳个税。

下面通过案例来介绍年会奖品正确的会计与税务处理方式。

【例 14-3】A 企业召开年会，邀请员工、员工家属以及部分客户代表参加。年会有抽奖活动，所有参会人员都有机会中奖。本次年会共有 20 个中奖名额，奖品为价值 3 000 元（含增值税）一部的手机。以下分别按员工家属或客户代表中奖，以及员工中奖介绍该企业应如何进行会计与税务处理。企业购置这些手机（奖品）的会计分录为：

借：低值易耗品　　　　　　　　　　　　　　　　　　　　　　　60 000

　贷：银行存款　　　　　　　　　　　　　　　　　　　　　　　60 000

14.11.1 员工家属或客户代表中奖情况

如果是员工家属或客户代表中奖，奖品在会计处理上应记作"业务招待费"。中奖人需要按偶然所得计征个税，税率为 20%，由企业代扣代缴。

但有个细节要注意，企业不可能向中奖人另行收取需代扣代缴的个税，这笔个税往往都由企业承担。会计上对这笔个税的处理有以下两种方法。

1. 公司代交

企业主动承担员工家属或客户代表中奖的个税：

借：管理费用——业务招待费 3 000

　贷：低值易耗品 3 000

借：营业外支出——代扣代缴个税 600

　贷：银行存款 600

需要说明一点，企业代扣代缴的个税记入"营业外支出"科目后不得在所得税前扣除。

2. 还原法

若个税由员工家属或客户代表承担，手机价值算作税后金额。会计在具体操作时要把奖品金额还原为税前金额，如中奖手机价值 3 000 元，还原后的中奖金额为 3 750 [3 000 ÷（1-20%）] 元，需扣缴个税 750（3 750 × 20%）元。会计分录为：

借：管理费用——业务招待费 3 750

　贷：低值易耗品 3 000

　　其他应付款——代扣代缴个税 750

借：其他应付款——代扣代缴个税 750

　贷：银行存款 750

14.11.2　员工中奖情况

如果是员工中奖，中奖金额应按工资薪金所得交个税，具体操作是将奖品金额并入当月工资一并计征个税。会计分录为：

借：管理费用——职工福利费 3 000

　贷：应付职工薪酬——应付福利费 3 000

借：应付职工薪酬——应付福利费 3 000

　贷：低值易耗品 3 000

如果企业决定为员工承担奖品个税，对个税的处理可参考上述代扣代缴的做法。

14.12　员工的免费工作餐要交个税吗

企业给员工提供工作餐属于员工福利。问题来了，员工享受了工作餐福利，是否要交个税呢？这个问题没那么简单，根据企业给员工提供工作餐的情境不同，答案也不同。有的情形下需要交个税，有的情形下不需要交个税。

14.12.1　不需要交个税的情形

以下两种情形员工不需要交个税：

（1）企业有自己的食堂，员工到食堂免费就餐，食堂为此发生的制餐费用属于集体福利支出，不需要分摊到员工头上，员工自然无须交个税；

（2）企业没有食堂，找送餐公司配送工作餐或让员工固定在某餐厅就餐（如在写字楼的食堂就餐），月底由企业与配餐公司或餐厅统一结算餐费，此时，结算的餐费不需要并入员工工资薪金计征个税。

这两种情形下，会计做账时的分录为：

借：管理费用（等科目）——职工福利费

　　贷：银行存款

稍加分析，你会发现上述两种情形有一个共同点，就是企业为员工买单的餐费没有打给员工个人。

14.12.2　需要交个税的情形

如果企业图省事，为员工提供免费午餐时直接给员工发放餐补，那就需要员工缴纳个税。例如，企业没有食堂，每月给每位员工发放300元午餐补助，员工自己付费就餐，这300元餐补就需要并入员工当月工资一并计征个税。

给员工直接发放餐补，会计做账时的分录为：

借：管理费用（等科目）

　　贷：应付职工薪酬

为了避免交个税，有的企业想出了变通的办法，如要求员工凭票报销，以报销餐费的方式为员工变相发放工作餐补贴。严格来讲，这种做法是不合规的，因为员工报销的餐费并不属于企业正常的业务招待费支出。税务很可能要求企业作纳税调整，将报销金额并入员工当月工资计征个税。

14.12.3 对误餐补助的严格规定

误餐补助需要交个税吗？税务出台的解释是不需要，但要符合误餐补助的定义。税务认可的误餐补助是指员工个人因公在城区、郊区工作，不能在单位或返回就餐，确实需要在外就餐的，根据实际误餐顿数，按规定标准领取的误餐费。可见误餐补助是针对特定人、特定情景发生的。如果单位以误餐补助名义给员工发福利，则应并入当月工资计征个税。

14.13　个税手续费返还须交哪些税

在线收听

个税手续费返还存在一些争议：

（1）个税手续费返还的所有权到底属于企业，还是属于企业办税人员；

（2）个税手续费返还，企业是否该确认收入，是否要交流转税和企业所得税；

（3）将个税手续费返还奖励给办税人员时，是否要交个税。

厘清了这三个问题，个税手续费返还的账务处理才能更清晰。

企业代扣代缴员工个税时，可以从税务机关取得个税总额 2% 的手续费返还。从来没有听说过有增值税手续费返还、企业所得税手续费返还，为什么会有个税手续费返还呢？原因在于增值税与企业所得税本身就是企业应缴纳的税种，而个税不是。个税是由员工缴纳，但由于税务向员工征税难度很大，于是就将这一责任转嫁给了企业。也就是说，企业为之代扣代缴个税，所以会给一点点的个税返还。

对于 2% 的个税手续费返还，很多财务人员都不清楚应该如何进行账务处理与税务处理，对此有诸多疑惑。

14.13.1 是否要交增值税

企业所取得的手续费返还严格来讲应按服务业中的代理业计征增值税。部分省市对此作了明确的征税规定，要求企业代扣代缴个人所得税取得的手续费收入应缴纳营业税，"营改增"之后，自然改为征收增值税了。

现实情况是，该笔收入是企业从税务机关取得的，因而模糊了征税概念。多数税务机关未对这一笔增值税进行实际征收，企业也未主动做纳税处理。如果企业没有交增值税，自然附加税也就漏交了。

14.13.2　是否要交企业所得税

根据《中华人民共和国企业所得税法》和《中华人民共和国企业所得税法实施条例》的有关规定，企业代扣代缴个人所得税取得手续费收入应缴纳企业所得税。对这一点，财务人员没有什么异议。

14.13.3　个税手续费返还的用途

按照规定，税务机关应根据扣缴义务人所扣缴的税款，付给 2% 的手续费，由扣缴义务人用于代扣代缴的费用开支和奖励代扣代缴工作做得较好的办税人员。因此，企业取得的代扣个人所得税手续费返还的用途有两种，一种是用于代扣代缴工作的管理性支出，另一种是用于奖励有关办税人员。

个税手续费返还用于奖励办税人员并非硬性要求，也并非要奖励全部相关办税人员。

14.13.4　奖励办税人员是否交个税

依据规定，个人办理代扣代缴税款手续，取得的扣缴手续费暂免征收个人所得税。

办理代扣代缴手续的相关人员获得个税手续费返还奖励的，无须就此交个税。如果企业将此款项改变用途，奖励给非相关人员，那么应并入员工当期工资薪金计征个税。

14.13.5　个税手续费返还的账务处理

企业收到个税手续费返还时要交流转税，在会计处理上，应记入"其他收益"科目：

借：银行存款

　　贷：其他收益

　　　　应交税费——应交增值税（销项税）

个税手续费返还在使用时，会计做账应记入"管理费用"科目。实际发放给办税人员时，会计处理如下：

借：管理费用——个税手续费奖励（张三）

　　　　　　　——个税手续费奖励（李四）

　　贷：银行存款

14.14　个人以技术入股须交哪些税

2014 年 3 月 1 日起执行的新《公司法》取消了无形资产出资比例的限制。这意味着个人以知识产权增资入股是完全合法的行为，而且在注册资本中的比重可以占到百分之百。《公司法》做这样的修订，用意非常明显，鼓励技术创新，鼓励个人将技术成果转化为商业用途。

14.14.1　以专利或专有技术出资的要求

个人以技术入股，通常情况下是用专利或专有技术出资，这属于非货币形式的出资，需要注意以下事项。

- 出资物只能是所有权而不能是使用权，首先，要求出资人应该是专利和专有技术的所有人，职务行为形成的专利或专有技术，因所有权归单位所有，是不能以个人名义投资入股的；其次，出资要做专利和专有技术所有权的变更，由个人变更到公司。

- 出资人只能是专利或专有技术所有权人，不能增加人也不能减少人，这主要是针对专利或专有技术由多人持有的情形所做的说明。

- 同一项知识产权不得对多个对象出资，因为涉及专利或专有技术出资的所有权变更。

- 评估结论与拟增资额要保持基本一致，不允许高值低入，也不允许低值高入。

- 外方技术出资的，如在所在国申请了专利权、而在中国未申请专利保护，只能以非专利形式出资并在出资前报外管局、商务局等审批机构备案。

- 用于出资的技术要与主业有关联性，这是为了避免虚假入资。

14.14.2　个人以专利或专有技术出资涉及哪些税

个人将自己的专利或专有技术出资入股，是不是意味着不用掏钱就能当股东呢？不完全是，企业虽不用你掏钱，但税务可能需要你掏钱。以专利或专有技术出资入股实质涉及两个步骤：其一，技术转让；其二，投资入股。还原这两个步骤后，就知道有好几道税等着你交！

（1）专利或专有技术转让应视同财产转让，要按特许权使用费所得缴纳个税，税率为 20%；

（2）专利入资需要到税务代开发票，要交 3% 的增值税；

（3）交了增值税就有相应的附加税。

14.14.3 个人以技术入股的税收优惠政策

有个问题，个人以专利或专有技术入股本身就带有风险投资的意味，未来是否有回报是不确定的。如果入资之初先要个人完税，大多数人可能会心生怯意，这显然有悖政府鼓励个人以技术入股的初衷。基于此种考虑，税务出台了两项税收优惠政策。

1. 出资时的增值税优惠政策

根据相关规定，转让技术成果属于销售无形资产，免征增值税。

这里所说的"技术"包括专利技术和非专利技术。申请免征增值税时，技术成果投资入股书面合同须经所在地省级科技主管部门认定并出具审核意见证明文件，报主管税务机关备查。如果增值税免征了，附加税自然也就不用交了。

2. 出资时的个税优惠政策

2016 年 9 月，财政部、国家税务总局联合发布《关于完善股权激励和技术入股有关所得税政策的通知》，落实个人非货币性资产投资有关个人所得税征管问题。自 2016 年 9 月 1 日起，个人或企业以技术入股可以选择递延纳税优惠政策，投资入股当期可暂不纳税，允许递延至股权转让时，按股权转让收入减去技术原值与合理税费后的差额计税。

【例 14-4】张三有某项专利，为取得该项专利，他累计支付费用 20 万元（需要有证据支持，要有发票和付款记录）。之后，他将该项专利作价 300 万元出资 A 公司，占股 10%。5 年后，张三将这 10% 的股份作价 1 000 万元转让，对此张三应交多少个税？

股价增值应交个税 ＝（1 000-300）×20%=140（万元）

补交专利转让个税 ＝（300-20）×20%=56（万元）

张三总计应交个税 =140+56=196（万元）

通俗地讲，技术入股出资时不用马上交个税，等到股权转让时再补交个税。

14.15　混合销售与兼营

混合销售与兼营这两个概念很容易混淆，它们在增值税处理上是不一样的，稍不留神就会酿成税务风险。

14.15.1　混合销售与兼营的区别

下面举两个例子来说明混合销售与兼营的区别。

例一：王先生在 A 商场买了一台空调，花了 5 000 元，该商场提供上门安装服务，收费 200 元。

例二：李先生也在 A 商场买了商品，他买了一台液晶电视，花了 3 000 元，该商场提供运输服务，可将电视机送货上门，另行收费 100 元。

对该商场而言，卖空调同时提供安装服务属于混合销售，卖电视提供运输服务属于兼营。

混合销售是一项销售中同时包括高低税率的增值税应税业务，如例一，卖空调就要负责安装好，卖空调与装空调是一贯的。兼营则是两项业务，如例二，销售电视的同时提供运输服务，运输服务完全可以独立，只是这两项服务由一家商场提供而已。

14.15.2　混合销售与兼营的税务处理

对于兼营行为，如果会计能够分开核算，可以依据交付类别按高低税率分别计算增值税。如上例，卖电视的增值税税率为 13%，提供运输服务的增值税税率为 9%。如果会计做账时不能把兼营行为分开核算，税务将从高征税。

混合销售一般看业务的主体是什么。如果是以产品为主，则从高缴纳增值税；如果是以服务为主，则从低缴纳增值税。例一中的空调安装需要从高按 13% 计算增值税。再如，我们找物业公司上门提供修理服务，在修理过程中使用的零配件如果单独收费，就可以比照维修服务从低按 6% 计算增值税。

对兼营行为做税收筹划比较容易，在签订合同时将两种或多种销售行为分开，会计核算时分别确认收入即可。

混合销售复杂一些，不能将之与兼营混淆筹划税负。以货物生产、批发或者零售为主的混合销售，税率从高计算增值税，严格来讲，不能通过会计做账分开确认收入来分项计税。

那么，对混合销售有什么好的税收筹划方法吗？如果一项业务同时有商品交付和服务交付的，我建议企业不妨另外注册一家服务公司，以两个主体分别与客户签订销售合同与服务合同。

14.16　发票管理日趋严格

我们先看看发票管理是如何一步步严格起来的：

第一步，发票抬头实名制，一开始抬头要求填写企业全称，进而要求填写企业税号；

第二步，手写发票向机打发票演进，进而取消手写发票；

第三步，发票金额据实开具，逐步取消定额发票；

第四步，发票货品与服务名称写实化；

第五步，发票开具电子化，逐步取消纸质发票。

国家税务总局发布的《关于增值税发票开具有关问题的公告》，对增值税普通发票的开具做出明确规定，自 2017 年 7 月 1 日起正式实施。企业作为购买方索取增值税普通发票时，应向销售方提供纳税人识别号或统一社会信用代码。否则，发票将不得作为税收凭证用于办理涉税业务。这次发票新规几乎统一了增值税普票与增值税专票的开票约束。

税务对纳税人的监控，很重要的一个手段就是规范发票管理。接下来就给大家说一说我这 20 年会计生涯中见识过的发票新规。

14.16.1　发票抬头：全称 + 税号

现在不用抬头即可报销的发票越来越少了，最常见的是出租车票。

我刚参加工作那会儿，税务对发票抬头的规定没有现在这样严格，写企业简称即可。例如，"北京绿叶药业股份有限公司"简写为"绿叶药业"就行。企业简称虽说具有一定的识别度，但问题也很明显，发票可以在集团内串着用。

以前还有部分发票即便不开具抬头，税务也是认可的，印象最深的是汽车加油票。还有一些地方在发票上印了说明，发票抬头可以由消费方手工填写。这样的约定无异于发票可以不用写抬头。

不得不说，税务总能及时发现弊端。不久，税务总局就出台了规定，要求发票必须开具企业全称。分公司如果独立核算，发票也不得与总公司串用。

14.16.2　发票开具：手写到机打

手写发票现已退出历史舞台，如今开具发票的方式有两种：机打发票和定额发票。

机打发票需要电子技术配合，从手写发票到机打发票递进经过了漫长的过程。机打发票的开票信息要上传税控系统，最大的好处是有利于税务管理与监控。

定额发票使用方便，不足是没有抬头，可以串用。以前在麦当劳、肯德基用餐都能索取到定额发票，现在麦当劳、肯德基已没有定额发票了，用餐后要自己扫码开电子发票。今天定额发票适用范围在一点点缩小，已经很少见了，大概就剩下景点门票、公交发票以及公交充值发票等几种。

14.16.3　发票盖章：唯一

前段时间有个经济纠纷，当事人贴出了几张学费发票，但这几张发票盖的是财务专用章，当时还引起了网络上有关这几张发票真伪的讨论。

1993 年发布的《中华人民共和国发票管理办法》规定，开具发票要加盖财务专用章或发票专用章。按照当时的规定，开发票时盖"财务专用章"与"发票专用章"均可。

2011 年 2 月 1 日起施行的《发票管理办法实施细则》规定，开具发票必须加盖发票专用章。此后不能再盖财务专用章了，开具发票只能盖发票专用章。

财务工作免不了要跟发票打交道，对发票的合规性审核，其中有一项就是看发票的盖章。按照现行规定，发票盖章出现下面这些问题的，发票须作废：

（1）以盖财务专用章代替盖发票专用章；

（2）同时盖财务专用章和发票专用章；

（3）发票抬头错了，修改抬头后，在修改处盖发票专用章；

（4）盖的发票专用章不清晰；

（5）发现发票专用章不清晰后，重新盖一次；

（6）盖旧版的发票专用章，或同时盖新版、旧版发票专用章。

发票盖章虽是小问题，却不可不讲究。一方面，它体现了财务工作的规范性；另一方面，也体现了财务人员的涉税风险意识。

14.16.4　发票名目：写实

《国家税务总局关于增值税发票管理若干事项的公告》（国家税务总局公告 2017 年第 45 号）规定，自 2018 年 1 月 1 日起，纳税人通过增值税发票管理新系统开具增值税发票（包括增值税专用发票、增值税普通发票、增值税电子普通发票）时，商品和服务税收分类编码对应的简称会自动显示并打印在发票票面"货物或应税劳务、服务名称"或"项目"栏次中。例如，企业销售的是金项链，在开具增值税发票时输入的商品名称为"黄金项链"，选择的商品和服务税收分类编码为"金银珠宝首饰"。该分类编码对应的简称为"珠宝首饰"，则增值税发票票面上会显示并打印"＊珠宝首饰＊黄金项链"。

14.16.5　发展趋势：电子发票

电子发票的出现有着划时代的意义，它对会计领域具有以下影响：

（1）假发票可能会绝迹，会计圈的职业骗子们要失业了；

（2）会计核算有可能不再需要纸质单据的流转，财务人员审核单据可实现电子化；

（3）审计可以突破抽查的局限，以人工智能完成基础审计工作，审计结果可能会更精准；

（4）税务稽查可以由抽查过渡为全查，由线下过渡为线上。

14.17　电子发票对会计领域的深远影响

电子发票的普及将让财务大数据网络化、信息化，这将深远地影响会计核算、审计、税务等诸多领域。

14.17.1　扫清会计无纸化办公的障碍

无纸化办公符合绿色环保理念，也符合企业降成本费用的要求，因此一直被企业推崇。要做到会计无纸化办公，就需要尽可能减少会计纸质文档的传递。会计工作所需的纸质文档主要分为四类：

第一，发票收据类原始单据；

第二，内部的审批凭据；

第三，财务制作的会计凭证；

第四，打印存档的账表。

移动互联网时代，越来越多的企业将审批移植到了手机上，已经不再需要纸质审批单的流转。此外，会计凭证与账表是内部文档，做到无纸化并不难，关键取决于企业内控与信息系统被认可的程度，被认可程度高，完全可以实现纸质文档信息化。

近几年随着财务共享服务中心的兴起，很多人担心原始票据该如何传递与保存。现在的做法是快递公司寄送，汇集到共享中心。显然这种做法存在单据丢失的风险，且成本较高、不便查询。随着电子发票的普及，会计做账会更及时，也无须害怕遗失发票。会计做账与审计查询，通过阅读电子数据即可实现。

电子发票来了，如何防止重复报销？解决问题的思路很简单，但不能单单指望财务人员的责任心。现在是过渡时期，还只能靠财务人员眼睛识别，但可预见，未来财务软件与金税工程都会留出端口实现智能化处理。眼下的难题有个过渡解决思路：缩短电子发票报销时限，建立电子发票号台账。

会计无纸化办公的一大障碍是发票。一旦电子发票普及，这一障碍将自行消除。

14.17.2 加速会计核算人工智能化进程

如今阿尔法狗（Alpha Go）的完美表现会加速人工智能走进工作圈。未来有无可能实现会计做账全智能化呢？技术上是可行的。越是流程清晰，会计核算越容易实现自动化。未来的会计核算将很少需要人的判断和操作。通过标准化的流程，人工智能就能进行账务处理了。需要财务人员做的就是在一开始把规则制定好。把定好的规则输入到计算机中，后续系统将按照设定好的规则把所有的账务处理好。

现在移动办公平台与财务软件对接已不存在障碍，只待二次开发后，移动办公平台的审批就能自动生成会计凭证了，到时费用报销、采购、销售、生产成本结转的会计分录均可由系统自动生成。例如，报销费用只需在系统中输入报销信息，会计分录即可自动生成；再如，生产制造，从采购开始，领料、分摊、结转、入库，也能根据前端记录自动生成凭证。无疑，电子发票可以让信息对接更便利，更容易实现自动生成会计凭证。

14.17.3 颠覆审计抽样的局限

抽样审计不同于全面审计。全面审计是指百分百地审计被审计对象总体中的全部项目，并根据审计结果形成审计意见。而抽样审计是从被审计对象总体中根据统计原理选取部分样本进行审计，并根据样本推断总体并发表审计意见。

由于样本做不到完全杜绝人为因素，因此抽样审计具有天然的缺陷。甚至可以说，审计抽样是基于成本效益原则不得已而为之。要突破审计抽样，就必须解决审计成本居高不下的问题。人工智能可以解决这一难题。

审计抽样的主体工作集中在会计凭证上，再明确一点就是集中在发票审核上。电子发票替代纸面发票，对发票的审核方式自然要相应改变。随着人工智能逐步进入会计核算领域，人工智能亦可进入审计领域，会计核算可以做到无纸化，审计抽样也可以实现电子阅读。

2016年3月，世界四大会计师事务所之一的德勤（Deloitte）宣布，将与人工智能企业 Kira Systems 合作联盟，将人工智能引入会计、税务、审计等工作中，代替人类阅读合同和文件。当审阅发票这类简单重复的基础工作被人工智能取代后，全面审计有可能替代抽样审计。这将颠覆现有的审计理念，审计的结论会更客观。

相信随着人工智能日臻完善，它在审计领域将发挥越来越重要的作用。

14.17.4　突破税务稽查随机选案机制

与审计一样，电子发票普及后，税务稽查亦可实现全查替代抽查。

税务稽查因为有强大的国家意志做保证，电子发票无疑会对其有更深远的影响。以金税工程为例，金税工程由一个网络、四个子系统构成基本框架。一个网络，就是从国家税务总局到省、地市、县四级统一的计算机主干网；四个系统，就是覆盖全国增值税一般纳税人的增值税防伪税控开票子系统，以及覆盖全国税务系统的防伪税控认证子系统、增值税交叉稽核子系统和发票协查信息管理子系统。四个子系统紧密相联，相互制约，构成了完整的增值税管理监控系统的基本框架。

电子发票普及，意味着税务对企业的纳税监控可实现电子化、网络化、及时化、预警化。一方面会降低税务稽查工作的成本，另一方面也会提升税务稽查发现问题的准确性。这将极大地提高税务工作的权威性。

第 15 章　税收筹划与税务稽查

　　企业在纳税操作上存在诸多可选择项，有的选择项可以前置筹划，有的选择项可以在经营中筹划。可以前置筹划的选择项包括企业在什么地方注册、以什么样的形式注册，这些选择项往往和地方政府的税收优惠政策相关联。税收筹划有时夹杂着企业的私利与设计者的小心思。形形色色的税收筹划书籍与培训，教你的不过是税务知识，甚至仅仅是税务常识。很多因为财务人员税务常识欠缺而导致企业多交的税，企业却误以为通过税收筹划能解决。

15.1　税收筹划的误区

　　税收筹划是让很多财务人员觉得兴奋的话题。为什么这么说？因为有了税收筹划，财务人员感觉自身的价值得到了提升。现在很多企业要求财务为企业创造价值，怎么创造价值呢？最容易想到的方向有两个：第一，把企业的资金规划好，让资金创造一部分收益；第二，做好税收筹划，为企业减轻税负。这样一来，税收筹划顿时变得高大上了。

　　针对税收筹划，很多人容易陷入以下三个误区：

　　误区一，总以为税收筹划就是要给企业降低税负，实际上并非如此，税收筹划不见得能给企业减税；

　　误区二，没分清税收筹划和偷漏税；

　　误区三，自己没有吃透税法，当别人把政策用好时，误以为这是税收筹划。

15.1.1　税收筹划一定能给企业降税吗

税收筹划不一定能给企业降低税负，它的目标有以下三个。

1. 缩税基

如果企业交税时计税依据是 100 万元，想办法让计税依据变为 90 万元，那么筹划就是成功的。

2. 降税率

对企业来说，无论是所得税还是流转税，降税率都有一定的操作空间。首先，对于所得税，有些企业和地方是有相应优惠政策的，所得税税率不见得都是 25%；其次，对于流转税，营改增后，增值税税率分为很多档，如果产品的设计能把高低税率的交互分清楚，那么一部分收入就能适用低税率；再次，特定行业、特定地域、特定企业、特定产品、特定事项都可能有特定的优惠政策。企业只要把优惠政策用足了，就能直接降低税率。无论是缩税基还是降税率，都可以减轻企业的税负。

3. 延税款

若企业未能把应纳税额减下来，可以选择延迟纳税。例如，正常应该在当年 3 月交税，但是通过筹划，延迟到明年 3 月才交，这对企业来说是非常有利的。这也是一种成功的筹划。

15.1.2 税收筹划和偷漏税分不清

税收筹划和偷漏税虽然截然不同，但二者也有相同的地方，即纳税人心理上都是想少缴纳税款。偷漏税违法，税收筹划不违法。但要注意，税收筹划可能会因为对税法理解不透而违规。

15.1.3 未吃透税法，误以为不会税收筹划

财务人员应该多学习税法的相关知识，多研究一些案例。

税法里有很多条款都是企业能正常享受的税收优惠政策。对税收优惠政策没有记牢、没有用好、没有用足，结果多交了税，这是工作失误。这些失误都是因为财务人员基本功不扎实造成的，与税收筹划没有关系。税收筹划是指所有的优惠政策都用到了，可是还要"钻牛角尖"，为企业再争取一些利益。如果眼前的优惠政策都未能吃透，遑论税收筹划！

15.2 企业税收筹划的空间有多大

税收筹划的空间有多大？在回答这个问题之前，我们先探讨另一个问题，为什么存在税收筹划的空间？因为税法对企业的纳税规定并没有细化到每一个细节，所以企业在纳税问题上存在一定的可选择性，这就给税收筹划留出了空间。

15.2.1 税收筹划越早越好

企业在纳税问题上存在可选择性，例如，可选择企业的注册地（税收洼地），可选择注册形式（公司、合伙企业、个体户），可设计商业模式，可签署最恰当的合同条款，还可以选择最合适的会计处理方式……上述种种，只要企业理性选择，都有可能降低税负。

税收筹划要想做得巧、立得住，需要事先筹划，越早越好。这就决定了纳税问题上的可选择性要及早运用，不能拖。在商业模式设计环节能筹划的，就不要等到合同签署环节再去筹划；在合同签署环节能筹划的，就不要等到会计核算环节再去筹划；在会计核算环节能筹划的，就不要等到事后调账时再去筹划。

15.2.2 税收筹划主要立足的三类税

对企业而言，税收筹划主要立足三类税：增值税、企业所得税和个税。这三类税的筹划空间有多大，三句话即可概括。

第一句话，如果是单一实体企业，企业所得税筹划的空间就不大。

利用关联交易筹划企业所得税，是最常见、最灵活的一种操作方式。单一实体的企业先天不足，显然无法利用这一手段。

第二句话，如果企业的业务模式单一，增值税筹划的空间就不大。

业务模式多样化，可以在合同签订环节合理分配高低税率的交付。如果企业只销售一种产品或只提供一种服务，税率单一，筹划将无从谈起。

第三句话，如果企业把钱转到了个人口袋，个税筹划的空间就不大。

细细思量一下，你会发现针对企业的税收优惠政策很多，针对个人的税收优惠政策很少。因为政策支持不足，个税的筹划空间历来就很小。企业把钱转到个人账户，不管你绕多少弯掩饰，最终个税都是少不了的。

整体而言，集团型企业、大中型企业在纳税问题上选择余地较多，税收筹划的空间会大一些，纳税大户更易成为节税大户；小微企业就"可怜"了，选择余地有限，税收筹划的空间也非常有限。

15.2.3 灵活应用税收优惠政策

举个例子，企业将自己生产的手机发给员工作为生日礼物，该手机每台成本500元，出厂价1 130元（含税），对此该如何做账务处理呢？我估计90%的人知道该视同销售，50%的人能写出中规中矩的分录，10%的人知道如何不冤枉交两道税，5%的人在想办法变通后一道税都不交。

1. 视同销售

视同销售是教科书上的答案，无疑是正确的，但这个答案也是对企业最不利的。一旦视同销售，增值税（还会产生附加税）必须交，另外，送出的手机要当作员工福利处理，个税也必须交。

如果财务人员这样做账，估计会被企业负责人批评。有没有好的办法避免做视同销售处理呢？有人想走"歪门邪道"，把发给员工的手机当残次品入账。你想过没有，如果真这样做，残次品率会很高，毛利率将大幅下降，可能会被金税三期盯上。

能不能想出合理合法的办法，筹划此中的税负呢？

2. 不交个税

先退一步，有没有办法做到不交个税呢？有个建议应该可行，把手机作为企业的资产（低值易耗品或固定资产）入账，提供给员工使用。这样一来手机的所有权属于企业，员工只有使用权，自然不需要交个税。

不过，这样处理仍视同销售，增值税必须交。

3. 增值税与个税都不交

再进一步，有没有办法做到增值税与个税都不交呢？

把手机当作研发测试机处理，应该是个不错的思路，但有一个细节要注意，发给员工的手机不能是已经上市销售的型号。这样做显然不符合研发测试机的特征，税务很容易识破这种欲盖弥彰的把戏。

要做就做实。不妨将企业处于研发测试阶段、尚未上市销售的样机发给员工，规定员工要定期提交手机测试参数统计与信息反馈。这样一来，发给员工的手机就具备了研发测试机的属性，手机成本计入研发费用即可，增值税与个税都可以省下。

面对税收筹划问题，财务人员应有更宽阔的视野，不要拘泥于教科书式的答案。实务中很多问题都没有标准答案，关键在于你对税收筹划政策如何理解，只有真正理解了，才能做到灵活运用。

15.3 企业能切实用到的税收优惠政策

税收优惠政策本身就是企业能享受到的，如果因为财务人员专业知识欠缺而未能享受，之后做了补救，这是弥补前过，不叫税收筹划。企业能享受的税收优惠政策都有哪些呢？下面将做个梳理。

在线收听

15.3.1 增值税的税收优惠政策

增值税征收是比较严格的，所以能用上的税收优惠政策一定不能错过。

（1）小规模纳税人实行简易征收，征收率为 3%。

（2）纳税人提供技术转让、技术开发和与之相关的技术咨询、技术服务免征增值税。

（3）自 2016 年 2 月 1 日起，纳税人销售自己使用过的固定资产，适用简易办法依照 3% 的征收率减按 2% 征收增值税，但不得开具增值税专票。企业也可以放弃减税，按照简易办法依照 3% 的征收率缴纳增值税，这种情况可以开具增值税专用发票。

（4）营改增后，建筑业、房地产业的甲供材项目、清包工项目及老项目这三类项目适用简易征收，征收率为 3%。

（5）营改增后，出租旧的不动产，征收率为 3%。

（6）出口退税。

15.3.2 企业所得税的税收优惠政策

企业所得税的税收优惠政策主要体现在费用的加计扣除上，类别并不是很多。

（1）企业开展研发活动中实际发生的研发费用，未形成无形资产计入当期损益的，在按规定据实扣除的基础上，按照本年度实际发生额的 50%，从本年度应纳税所得额中扣除；形成无形资产的，按照无形资产成本的 150% 在税前摊销。

（2）根据现行规定，科技型中小企业开展研发活动中实际发生的研发费用，未形成无形资产计入当期损益的，在按规定据实扣除的基础上，再按照实际发生额的 75% 在税前加计扣除；形成无形资产的，按照无形资产成本的 175% 在税前摊销。

（3）企业安置残疾人员所支付的工资可以加计扣除（前提是要签一年以上劳动合同，不低于最低工资标准，持有残疾人证）。企业安置残疾人员的，在按照支付给残疾职工工资据实扣除的基础上，再按照支付给残疾职工工资的 100% 加计扣除。

（4）企业购置并实际使用《环境保护专用设备企业所得税优惠目录》《节能节水专用设备企业所得税优惠目录》和《安全生产专用设备企业所得税优惠目录》规定的环境保护、节能节水、安全生产等专用设备的，该专用设备投资额的 10% 可以从企业当年的应纳税额中抵免；当年不足抵免的，可以在以后五个纳税年度结转抵免。

15.3.3　个人所得税的税收优惠政策

个税优惠政策很多，但企业能用上的并不多。

（1）个人取得年终奖金应单独按照 1 个月的工资、薪金所得计算缴纳个人所得税。需注意纳税临界点，避免年终奖多 1 元，个税多数千。问题产生的本质是数学计算方式有误，应纳税所得额是按全年计算的，税率是按月计算的，速算扣除数却是按照每月计算的，相当于少减了 11 个月的速算扣除数。

（2）个人办理代扣代缴税款手续，按规定取得的扣缴手续费暂免征收个人所得税。

15.4　企业纳税人的身份选择

企业纳税人可对自己的身份进行选择，不同的选择会影响税负的高低。企业纳税人在身份上可以有哪些选择呢？

15.4.1　注册非公司制企业

公司制企业有双层所得税，企业有利润时，先交企业所得税；分红时，还要交个人所得税。如果注册为非公司制企业（合伙企业、工作室、个体户等），企业不用交所得税，只需股东交个税。

当然，你可能会提出质疑，在利润较高时，非公司制企业的个税税率会很高，分红时未必合适。针对这种情况，可以提前做好筹划。例如，创业者可以寻找税收洼地注册合伙制企业或注册工作室，这些地方对个税有优惠政策，工作室往往是核定征税，包干制，税负较低。

15.4.2 季度销售收入 30 万元以下

季度销售收入小于 30 万元，企业可以选择做或不做增值税纳税人。企业月销售收入在 10 万元以下或季销售收入在 30 万元以下的，免征增值税。如增值税免征，相应附加税也免征。

针对部分企业月销售额超过 10 万元，但季销售额未超过 30 万元的情况，允许纳税人在一个会计年度内根据自身实际选择变更 1 次（按月或按季）纳税申报方式。

15.4.3 年销售收入 500 万元以下

企业年销售收入在 500 万元以下的，可选择做增值税一般纳税人或小规模纳税人。如果小规模纳税人收入超过 500 万元，按税法规定应申请转为一般纳税人。不主动申请的，税务机关会强制将企业纳税身份转换为一般纳税人。如果企业年销售收入一直低于500 万元，但会计核算健全，能够提供准确的税务资料，也可以主动向税务机关申请变更为一般纳税人。

小规模纳税人一旦转换为一般纳税人，就不能再随意转回小规模纳税人身份了。因此，企业在做出选择前，务必要考虑清楚。单从增值税征收率与税率的比较来看，小规模纳税人有很强的税负优势。小规模纳税人要不要转一般纳税人，我的建议是，如果税务没强制要求，就不要急于转为一般纳税人。一般纳税人不是荣誉头衔，而是沉甸甸的税务负担，小规模纳税人要用足税负优惠待遇。增值税改革，"一定期限内允许已登记为一般纳税人的企业转登记为小规模纳税人"这一规定是全新举措。以往小规模纳税人转一般纳税人是"不可逆"的选择。这次出台的新规定有两大利好：

第一，让主动选择成为一般纳税人的小企业有了后悔的机会；

第二，经营规模萎缩的企业有了再次享受按较低征收率计税的优惠。

15.5 小微企业的税收优惠政策

有人形容小微企业是社会经济的毛细血管，虽个体微弱，但数量多，其作用不容小觑。据统计，小微企业解决了 80% 的就业，创造了 70% 的专利发明，贡献了 60% 的GDP，缴纳了 50% 的税收，对经济的整体贡献非常大。

15.5.1　小微企业的认定标准

目前，小微企业的认定标准放宽了，即企业资产总额 5 000 万元以下、从业人数 300 人以下、应纳税所得额 300 万元以下的企业，可以被认定为小微企业。注意，只有同时满足这三项标准，方能被认定为小微企业。放宽小微企业认定标准后，估计很多企业都可以被认定为小微企业。

15.5.2　如何用好、用足税收优惠政策

如何正确理解小微企业税收优惠政策，小微企业又该如何用好、用足税收优惠政策，说明如下。

1. 针对增值税的优惠政策是有前提的

无论是针对小微企业的增值税优惠政策，还是针对技术开发合同、技术转让合同的增值税减免政策，都有附加条件，就是只能给客户开具增值税普通发票。如果开具或代开了增值税专用发票，就不能享受增值税减免政策。原因在于，开具增值税专用发票后，客户可以认证抵扣。通俗来说，要想减免增值税，需要下游放弃抵扣增值税。如果增值税不用交了，相应的附加税自然也就不用交。

2. 企业所得税分两个区间计算

针对小微企业的企业所得税优惠，应纳税所得额上限提高到了 300 万元，分两个区间适用优惠。

第一个区间：应纳税所得额在 100 万元以下的，减按 25% 征收，征收率 20%，实际税率仅为 5%（25%×20%）。

第二个区间：应纳税所得额在 100 万元以上、300 万元以下的，减按 50% 征收，征收率 20%，实际税率为 10%（50%×20%）。

举例说明，如果某企业应纳税所得额为 150 万元，其中 100 万元的实际税率为 5%，只有超出 100 万元的那 50 万元，税率才是 10%，综合算下来，应交企业所得税 10 万元。

3. 地方小税种

资源税、城市维护建设税、印花税、城镇土地使用税、耕地占用税、教育费附加、地方教育附加等，由省政府决定，在 50% 幅度内减免。

4. 享受减税优惠要注意临界点

增值税按月纳税的，月销售收入超过 10 万元后，要全额纳税；按季纳税的，季销售收入超过 30 万元后，要全额纳税。年应纳税所得额超过 300 万元后，企业须按全部应纳税所得额缴纳企业所得税。也就是说，针对小微企业的税收优惠政策的临界点是起征点的概念，不是免征额的概念。

15.6 个税筹划虽难，并非毫无空间

一般而言，政府更愿意针对企业出台减税政策，针对个人的减税政策很少。因为政策弹性不足，相比企业所得税，个税筹划的空间极为有限。尤其是《个人所得税法》修订后，劳动性所得将按年计征个税，个税调节余地更小了。

15.6.1 挖掘个税筹划的主要渠道

细细挖掘，个税可通过以下几个渠道进行筹划。

第一，用足各类个税优惠政策。重点关注针对特殊专家、残疾人及烈士家属的优惠政策。

第二，争取地方的个税返还。某些地方为了吸引优秀人才、吸引企业注册，会出台针对企业高管、核心研发人员、高学历人员的个税返还政策。

第三，实行员工股权激励的企业，可以在工资与分红间合理调节，做到薪酬类个税与资本所得类个税加总后最低。

第四，利用年终奖单独计征个税的三年窗口期，合理配置月工资与年终奖，做到综合收入个税与年终奖个税加总后最低。

第五，工资外还有较多劳务收入的，可以注册个人工作室，争取核定征税。不过，这一做法存在问题，之前也出现过争议事件。如此看来，税费核定征收改查账征收是大势所趋。

第六，利用个税专项附加扣除的可选择项目，实现家庭成员整体税负最低。

整体而言，一般工薪族个税筹划手段较单一，如果所在单位不愿配合操作，筹划思想只能沦为空谈；对于创业者、企业老板来说，因为有较大的决策自由度，所以有一定的个税筹划空间。

15.6.2　在工资与年终奖之间调节收入

对纳税人而言，年终奖如何发，可以有三种选择。

第一，年终奖全部纳入综合所得，不单独计征个税。收入显著偏低的纳税人可以采用这种方法。例如，加上年终奖后，某纳税人年应税收入仍低于6万元的，年终奖不单独计征个税，无须交个税。现在增设了个税专项附加扣除，应税收入的总额度还能上升。

第二，年终奖全部单独计征个税。工资收入比较高的纳税人建议采用这种方法。例如，某纳税人月应税收入为8万元，个税税率已达到45%的上限，这时年终奖单独计征个税，可降低税负。

第三，年终奖中部分金额单独计征个税，部分金额纳入综合所得计征个税。现在这么操作非常灵活，只需从年终奖中拿出一部分计入当月薪酬即可。薪酬最后按年计征个税，汇算清缴，个税会多退少补。

年终奖如何发放更有利，纳税人可以做一下个税测算。如果单位发放年终奖，人力资源部与财务部不妨多费点心，帮助员工筹划个税。

15.6.3　合理利用专项附加扣除降低个税

2019年1月，估计各单位的财务人员都在为员工的个税专项附加扣除填报忙得不亦乐乎。

很多人质疑，既然是给工薪族降个税，为什么税务不直接多提高点免征额，而是要搞专项附加扣除这么复杂的操作呢？等你把专项附加扣除的表格填完一遍后，你就明白税务这么做的深意了。

一方面，税务可以采集到相关纳税信息的大数据，有了这些数据，可对个人主要支出进行监管，可对纳税人收入进行联查，甚至可以加强对住房租赁市场的监管。例如，住房租金专项附加扣除需要填报房东信息，这会让房东们紧张，担心会引起税务对房租收入进行精准监管，一旦严格要求，房东要就房租收入补交增值税、附加税、房产税和个税。

另一方面，推出个税专项附加扣除，以及实行个税按年征缴，这是最终实行个税以家庭为单位征收的过渡。个税以家庭为单位征收，这是国际惯例，也是大势所趋。以家庭为单位征收个税，是很复杂的操作，目前税务尚不具备一步到位的征管能力。引入专项附加扣除这个新事物，有利于培养纳税人用家庭支出抵税的意识，也有利于收集纳税人的家庭关联数据。

个税专项附加扣除,对纳税人而言,是一项说多不多、说少不少的"福利";对税务而言,是为加强税务监管下的一盘棋。

那么,个税专项附加扣除能进行税收筹划吗?当然可以,因为专项附加扣除的操作存在诸多的可选择因素,而可选择的地方就是税收筹划的方向。举个例子,员工在职读研,学费既可作为本人的继续教育专项附加扣除,也可作为父母的子女教育专项附加扣除。如果该员工当年还拿到了会计师证书,他的学费完全可以让父母去扣除,本人同时能享受考证的继续教育专项附加扣除。

15.6.4 股东分红好还是涨薪好

个税税率上限定为 45%,股东分红好还是涨薪好?股东在企业任职,他可以用领取薪酬的方式拿钱,也可以用分红的方式拿钱。假定股东工资很高(个税税率已达到 45%),若想多拿 10 000 元,企业需支付 18 182[10 000÷(1-45%)]元。若股东通过分红方式获得这 10 000 元,企业需付 12 500[10 000÷(1-20%)]元,另需多交4 545.5[18 182×25%]元企业所得税,合计支付 17 045.5 元。可见,分红比涨薪合适。如果公司为高新技术企业或享受企业所得税优惠的小微企业,优势就更加明显了。

15.7 如何筹划企业所得税

从企业所得税的计算公式(应缴纳的企业所得税=应纳税所得额 × 所得税税率)可以看出,筹划企业所得税可以着眼于两个方向:一是应纳税所得额,要想办法把应纳税所得额降下来;二是企业所得税税率,要设法把税率降下来。

15.7.1 企业所得税筹划分析

应纳税所得额以会计利润为基础,但不能和会计利润画等号。原因在于,税法与会计准则立法精神并不一致,会计利润出来后会有纳税调整,纳税调整会导致应纳税所得额与会计利润偏离。

纳税调整主要涉及收入调整与成本费用调整。

(1)会计不认为是收入的,税务认为是收入,如视同销售,等于收入变大了。

(2)会计认可的成本费用,税务不认可或部分不认可;也有一种乐观的情形,税务允许部分费用加计扣除。

纳税调整会直接影响应纳税所得额，这就给企业所得税筹划留出了空间。

除非收入不入账，否则企业难以通过收入总额筹划企业所得税。一般来说，企业不会为了少交所得税而把收入做小，但增大成本费用在税前扣除的比例，让应纳税所得额变小，这是可为的。

15.7.2 企业所得税筹划方向

通过上面的分析，我们可以看出对所得税筹划大体有三个方向：一是成本费用，二是应纳税所得额，三是企业所得税税率。企业应如何做好企业所得税的筹划工作呢？下面就从这三个方向展开说明。

1. 成本费用

成本费用的纳税调整大致分为四种类型。

（1）不许扣。例如，发票不合规的费用、与经营没有关系的费用及违法违规费用（如少交税、滞纳金、罚款）等。

（2）部分扣。成本费用不允许全额扣除，如业务招待费、广告费、市场推广费等。

（3）延后扣。费用发生后，税务不允许在当期立即扣除，但延后可以扣除。例如，超过标准发生的职工教育经费及资本化的费用。

（4）加计扣。这是税务给的优惠，并不多见，主要有研发费用、残疾员工的工资、企业为环保做的投资等。

对于成本费用，企业所得税的筹划思路是：突出加计扣除，避免不许扣除和延后扣除。

2. 应纳税所得额

通过应纳税所得额筹划企业所得税，主要有以下三个思路。

（1）合理利用公司形式。例如，母公司打算在外地设立一个机构来经营，有两种选择：一种是设立子公司，另一种是设立分公司。如果预计新公司短期内不会有盈利，那么设立分公司可能更合适，理由是分公司可以与总公司合并在一起缴纳企业所得税。如果对公司前景没有太大期望，还可以选择合伙企业形式。合伙企业只需要交个税，没有企业所得税。合伙企业交税是先分后税，只有分到个人手里才交，不分不交，这显然比较有利。

（2）关联交易。对于关联交易，收入的确定要在签署合同的时候考虑进去，费用要想得更早，不能事后再找发票。利用关联交易筹划企业所得税是一柄双刃剑，这种做法很容易引起税务关注。企业在做关联交易时，定价策略是很重要的，一定要符合常理。

（3）用好税收优惠政策。常见的税收优惠政策包括研发费用加计扣除，残疾员工的工资加计扣除，技术转让减免企业所得税，安全环保、节能、节水设备抵免税额，具体内容见本章 15.3.2。

3. 企业所得税税率

对于做不大但又能赚钱的企业，可以考虑把企业维持在小微企业的规模。若企业销售规模扩大，可把企业拆分为二，继续维持小微企业的身份。拆分的好处有两点：

第一，企业所得税税率低；

第二，维持小规模纳税人身份，增值税的征收率也比较低。

总之，对于企业所得税的筹划，重在平时积累，日常税收筹划工作做到位，且做规范了，自然可以降低税负。

15.7.3 哪些营业外支出能在企业所得税前扣除

营业外支出给人的感觉是发生的费用与企业经营无关，因此它不能在企业所得税前扣除。但不尽然，仍有部分营业外支出属于例外，可以在企业所得税前扣除，下面就举例说明。

在线收听

1. 企业的捐赠支出

如果企业通过官方认可的渠道捐赠，在年度利润总额 12% 的比例范围内，捐赠额可以在企业所得税前扣除。

2. 企业经营性罚没支出

例如，拖欠货款、贷款支付的罚息，延期交付商品或服务支付的违约金，可以在企业所得税前扣除。但企业的行政性罚没支出记入"营业外支出"的，不能在企业所得税前扣除。

3. 企业债务重组的损失

例如，债务人经营前景不妙，财务状况堪忧，全额收回应收账款有困难的，债权人与债务人达成债务重组协议，协议中放弃的那部分债权就是债务重组的损失，债务重组损失可以在企业所得税前扣除。

15.8 财务费用里的增值税进项税能认证抵扣吗

财务费用核算的内容主要包括银行或金融机构手续费、贷款利息、存款利息（红字）、现金折扣、汇兑损益等。由于企业存款利息（红字）不需要确认增值税销项税，现金折扣与汇兑损益不牵涉发票，所以本书谈到的"财务费用里的增值税进项税"是针对手续费与贷款利息而言的。

15.8.1 贷款利息与手续费税前扣除的规定

按照历史惯性，银行手续费与贷款利息也没有发票，以往企业做账一直是凭银行提供的结算单据处理。银行提供的结算单据虽然不是正式发票，但税务是认可此类凭证的，以此计入财务费用后可在所得税前扣除。营改增后，情况发生了变化，一方面，税务要求银行给企业提供正规发票；另一方面，企业也有了索取增值税专用发票的诉求。

让银行给企业开发票这一要求在实际操作中是宽严相济，税务针对银行与金融机构分别做了规定，以入账凭据为例规定如下。

（1）企业向银行借款发生的利息支出，尚可凭银行利息单在税前扣除；企业向非银行金融机构借款发生的利息支出，需凭发票在税前扣除。

（2）企业发生的银行手续费支出，应以发票作为税前扣除凭证。

目前，企业向银行借款取得利息发票还存在困难，因此，暂时还可用银行利息单作为做账依据。

15.8.2 贷款利息与手续费增值税进项抵扣的规定

这里要明确一点，要想做进项抵扣，取得增值税专用发票是前提。光有银行提供的结算凭证肯定是做不了进项抵扣的。

1. 贷款利息

很确定，贷款利息对应的进项税不能认证抵扣。增值税抵扣范围是一步步放开的，刚开始期间费用的进项税不允许抵扣，购置固定资产的进项税也不准抵扣，现在部分项目可以抵扣，也许有一天贷款利息对应的进项税也可以抵扣了。

2. 银行手续费

企业收到银行手续费增值税专用发票，对应的进项税认证后能抵扣吗？这要分以下两种情况处理。

（1）如果手续费是涉及贷款业务的，与之相关的进项税是不能抵扣的。此外，向贷款方支付的与该笔贷款直接相关的投融资顾问费、手续费、咨询费等费用，其进项税额不得从销项税额中抵扣。这里有一个前提，上述费用是"向贷款方支付的"。如果不是向贷款方支付的，而是向第三方支付，那么进项税额允许认证抵扣。

（2）与日常业务相关的手续费对应的进项税可以认证抵扣。换言之，除贷款业务外，属于其他业务发生的手续费对应的进项税均可做认证抵扣处理。

15.9 汇算清缴时不能在企业所得税前扣除的费用类型

一年结束了，企业所得税汇算清缴少不了做纳税调整。企业所得税纳税调整的主要工作在费用调整上。下面列出的是不能在企业所得税前扣除，需要做纳税调整的费用类型。

15.9.1 因发票问题不能扣除的费用

1. 未取得发票的费用

会计强调实质重于形式，只要费用真实发生了，即便没有发票，会计做账时也应该把它确认为费用。但税务以票控税，如果没有发票，税务不会允许这类费用在企业所得税前扣除。

2. 发票不合规的费用

对于真实的发票，出现以下情形视为不合规发票，不允许在企业所得税前扣除：内容填写不全的票据、字迹不清的票据、有明显涂改迹象的票据、无发票专用章的票据、数量单价不明确的票据、金额不明确的票据。发票不合规和没有发票的性质是一样的，会计做账确认费用后，费用不得在企业所得税前扣除。

如果是虚假发票，包括"假的真发票"与"真的假发票"，也视作发票不合规，纳税调整处理同上。

3. 超过五年的发票

跨年的发票并非绝对不能在所得税前扣除。税务总局的规定是，企业取得跨年发票，在做出专项申报及说明后，准予追补 5 年。

4 总分公司串用的发票

对于这个问题，主要看分公司是否独立核算。如果分公司不是独立核算，分公司的发票可以到总部报销。如果分公司是独立核算，因两个主体纳税申报的地方不一样，税源不能搞错，谁的发票谁报销。

15.9.2 与生产经营无关的支出

企业所得税前扣除的成本费用要与企业的经营管理相关，与业务收入相关。

有个很有趣的案例：

某企业总经理非常信佛，他花 10 万元请回一尊佛像，并且取得了正规发票。财务人员在做账务处理时犯难了，这尊佛像应该记在哪个科目呢？因为这尊佛像不能给企业带来经济利益的流入，所以不适宜做固定资产。如果直接做费用，在管理费用、销售费用或营业外支出中，我个人认为计入营业外支出会更合适。同时，由于这笔费用支出与正常经营管理活动无关，因此企业所得税前是不允许扣除的。

通过这个案例展开来讲，凡是与企业经营管理活动无关的支出，如老板个人支出、家庭支出等均不能在企业所得税前扣除。如果此类费用在企业报销了还会造成偷逃嫌疑，一方面是偷逃个税，另一方面是偷逃企业所得税。

15.9.3 替别人支付的费用

例如，企业租用民宅，房东到税务代开发票，由企业承担税点；企业找个人借贷，支付利息时企业承担税点。这些税点本应由房东或债权人负担，这样操作等于企业替他们交税了。此类税费不属于企业的费用，会计做账时只能记入"营业外支出"科目，且不得在企业所得税前扣除。

15.9.4 通过非正式渠道做的捐赠

企业通过公益性社会组织或者县级（含县级）以上人民政府及其组成部门和直属机构，用于慈善活动、公益事业的捐赠支出，在年度利润总额12%以内的部分，准予在计算应纳税所得额时扣除；超过年度利润总额12%的部分，准予结转以后三年内在计算应纳税所得额时扣除。

如果不是通过上述渠道做的捐赠，捐赠不得在企业所得税前扣除。

15.9.5　企业计提的资产减值

税务一般不允许资产减值在企业所得税前扣除。以应收账款为例，计提的坏账准备是不可以税前扣除的，在汇算清缴时要调增应纳税所得额，只有实际发生的坏账损失经税务机关批准后才可以税前扣除。

什么是"实际发生的坏账损失"呢？其能得到税务认可的条件很苛刻，需要企业有确凿证据表明应收账款收不回来了，如证明债务人死亡、负债企业破产等。

15.9.6　行政罚没支出

企业在经营管理过程中由于"行为不检点"，可能会有罚款支出，这些罚没类支出税务上一般不允许税前扣除。具体包括：

- 违法经营的罚款和被没收财物的损失；
- 各项税收的滞纳金、罚金和罚款；
- 行政性罚款，如因消防安全做得不好而造成的行政罚款。

15.9.7　允许部分扣除的费用

有些费用只允许部分扣除，最常见的当属业务招待费。业务招待费按发生额的 60% 扣除，最高不得超过当年营业收入的 5‰。估计税务并不鼓励企业发生业务招待费，因而对业务招待费在税前扣除有严格的规定。

15.9.8　部分费用限额扣除，超过限额部分可以延后扣除

例如，职工福利费超过当年工资总额 14% 的部分，不得在企业所得税前扣除；职工教育经费超过工资总额 8% 的部分，不得在企业所得税前扣除。超过部分可无限期向以后纳税年度结转，继续按前项规定扣除。

再如，纳税人每一纳税年度发生的广告费支出不超过营业收入 15% 的，可据实扣除；超过部分可无限期向以后纳税年度结转。但粮食类白酒广告费不得在税前扣除。

15.10　应对税务稽查不能 "怕"

税务稽查或许对企业和老板是 "一劫"，但对财务人员来说，未必是不幸，我倒觉得税务稽查对财务人员的能力提升有帮助。企业财务也许真的存在问题，经过税务稽查，一方面财务人员得到了历练，会对纳税风险把握得更准确；另一方面也能增强企业老板的税务风险意识。

15.10.1　税收征管和稽查是两条线

财务人员要先明确一点，税收征管和稽查是两条线，平时和企业打交道的是征管这条线。例如，税务的专管员，就是征管这条线上的。征管平时会对企业的纳税工作进行指导，可是真正要查企业的是税务稽查。稽查和征管互相独立，征管人员一般固定不变，稽查人员则随机构成。税务稽查一般不直接面对企业，也许五年、十年企业才能赶上一次稽查。

15.10.2　纳税问题追责适用追溯制

什么是追溯制？通俗来说就是税务稽查时若查出企业当年的纳税有问题，会往前推，查看以前年度有没有类似的问题；如果有，要一并揪出。一旦税务稽查查出问题，是要新账、旧账一并算的。

15.10.3　会计为何怕稽查

财务人员一般都害怕税务稽查。对企业来说，税务人员兼具两层身份：第一层身份，代表国家征税，企业必须遵从其要求；第二层身份，税务人员是公务员，要为企业服务。财务人员怕的是税务人员的第一层身份，一怕处罚权，二怕自由裁量权，三怕日后的监督权。

1. 税务的处罚权

企业的会计账难免有些纰漏，甚至多少有些 "猫腻"，对此财务人员往往会心虚，总担心企业被税务盯上、被税务查到、被税务处罚，自己也会因此受到牵连。

2. 税务自由裁量权

对一个纳税事项做解释的时候，税务既可以做出对企业相对有利的解释，也可以做出对企业相对不利的解释。财务人员害怕税务把所有不利的解释都摊到企业头上，导致处罚结果偏重。

3. 税务日后的监督权

有些财务人员不敢与税务争一日之长短，因为日后还需继续接受税务的监督。

15.10.4 面对稽查的心理变化

面对税务稽查，财务人员的心理变化可总结为三个字：怕，恨，敬。另外，还要做到第四个字"近"。

1. 怕

财务人员不知道税务为什么来，来了不知道会查什么、可能会查出什么，所以怕。其实大可不必，税务稽查为什么来？来总有来的道理。国家税务总局有各种随机选案机制，碰巧被抽中了所以来；企业行为不端，被举报了所以来；纳税数据有悖常规，被风控分析出比例异常了所以来；对某个行业进行整治所以来。

2. 恨

为什么恨？不管怕不怕终究得来，来了只能悉心应对。看到税务稽查人员不停地查账纠错，就感觉是"过来找茬"的，财务人员的"恨意"油然而生。

3. 敬

恨归恨，来也来了，查也查了，"骨头"也挑了，事情总算了结了，就想着客客气气地道别，敬而远之。如果不是被举报或者国家税务总局统一安排行业检查或专案检查，税务稽查完结后一般五年之内不会对同一纳税人重复稽查。

4. 近

与税收征管人员不同，税务稽查人员平常不会与纳税人直接接触，企业与他们联系的机会不多。既然摊上了税务稽查，建议不要轻易"放过"税务稽查人员，他们对企业的认知相对全面，是税务机构里专业的老师。如果企业想在税务稽查之后提高税务处理水平，就要做到第四个字"近"，即主动走近税务稽查人员，多咨询、多交流，通过向税务稽查人员学习，使自己的知识与技能得到提升，让企业与纳税规范的要求贴得更近。

15.10.5　税务稽查为什么找上你

企业被税务稽查主要基于以下几个原因。

（1）国家税务总局有各种各样的选案机制，如果你的企业碰巧被抽到了，税务稽查就会来查。由于企业数量众多，税务人力有限，抽样不会太多，因此企业被随机抽中的概率较低。

（2）国家需要对某个行业进行整治，恰好是你的企业所处的行业。行业风险属于系统性风险，因为这类稽查不是针对某一家企业，而是针对企业所处的行业。

（3）企业的纳税数据有悖于常规。企业的纳税总额、税负比率和业务规模不匹配，与同类型、同行业偏差较大，这都是有悖常规的。税务的风控如果分析出你的企业纳税数据异常，税务稽查很可能就会查到你头上。

（4）企业行为"不检点"，被举报了。企业存在偷漏税行为，被内部人员、竞争对手举报了。如果证据充分，税务稽查自然要来查你。

（5）企业纳税不规范。企业内部账目做得不清不楚，报税不及时，或者开票有问题，引起了税务的警惕，这时税务稽查可能会过来查你。

15.10.6　怎样看待稽查结果

孔子的学生曾参因为种瓜误点被父亲打了一顿，不省人事。曾参苏醒后并未因此愤愤不平，他想顺着父亲，就当让他出出气好了。孔子知道后非常气愤，极其不认可曾参的做法，孔子的主张是"小杖受，大杖走"。

把这个故事借鉴过来，会计可将之视为应对税务稽查的立场。一般而言，税务稽查总能找出问题，如果惩罚轻微，建议企业不要争辩，用虚心的态度主动承认没有做好，财务人员对税法理解不深，不要因小额罚款跟税务过度争辩。如果税务稽查找出了重大问题，处罚力度很大，若企业认为自身有理，则不能一味迁就，要针对问题做出有理、有利、有节的分辩，尽量争取最有利的结果。

无论如何，企业不宜将自身与税务的关系搞对立，但并非放弃维护自身的合法权益。企业如果对税务稽查的结果有不同意见，可以通过合法途径表达诉求。应对税务稽查结果的关键还在于事实与证据，财务人员要做的是主动配合税务稽查，提供充分的证据，不用一味地怕税务、瞒税务。

第 4 部分

财务人员管理

第16章 财务岗位的责任与风险

> 由于企业规模不同，岗位设定也会不同。会计核算有严格的制度准则作规范，各企业大同小异；财务管理工作相较则显得宽泛，岗位设置也因各企业的具体情况和着重点不同而各有千秋。会计人身处不同岗位，会面临不同的风险。

16.1 企业财务岗位应该如何设置

企业财务如何分工？岗位如何设置？相信这些问题不仅财务负责人感兴趣，一般财务从业人员也会感兴趣。

16.1.1 企业财务岗位设置的原则

企业设置财务岗位需要遵循以下原则：成本效益原则、岗位不相容原则、独立性原则。

1. 成本效益原则

成本效益是企业负责人最为关注的，财务岗位的健全、财务分工职责明确不是一蹴而就的，而是随着企业的成长与发展不断演进。

（1）初成立的企业规模小，不招聘会计，把会计账交给代理记账公司处理。

（2）随着企业规模扩张，企业会招聘一名会计人员，其身兼出纳、账务、税务诸多工作。

（3）等到企业初具规模后，企业成立财务部，设有会计、出纳岗，财务人员开始有了明确分工。

2. 岗位不相容原则

岗位不相容是企业财务管控的基本要求，即不相容岗位职责不能由同一人承担。例如，管钱的出纳和管账的会计要分开，这两个岗位不分开，一旦做假则很难被发现。因此，不相容岗位不分离，缺点是有问题不易被发现。

3. 独立性原则

当企业发展到一定规模时，财务和业务要相对独立，财务需要起到对业务的监督作用，财务人员要确保会计数据真实可靠。

这几个原则的侧重点与企业发展阶段息息相关。初创企业先要生存，更加侧重成本效益原则；发展中企业开始对企业内控提出要求，要求各岗位各司其职、职责分离、相互制约，这时更加侧重岗位不相容原则；当企业成长到一定规模时，财务工作就不仅仅是账务处理，还涉及业务监控，这时独立性就很重要了。

16.1.2　与企业发展阶段相匹配

企业财务岗位设置既不能滞后，也不宜超前。滞后会影响企业管理，超前会加重企业运营成本。

1. 小微企业财务岗位规划

小微企业的财务往往难以做到职责分离，甚至就只有一名会计，由老板亲属做会计的情形并不鲜见。会计相当于企业的"大内总管"，既要管财务，还要管人事、行政，偶尔也充当老板的参谋助手。

这种状况下，我给财务人员提两点建议。

第一，摆正位置，不是所有的问题你都能解决，也不是所有的变革你都能推动。财务人员往往责任心特别强，总想帮助企业去改进管理、规范流程。问题在于，你的想法需要获得老板的认同后才能推进。

另外，财务规范需要符合企业发展现状。例如，家财务，老板的钱和公司的钱不分，依据会计原则是不可以的。这样做不仅有税务风险，还有法律风险。可是，当企业规模较小时，企业需要资金供给，只能是老板不断拿个人的钱补缺口。此时，家财务是能维持企业运营最有效的做法。

第二，不要推脱财务以外的其他工作。当老板觉得你的财务工作量不饱和时，很可能让你兼做非财务工作。接受这样的工作安排可以增强你对企业的了解，提高你的整体工作能力。

2. 中等企业财务岗位规划

中等规模的企业大多会有一名财务负责人，头衔可以叫财务总监、CFO、总会计师、财务总经理……财务部一般由会计核算和财务管理两部分构成，各设一名主管，会计主管与财务主管。会计核算岗位主要包括一两名出纳及费用会计、总账会计、会计主管等多名会计。财务管理岗位主要包括职能预算、分析、项目管理及资金管理等。

3. 大型企业财务岗位规划

大型企业财务管理的特点是财务分工明确、制度完善、流程清晰，需要个人的职业判断比较少。我把大企业的财务人员分为五个层级：基础会计、中级会计、管理会计、高级会计和顶尖会计。

（1）基础会计：从事费用报销及开票这样的工作，往往是由会计新人或是学历一般的会计人员担任。

（2）中级会计：从事成本会计、总账会计、税务会计、结账这样的工作。从事这几种工作的人需要有一定的经验积累。

（3）管理会计：脱离会计核算，能独立应对预算、财务分析、项目管理这样的工作。

（4）高级会计：能够担任财务负责人的角色，能够给企业提出系统性的解决方案，帮企业进行合理的内控制度建设。

（5）顶尖会计：具有比较丰富的对接资本市场的经验，这类人往往是拟上市公司争相邀请的对象。

16.2　财务工作有哪些风险

曾有读者跟我说："我是一名学会计的大学生，在网上看到了一些会计职业风险分析，我感到很恐慌，害怕以后工作会出错，有点不敢从事这个职业了，我该怎么办呢？"这个问题估计许多人都心有戚戚。下面我就对财务工作风险做个梳理与总结。

16.2.1　法律风险：有承担刑事责任的可能

做假账、偷税、虚开增值税专票……都少不了财务人员的参与，这些行为都涉嫌违法犯罪。有些财务人员会发出委屈的声音，表示这些事情都是老板指使的、是老板授意的、是老板强迫的，不是其本意。但财务人员要知道，只要做了就涉嫌违法犯罪，就有承担刑事责任的可能。因此，无论内心多么委屈、多么无奈，底线意识不能丢。

16.2.2 经济风险：有承担赔偿责任的可能

有个真实的案例：

某公司出纳工作时接到总经理的 QQ 指使，让她转账 500 万元到某账户，出纳信以为真，立即照办了。后经核实，发现碰上了骗子。报警后，未能追回此笔款项。公司认为这是出纳个人的问题，向法院起诉出纳赔偿。法院判决出纳需承担赔偿责任。

实务工作中，财务人员少不了与钱和账打交道，一不留神就可能出错。例如，汇错款项、现金丢了、款转多了……都可能给企业造成直接经济损失，会被企业索赔。因此，财务人员在工作中切不可粗枝大叶，"严、慎、细、实"是做会计工作的基本要求。

16.2.3 决策风险：对自己的专业判断负责

财务工作是企业内控的重要环节，在企业诸多经济事项中都需要财务人员签署意见。实际上，财务人员因为对业务不了解或掌握信息不充分，未必就能做出正确的判断。这种"赶鸭子上架"的流程会让财务人员承担许多决策风险。

对于财务人员在决策时到底应承担什么责任，任正非认为，财务主要提供风险分析和揭示风险，财务人员只需对自己的专业判断负责。

综上所述，财务工作有其特殊性，职业风险较高，但不宜将风险妖魔化。财务人员对法律风险，要敢于说不；对经济风险，要磨砺性情；对决策风险，要坚守本心。

16.3 财务人员要正确认识自己的工作

财务部在业务部门眼里是后台部门，财务工作的价值需要通过业务来体现。因此，财务人员要具有服务意识，主动把业务人员当作自己的客户。财务工作要做到为经营服务，为一线服务，为作战服务。财务人员的服务意识要由被动变为主动，做到预先谋划、特事特办、事后规范。

16.3.1 财务工作不合时宜的表现

财务工作具有双重属性，既有服务又有监督，如何平衡好这两方面的职能是有难度的。所以，不少财务人员常常抱怨自己的工作不好干，易受夹板气。形成这种局面，抛开财务工作性质不说，财务人员也需要从主观上找原因。

1. 监督与服务对立

财务的服务职能与监督职能孰轻孰重、如何把握，这会影响到财务部的观感。根据我的观察，很多企业财务部的服务职能做得都不到位。财务部容易发生纠纷的窗口有两个：费用审核窗口、开票窗口。发生纠纷时，财务人员往往振振有词："你们的做法不符合财务制度的规定。"之所以会发生纠纷，我相信不是财务人员无理取闹。这种争吵即便财务人员有道理，但多少也会让人心生不快。

2. 滥用谨慎性原则

还有一个现象值得财务人员反思，就是滥用谨慎性原则。以资金支出审批流程为例，从企业内控的角度看，有三个人审批作相互牵制，资金支出的风险是能控制住的。那为何还需要设置一长串的审批人呢？

我曾写文章分析过这种情况。有些企业的财务部喜欢打着加强内控的幌子，肆意把签字流程拉得很长。多出来的签批大体属于三类情形。

第一，财务对业务思考不够，没有对有效签批人进行识别。本来只需要三个人签批，因为不清楚是哪三个人，结果就设计成了 13 个人签字。设计者的意图是只要 13 个人中包含了这三个人，风险就控制住了。

第二，把知情权与审批权混同了。有些领导需要知情，但不需要签批，财务在设计签批流程时，没有考虑此中差别。

第三，财务基于免责的考虑，故意增加审批环节以降低自身风险。

把简单的问题复杂化，这种机械地追求内控安全会极大降低业务运作效率。须知，滥用谨慎性原则的做法无异于给业务设置障碍。长此以往，财务部就成了别人眼中没事找事的部门。

16.3.2　财务人员应提升服务意识

华为财经管理部曾要求财经人员接受业务人员咨询时做到"首问负责制"。业务人员的电子邮件发给谁、电话打给谁，就由谁负责解答他的问题，即便这个问题不在自己的职责范围内，也是如此。无法解答时，有两种处理方式，一是咨询别人找出答案后告诉业务人员；二是告诉业务人员谁能解答这个问题，并对接好联系方式。

首问负责制的精髓是节省业务人员的时间，让他们能心无旁骛地在一线作战。财务人员身处后端要多担当，要为之分忧。

以无票报销为例，现有的情形如何规范，新出现的情形如何留出通道，这是财务人员要预先考虑的，并应在制度中予以明确。财务正确的做法应该是预先谋划、特事特办、事后规范。

（1）预先谋划：财务人员要主动走出去，了解例外事项，把例外事项的处理制度化、流程化，并通过培训向业务人员宣贯。

（2）特事特办：对于没有事先预料到的例外事项，要视情况履行例外审批程序，而不能拒绝了事。

（3）事后规范：对于新发现的例外事项，要及时总结，将之形成方法论，形成制度流程，将例外变成惯例。

财务与业务是一体的，财务工作的价值要通过业务来体现。业务在"攻城略地"时，财务不能隔岸观火、视若无睹，而是要勇于助阵，一起祝捷。因此，财务人员要正确认识自己的工作，放低身段，提高服务意识。

16.4 财务人员总加班是不是好现象

或许有人会调侃，相比失业，有班可加尚是值得欣慰的事情，至少证明有活可干，企业尚有可为。但针对财务工作来说，财务人员总加班并非好事。

16.4.1 财务部编制不足，活干不完

现在很多企业讲究"三个人干五个人的活，挣四个人的工资"，于是财务部的编制一再缩水。倘若三个人真"挣四个人的工资"也还罢了，只怕实情是"三个人干五个人的活，挣两个人的工资"。

如果是这种情况，人少事多的格局定了，财务人员当然要经常加班。

16.4.2 抓不住重点，工作瞎折腾

劳动节、国庆节、元旦或许是财务人员悲催的节日，因为要结账，免不了加班。难道这三个节日注定是财务人员的梦魇吗？记得我刚参加工作时，每逢这三个节日都要加班，大家都觉得这是理所应当的。第二年企业外聘了总经理，这位总经理不同意假期加班，一则他觉得放假就该让大家休息，二则他认为报表晚几天做出来不影响什么。

这位总经理定了规矩后，财务部在劳动节、国庆节、元旦就没再加班。之后发现，没加班也没耽误工作，没有影响企业的绩效。

后来我在一家大型企业集团工作，总经理要求财务部每天下班前上报当天详细的销售数据，财务人员为了统计数据，需要连线各门店负责人，门店负责人要找所有销售人员确认，果真是牵一发而动全身。要把当天的销售数据统计出来，财务人员不加班几乎是不可能的。我不知道这项数据总经理每天是否真看，看了是否真有用，但我认为他的要求是不合理的，即便日销售数据很重要，也没必要每天统计每天看。

把不急之务当紧急，把面子活当重点，会造成事情做不完的假象，财务人员自然要为此不断加班。

16.4.3 信息化手段跟不上，人工往上填

试想一下，如果没有财务软件和信息化技术，财务部需要多少人干活？加速信息化进程，把简单重复、规则性强的工作交给计算机，这会极大简化财务人员的工作。如果企业舍不得在信息化上多投入，又想把事情做到精细化、及时化，就需要财务人员把自己填上去，各种台账、Excel 表格、交接单必不可少，加班就难免了。

16.4.4 内控差、流程乱，矛盾都流向了财务部

很多企业内控管理差、业务流程乱，最终所有问题都流向财务部，表现在财务数据上。这些问题虽然会在财务环节显性化，但会被认为是独立的问题，于是财务人员不停补漏或拆东墙补西墙，永远补不完。对此，如果财务人员不是从源头上规范，只是见招拆招，所有的忙碌最后会被证明是治标不治本。随着企业扩张，业务扩大，问题会越来越多、越来越杂，财务部会越来越忙，财务人员为此天天加班也就不足为奇了。

16.4.5 违法乱纪，正常工作外还有编外工作

如果企业的财务管理、税务管理不规范，总做一些见不得光的事，财务人员等于增加了一份"编外"工作，这样的工作也会耗时耗力，问题越多，加班也就越多。

总之，以上几点造成的财务人员加班，都不是好现象，说明企业的内控管理与财务管理工作存在问题。当然，也有一些加班是难免的，例如，企业正处于转折期、调整期、升华期，会有阶段性（如半年末、年末）的加班需求。舍此，财务人员总加班可能就是"病态"了。

16.5 财务人员应刻意培养模板化思维

我们每次坐飞机都能看到空姐甜美的微笑，须知这种职业化的微笑是经过训练的。有人通过对比无数面部表情照片，发现人在微笑时露出八颗牙最好看，于是这成了一种职业标准。

微笑时露出八颗牙，这无疑是礼仪模板，模板化让我们看到了职业化。在工作中，模板化是输出的形式，无处不在。

16.5.1 如何实现模板化输出

以财务分析为例，分析报告可以是 Word 形式，也可以是 PPT 形式，不管用哪种形式，至少要统一体例，如逻辑、框架、排版、字体、颜色，这个体例就是模板。

让财务工作成果实现模板化输出，这是专业精神的体现，也是职业化的体现。例如，编制预算模板，要力争做到"四化"：

首先，要做到"傻瓜化"，让填写人一眼就能明了设计者的意图；

其次，要固化，待各预算单位填写后，格式固化可减少汇总工作量；

再次，要明细化，鉴于汇总后取数需要，设计模板时要尽可能考虑归集部门、产品线、区域、月度等多维度的数据；

最后，要实现智能化，模板应做得像小程序，能运算，可提醒。这样的模板必定是专业的，也是实用的。

16.5.2 模板化有利于经验的传承

任正非在"华为的冬天"一文中指出：

"一个新员工，看懂模板，会按模板来做，就已经国际化、职业化，现在的文化程度，三个月就掌握了。而这个模板是前人摸索几十年才摸索出来的，你不必再去摸索。各流程管理部门、合理化管理部门，要善于引导各类已经优化的、已经证实行之有效的工作模板化。清晰流程，重复运行的流程，工作一定要模板化。一项工作达到同样绩效，少用工，又少用时间，这才说明管理进步了。我们认为，抓住主要的模板建设，又使相关的模板的流程联结起来，才会使 IT 成为现实。在这个问题，我们要加强建设。"

通过仔细观察自己的工作输出，你会发现模板化输出多的地方我们的理解也更透彻。如果你觉得某方面形成模板很困难，这恰恰说明你尚未掌握这方面工作的规律性和逻辑性。平时多加练习，将工作模板化，它会让你的工作更加轻松，效率更高。

16.6 财务人员要不断提升自身价值

财务工作有些枯燥乏味，每月的报销、收付款、结账、报税、出报表、做分析，都是例行性工作，月与月之间不会有太大的差异。把财务人员的工作说得艺术一些，就是每天重复唱一首单调的歌。以记账为例，如果企业没有新的经济业务发生，2 月的凭证与 1 月的凭证差不多就是复写。

16.6.1 跳出工作的舒适区

一名财务人员大概经过两年左右的时间，就会进入工作的舒适区，一方面应付工作得心应手，另一方面又会感到莫名的恐慌，总担心自己的工作没有积累，未来缺乏成长空间。应该说，这样的顾虑与担忧不是杞人忧天，十年的工作履历就一定有十年的工作经验吗？不一定。如果一项工作两年就能出徒，工作十年实际是用两年的经验混了八年。这样的工作履历是不会有含金量的。

稍具规模的公司，财务部门都会有明确的岗位分工，岗位分工越细，工作上手就越快，但财务人员的经验积累会受限。如何面对这一问题？一方面，财务人员可以通过内部轮岗增加不同岗位的经验积累，提升自己的价值；另一方面，需要财务人员主动思考，在现有岗位上做出创新性的贡献，体现出自己的价值。

16.6.2 日常性工作与创新性工作

财务人员的工作大致可以分为两类：日常性工作和创新性工作。日常性工作是主体，是岗位职责明确要求的那些工作。日常性工作做得好不好，能反映出财务人员的岗位适应性；创新性工作做得好不好，能反映出财务人员的可塑性。换句话说，做好日常性工作是用人的基本要求，做好创新性工作则是人才选拔的基本要求。

对财务人员而言，什么是创新性工作呢？我把它分为以下五种类型。

1. 从无到有的工作

如果你到了一家企业，发现财务部既不组织开展预算，也不做财务分析，而你能把这些工作推动起来，实现从无到有，这自然属于创新性工作。实际上，在财务管理基础薄弱的企业，财务人员更容易在从无到有的工作推动中体现自身价值。

2. 对基础薄弱的工作进行改进

大多数情况下，我们需要推进的工作都会有一个基础，但有些基础可能太弱了。例如，税收筹划、内控建设、流程规划、制度建设……如果财务人员能发现其中的不足，加以改进、完善，这等于是站在前人的肩膀上搞创新。

3. 制定新的制度流程

企业在推进业务的过程中，会有很多问题是之前没有考虑到的或没有考虑成熟的，如果财务人员能对这些问题加以梳理，总结出其中的规律，并提炼出系统性的解决方法，制定新的制度流程，那么会将你的工作提升到一个崭新的高度。能独立编写财务制度的人，需要有丰富的实践、缜密的思维及良好的文字表达能力。

4. 工作经验总结输出

财务人员在日常工作中应多思考，在简单重复的工作中找到规律。例如，费用报销是最基础的工作，审核报销凭证都需要注意什么、最容易出问题的点是什么，这些你做过总结吗？如果能对此做个总结，将规则与问题点提炼出来，那么对今后的工作将有很大帮助。

5. 帮助业务改进管理

财务如果不能融入业务，那么提供的服务只能是低价值的。财务人员应通过对财务数据的分析，发现业务环节存在的问题，一起帮助业务解决问题。财务人员在成本控制、本量利分析、存货管理、应收管理、资金管理等方面是可以发声的，也容易做出成绩。

总之，仅仅能应付日常工作的财务人员要当心了，这些工作的个体差异小，可替代性强，若没有独特价值，很容易被更廉价的会计劳动力替代。因此，财务人员在做好日常性工作的同时，还要在创新性工作上多用点心，这样才能在职场中越走越顺。

16.6.3　会计实务思维的乐趣

"企业总部打算向子公司转让一批产品，以这批产品做增资，该如何操作？"

这个问题是我的一名学员提出的。我当时就想："天啊，怎么会有人提这样的问题，这种情形在现实场景中基本不会出现。"

这种问题也许只会出现在会计考试中，实践中财务人员都会变换思维，绕道而行。大家都知道非货币出资操作麻烦，会计考试的命题人或许想以此为题"刁难"考生。知道如何应对考试是好事，但若一味地把考试思维带到实务中就不妙了。

如果我是该企业的财务负责人，我会就此事向董事会建议，转让这批产品作为正常销售处理，总部以等额现金出资，出资款到位后，收回货款。这样操作，山还是那道山，梁还是那道梁，可路好走多了。

其实，在会计实务工作中，有些账务处理是可以变通的。例如，会计做账的基本原则是"有借必有贷、借贷必相等"，可实际上大多数会计都做过或见过只有借方没有贷方的会计分录。在确认利息收入时，很多老会计喜欢做两个借方的会计分录：

借：财务费用——利息收入（红字）

借：银行存款

为什么会这样做会计分录呢？这是老会计们为了方便以后提取历史数据用的"土办法"，看财务费用时只看借方发生数就可以了。

我总结了一下会计考试思维与会计实务思维的区别：会计考试思维强调正确性，追求标准答案；会计实务思维强调功利性，讲求实用。

会计实务没有考注册会计师那么难，试卷中的高难度知识点并非工作中的难题。实务中，大多数会计事项会重复发生，例外事项与新生事项并不多见。会计工作很大程度上就是把简单重复的事情做好，找到重复当中的规律，使之制度化、流程化、模板化。

实务工作不像考试要求得那么严格，它允许会计人员延迟处理、变通处理、纠错处理，这些便利的目的只有一个：把工作做好。因此，会计人员应从考试思维中走出来，转换为实务思维。

会计实务思维有无穷的乐趣，就看你愿不愿意琢磨！

第 17 章　财务经理人

CEO 是踩油门的，CFO 是踩刹车的。这句话很形象地说明了 CFO 应该如何配合 CEO 的工作。财务经理人的工作并不容易，一方面要服务业务，另一方面要监督业务。服务与监督集于一身，服务与监督同为一体，这对财务经理人的工作方法提出了挑战。"顶得住的站不住，站得住的顶不住"，体现的是智商与情商的碰撞。如果"顶"和"站"不能两全，无论选择哪样，都是职场的失败。提升专业水平是一方面，提升处世技巧是另一方面，财务经理人应力争做到既要顶得住，又要站得住。

17.1　财务总监的工作范围及其责任

企业要想充分发挥财务总监的作用，就必须对财务总监的职责和权限进行科学、明确的界定与规范。在确保实现财务总监工作目标的前提下，既不可盲目扩大财务总监的职权，又必须注意防止财务总监被架空，有责无权。

财务总监的工作范围大致可以分为三个领域：会计监管、财务分析决策以及与会计和财务相关的管理领域。

17.1.1　会计监管领域

在会计监管领域，财务总监应做好以下几项工作：

（1）对企业会计核算的合规性、真实性、可比性、一贯性等进行监督，审核企业重要的会计报表；

（2）依法检查企业财务会计活动及相关业务活动的合法性、真实性和有效性，及时发现和制止违反法律法规的行为，以及可能造成出资者重大损失的经营行为，并向董事会报告；

（3）组织开展企业各项审计工作，主要是对企业及各子公司的年度报表进行审计；

（4）依法审定企业及子公司财务、会计及审计部门负责人的任免、晋升、调动、奖惩等事项。

17.1.2　财务分析决策领域

在财务分析决策领域，财务总监应做好以下几项工作：

（1）对企业财务活动的合法性、真实性、有效性等进行监督；

（2）负责制定财务政策，做出资本预算与计划，并进行风险管理；

（3）参与审定企业的财务管理规定及其他经济管理制度，监督检查子公司的财务运作和资金收支情况；

（4）与企业总经理联合审批规定限额范围内的大额支出事项；

（5）参与审定企业重大财务决策，包括审定企业财务预决算方案，重大经营性、投资性、融资性计划和合同以及资产重组、债务重组方案，参与拟订企业的利润分配方案和弥补亏损方案。

17.1.3　与会计和财务相关的管理领域

虽然财务总监的主要职能是财务监督，但是监督总是寓于管理之中，财务总监在行使对企业筹资、投资、用资、耗资等一系列财务活动的监督职能时，总要与财务计划、成本控制、会计核算、财务分析等许多财务会计的具体组织管理工作紧密结合起来，因而财务总监也必然具有一定的管理职能。相关管理工作包括以下几项：

- 新产品的开发和定价；
- 对董事会批准的企业重大经营计划、方案的执行情况进行监督；
- 参与重大投资项目，制定战略发展规划等；
- 参与制订大量增减员工的计划等。

以上对财务总监权责的分析，界定了财务总监对企业财务活动事后、事中、事前三个阶段各自的权限。在事后，具体体现为记录、统计职能；在事中，体现为控制、分析职能；在事前，体现为预测、决策职能。

17.1.4　财务总监应承担的责任

权和责的对立统一是激励、约束的需要。为确保财务总监履行好自己的职责，企业必须明确其应承担的经济和法律责任。这些责任包括以下四项：

（1）与总经理一起对企业公布的财务报表的真实性承担责任；

（2）对企业因财务管理混乱、财务决策失误所造成的经济损失承担相应责任；

（3）对企业重大投资项目决策失误造成的经济损失承担相应责任；

（4）对企业严重违反财经纪律的行为承担相应责任。

17.2 子公司财务总监的绩效考核

目前，大型集团公司对子公司的管理都采取总经理与财务总监委派制或聘任制。因为集团公司有控股地位，子公司董事会的大多数成员往往都由集团高管兼任，名义上子公司的总经理与财务总监向董事会负责，但实质是对集团总经理、财务总监负责。单就财务总监来看，其工作可以视同向母公司财务总监与子公司总经理双向负责。从这一实质来看，子公司财务总监的职责是有别于集团总部财务总监的。因职责与负责对象不同，对子公司财务总监的绩效考核模式就有其独特性，方式、方法也应有所差异。

17.2.1 绩效考核的模式

集团公司下属子公司财务总监的选拔具有一定的特殊性，特殊之处在于他的聘任实体实质上是母公司（聘任的决定权更多取决于母公司的财务总监），子公司董事会只是履行形式上的聘任程序。在这种情况下，子公司财务总监的工作就需要对子公司总经理与母公司财务总监双方负责，子公司总经理与母公司财务总监自然就成了子公司财务总监的绩效考核主体，如图 17-1 所示。

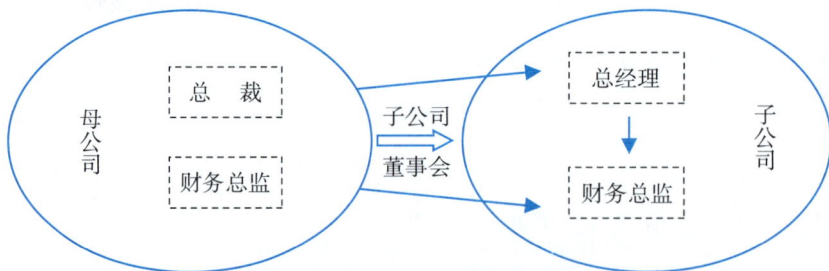

图 17-1 子公司财务总监绩效考核主体

以我曾经任职的集团公司为例，它们对子公司财务总监绩效考核的方式各不相同：有的采用子公司独立考核模式，有的采用财经体系独立考核模式，还有的采用母子公司双维考核模式。

1. 子公司独立考核模式

子公司独立考核模式是将子公司财务总监完全等同于副总经理，由子公司总经理年初确定财务总监的 KPI，年末再由总经理对标打分，确定财务总监的考核结果。这种模式实际是总经理全权考核财务总监，优越性在于有利于推进财务总监配合总经理工作，共同促进企业整体目标的完成；不足之处在于财务总监有可能为迎合总经理而对母公司赋予的监督职权不作为。

2. 财经体系独立考核模式

子公司（地区部）财务总监由集团财经体系选派，子公司（地区部）总经理对财务总监的遴选与考核无话语权。这种模式等于将子公司（地区部）财务总监考核全部集中于总部财务部和总部财务总监，有利于加强总部对子公司（地区部）的监管，不足之处在于割裂了财务总监与子公司（地区部）的利害纽带。

3. 母子公司双维考核模式

由母子公司共同对子公司财务总监进行考核，双方各占 50% 的权重，考核结果 70分以上为称职。子公司考核部分类似于子公司独立考核模式，母公司考核部分由母公司财务总监给子公司财务总监下达 KPI，年末逐项对标打分。母子公司双维考核模式实际是子公司独立考核模式与财经体系独立考核模式的折中。

从子公司财务总监工作应双向负责的特质看，我国企业的母子公司双维考核模式在理论上更严谨。但在实际操作中有一个问题需要考虑，就是两大考核主体（子公司总经理与母公司财务总监）的权重比例。不同发展阶段、不同经营状况的子公司，财务总监工作的重点是不一样的。例如，稳健发展期的子公司，财务总监应该致力于协助总经理完成经营目标；管理粗放的子公司或陷入经营困境的子公司，财务总监可能需要更积极地履行监督职能。也就是说，两大考核主体对子公司财务总监的考核权应有所侧重，否则可能导致无法公正地评价其工作成绩。

17.2.2　KPI 设置

要进行绩效考核，就必须设立 KPI。KPI 的遴选应充分考虑子公司财务总监的工作范围与职责。前文讲过，财务总监的工作范围可大致分为三个领域：会计监管、财务分析决策以及与会计和财务相关的管理领域。通过对这些领域职责的分解，不难归拢出子公司财务总监对其考核主体——子公司（总经理）和母公司（财务总监）——应承担的主要职责、义务以及其在考核期内应重点完成的工作。依据考核主体对子公司财务总监具体工作关注程度的高低，母公司和子公司可以分别给子公司财务总监下达 KPI。以母子公司双维考核模式为例，表 17-1 为某子公司财务总监承接的 KPI。

表 17-1　某子公司财务总监年度 KPI

序号	子公司（总经理）		母公司（财务总监）	
	KPI	权重	KPI	权重
1	建立（完善）相应的内控制度		按时、按质上报母公司要求的各类报表、报告	
2	编制财务预算并进行预算控制		完成年度审计，获得清洁（标准无保留意见）的审计报告	
3	为相关决策提供财务数据支持		对企业资金安全负责	
4	与银行、税务等建立良好的关系		防范税务风险	
5	参与制订和实施投融资计划		财务队伍选拔、培养	
6	对重大资金支出进行审批、监控		协助总经理完成财经指标	
7	对财务部日常工作、生产安全承担责任		母公司财务总监交代的其他工作	
8	……		……	
	合计	50%	合计	50%

17.2.3　绩效与薪酬

子公司财务总监和其他高管一样大都实行年薪制。年薪分基本薪酬与绩效薪酬两部分，这两部分的构成比例由董事会确定（绩效薪酬的构成比例一般不低于 40%）。总经理的年薪由董事会根据经营规模（收入、净利润等规模）确定，财务总监的年薪由总经理和母公司共同确定。实际操作中，副总经理、财务总监的年薪一般为总经理年薪的 0.5~0.9（见表 17-2）。高管年薪中的基本薪酬逐月发放，绩效薪酬根据年度绩效考核结果一次性发放，只有考核达到规定的要求时绩效薪酬才能兑现。

表 17-2　子公司高管人员的薪酬结构

金额单位：万元

职位	年薪总额		基本薪酬			绩效薪酬	
	系数	额度	权重	额度	月均	权重	额度
总经理	1.0	36.00	50%	18.00	1.50	50%	18.00
副总经理	0.8	28.80	50%	14.40	1.20	50%	14.40
财务总监	0.7	25.20	50%	12.60	1.05	50%	12.60

上述薪酬结构在业界大同小异，但兑现方式却各有不同。

除了像华为公司这样将财务机构设置成独立体系的情况外，实际上子公司财务总监的薪酬与总经理的薪酬大多是正向强相关的。子公司财务总监能拿到多少绩效薪酬取决于三个因素：

（1）年初设定的绩效薪酬额度；

（2）自身的绩效考核结果；

（3）总经理（子公司）的绩效考核结果。

这三者中最关键的因素是第三项。这种薪酬体系体现了团队对子公司业绩负责的思想，有其科学性与合理性。

对子公司财务总监采用何种绩效考核模式和薪酬模式是母公司规范子公司管理、加强财务监督的重要手段。基于子公司财务总监的特殊属性，他宜于接受两维（子公司与母公司）考核，以考核结果作为兑现绩效薪酬的依据。具体操作中，子公司财务总监的绩效薪酬兑现既要体现团队负责的理念，又要吻合其双层身份的特质，兼顾二者才有利于提升其绩效考核与薪酬体系建设的科学性和合理性。

17.3 财务总监履新该如何开展工作

履新是指财务总监到一家新企业任职或者刚被提升到财务总监的位置上。财务总监履新欲立稳脚跟，建议分三步走：

第一步，三缄其口，多观察、多倾听、多客套，切勿随便发表意见；

第二步，抓基础、抓细节、找共识，做一些明面的、大家都认可的改进；

第三步，找一个薄弱点，争取总经理的认同，重点突破。

第一步是为了了解情况，第二步是为了获得认可，第三步是为了证明价值。

新官上任，财务总监往往会有一种无形的压力。因为到了一个新位置，每个人都希望能在最短的时间内得到上上下下的认可。要得到认可，就要做出一定的成绩，以此证明自己的能力。越是这样，财务总监履新时如何开展工作、如何高效地做出成绩就变得越重要。

17.3.1 不要急于表现

初涉财务总监职位或空降履新，熟悉情况非常重要。在熟悉情况之前，财务工作宜先按照以前的流程开展，不要急于变革。运转一段时间后，再琢磨现有的做法有无弊病，有无改进空间。只有了解了情况后，才有可能提出有针对性的、可行的改进方案。即便如此，改进也不宜马上施行。因为很多的弊病并不是你来了才被发现，很可能企业早就知道了。知道了还解决不了，自然有解决不了的原因。

17.3.2　优先解决总经理最着急的问题

财务总监应该优先解决总经理着急的问题，而不是自己发现的问题。先解决了企业的难题，等于是向企业证明自己的能力，这样做下来更容易获得总经理的认可和信任。财务总监应先在企业找到立身之本，然后再循序渐进地向总经理提出更多的建议，争取获得更多的支持。

17.3.3　工作推进要先易后难

企业需要改进的工作千头万绪，如何排列优先顺序，应遵循以下几个原则。

1. 优先做个人能控场的工作

这类工作局限在财务部内部，不需要跨部门配合，也不需要领导授权。例如，会计合规性、资金管理等，改进的阻力小、变革的风险低，做好了，能让财务部的工作面貌焕然一新。新晋财务总监易在下属面前塑造一个务实的形象。

2. 制度与流程依需要而建

制度与流程建设是内控方面的工作，做好了，能降低财务总监工作的风险。无疑，制度流程建设非常重要，但要注意了，别指望一口气吃成胖子。一家企业如果管理粗糙、制度与流程欠账太多，建立时要循序渐进，需要给大家一个认可、熟知、接受的过程。制度建设要一步步来，先易后难。这个"易"是指普遍接受的制度流程优先订立。

3. 财务管理类工作随着对业务的熟悉逐步到位

预算、财务分析、税收筹划等工作，需要对业务熟悉后才能做得接地气。不了解业务，财务管理会搞成"假、大、空"。财务总监要主动切入业务，逐步建立自己的话语权，让业务觉得财务工作是有价值的。

17.3.4　站稳脚跟后才能搞变革

变革难，管理方面的变革更难。变革要打破旧的利益格局，如果尚未站稳脚跟，就去搞管理变革，可能的结果是：（1）提了无人附和；（2）变革思想得不到总经理的支持和认可。

这样一来，等于"放空炮"，把自己架到火上烤。这会让财务总监在新单位的形象黯然失色。所以，财务总监在站稳脚跟和得到广泛支持前，不要试图搞管理变革。

17.4　CEO 与 CFO 的矛盾探源

如果对 CEO 做一项调查，让其对与之搭档的 CFO 做满意度评价，大多数的 CEO 可能评价不高。反过来，大多数 CFO 与 CEO 合作时也是如履薄冰。有 CFO 曾恳切地说，如果 CEO 与 CFO 关系欠佳，一定是 CEO 让 CFO 为难了，CFO 又没能让 CEO 如愿，因为相反的情形很难出现。这一描述道尽了 CFO 们的衷肠。

CEO 与 CFO 究竟容易在哪些地方、哪些时候产生矛盾呢？以我与同行们交流的经验归置，矛盾的焦点主要在以下几方面：

（1）"做"业绩，特别是年底绩效考核时，CEO 没干出业绩，却逼迫 CFO "做"出业绩；

（2）少交税，民营企业较多见，CEO 枉顾 CFO 的职业判断，硬性要求所谓的税收筹划；

（3）预算控制，CFO 让 CEO 花钱不那么痛快；

（4）资金管控，CEO 的投资、采购、赊销计划 CFO 不认同；

（5）风险偏好，CEO 与 CFO 对风险收益的看法不一致；

（6）内控建设，完善内控实际是降低了 CEO 的权威，有的 CEO 对此会有抵触；

（7）性格、阅历差异等，也不乏义气之争。

产生上述这些矛盾的原因是多方面的，有宏观层面的原因，如企业正处于转轨期；有职业经理人市场发展不均衡的原因，如 CEO 职业市场缺失，CFO 职业定位不明；也有公司法人治理与内控制度不健全的原因；还有 CEO 与 CFO 性格上的原因，如对风险的偏好等。下文将就这些原因具体阐述。

17.4.1　CEO 职业市场尚未形成

改革开放以来，我国会计教育得到了长足的发展，国企、民企、外企、事务所这

"四驾马车"运载了无数成熟的财务经理人，特别是在 20 世纪 90 年代初，大规模人才流动成为现实，我国的职业 CFO 市场已基本形成。但很遗憾，职业的 CEO 人才市场还未见端倪，原因很简单，国企的 CEO 有些类似行政官员；民企的 CEO 一般是家族式传承；外企数量有限，难以影响大局。

因为 CEO 群体未能实现职业化，导致了这个群体的大部分人对企业理念、法人治理、内部控制、财务管理、风险管控认识不到位，现代企业管理的知识储备欠缺、理念滞后。官本位思想、老板心态、市井气作祟，使 CEO 在企业运营上会偏离本位，这时如果 CFO 有心纠偏，可能适得其反。

17.4.2 CFO 职业定位不明

有人形容 CEO 与 CFO 是"一根绳上的蚂蚱"，业界公认的二者关系应该是"战略合作伙伴"。"一根绳上的蚂蚱"表明了 CEO 与 CFO 存在共同的利益纽带，"战略合作伙伴"的定位则要求二者相互尊重、相互支持，在沟通中建立互信，达成共识。

西方企业 CFO 是仅次于 CEO 的二把手，普遍将 CFO 视为 CEO 的后备人选。而我国企业的 CFO 80% 以上在经营班子中排名最末，只是作为一名懂财务的技术干部而存在。把 CFO 视同总会计师无疑是降低了 CFO 的地位。

正因为 CFO 的地位被有意无意地降低了，加之 CFO 的局限性，CEO 与 CFO 的对话自然不对等。当二者有矛盾时，CFO 要么委曲求全，要么一走了之。

17.4.3 法人治理结构不完善，董事会虚制

以独立董事为例，"独立不懂事，懂事不独立"的痼疾依旧存在。在公司董事会虚制的前提下，CEO 在企业中的权力往往难于监管和约束。仅凭借 CFO 一人对 CEO 进行权力的制衡显然勉为其难。

以预算和绩效考核为例，这两者都应是董事会的议决事项。如预算，企业经营班子应根据董事会下达的 KPI 制定预算并报董事会批准后执行，如果董事会在这一环节不作为，一旦 CEO 与 CFO 的预算管理理念不一致，针对预算的博弈将是无休止的。绩效考核更为关键，年初董事会制定的 KPI 如果不系统、不科学，年末考核时如果不客观，前文提到的 CEO 逼迫 CFO "做"业绩的情况将比比皆是。

17.4.4 内控不健全，CEO 权力无限扩大

到过华为公司的人都会对其严苛的规章制度惊叹不已。这种严格的规程减少了无数

的内部摩擦和在其他公司需要权变的智慧。时时、事事律己律人的内控模式减少了员工的无效作业，降低了华为的内部成本。事实上，企业越是规矩繁多，越是执法森严，经营运作反而越简单。

把这一道理放在 CEO 与 CFO 身上也是合适的。恰恰是因为企业内部控制不健全，导致 CEO 提出某种不合规的财务要求时，CFO 无据可依，时常要面临非黑即白的两难处境。虽然 CFO 普遍意识到不应该对 CEO 言听计从，但绝大多数 CFO 仍担心与 CEO 的严重冲突会导致其"下课"。

因股权分散、信息不对称、所有者缺位等诸多原因，造成有些外企、民企、国企存在内部人控制和 CEO 权限不断扩大的现象。完善内控从一定意义上也可看成是抑制 CEO 权力膨胀的手段。完善内控很重要的一环是分权，通过分权实现权力的制衡。完善内控的举措在多数企业是由 CFO 负责推动的，这样在诸多 CEO 眼中 CFO 就成了分权和掣肘的"政敌"。有这种潜意识作怪，二者的矛盾就成为骨子里的了。

17.4.5　CEO 与 CFO 的风险偏好差异

"CEO 是踩油门的，CFO 是踩刹车的"，这一形象化的语言似乎展现了 CEO 一往无前的豪情与 CFO 战战兢兢的敬畏。转换成经济学语言，CEO 是风险偏好者、CFO 是风险厌恶者。这一说法有失偏颇。马云先生有句名言："CEO 的主要任务不是寻找机会，而是否定机会。"在马云眼里，CEO 要做的是不断地规避风险。

当一家企业渡过了草创期转入正轨后，避免投资失误远重于捕捉战机。很多知名企业陷入困境甚至破产，与过度"踩油门"不无关系。如果当时有 CFO 一记棒喝，CEO 能因此转圜，这些企业的危机或许能够避免。但事实很遗憾，当风险没有明明白白显现的时候，CFO 们尽管内心不赞成，表决时还是会举手；一部分 CFO 顶住了，却因此得罪了 CEO。

世界上没有完全的风险偏好者，也没有彻底的风险厌恶者，CEO 与 CFO 在风险偏好上的矛盾不是不能调和的。CFO 也没有理由将所有的抱怨都发泄到 CEO 身上，量化风险，多进行同理心沟通，"想 CEO 之所想，做 CFO 所该做"，相信二者最终会找到契合点。

17.4.6　总结

在企业中要实现 CEO 与 CFO 融洽的战略合作，而不是 CFO 唯 CEO 马首是瞻，尚有诸多功课要做。从宏观层面看，国家需要在《公司法》《会计法》中强化会计人的作用，提升会计工作的严肃性；从企业角度看，需要在法人治理结构中形成对 CEO 权力的多角制衡，拒绝"一言堂"，最好实现 CFO 面向董事会负责而不是向 CEO 负责；从 CEO 的角度看，需要加强其对公司理念与内控管理的学习，使用权力时常存敬畏、常怀戒惧；从 CFO 的角度看，CFO 需要树立大局意识、长远眼光，在进退之际把握好分寸，在快慢之间控制好节奏，不卑不亢。相信随着企业的不断发展，现代企业法人治理结构中的重要两环 CEO 和 CFO，一定会建立起战略合作伙伴关系。

17.5 子公司财务总监如何免受"夹板气"

子公司财务总监的工作难度比总部财务总监的工作难度大。为什么这样说？因为子公司的财务总监兼具双重身份。第一重身份，他由总部外派到子公司，代表总部履行监督职能；第二重身份，他要站在子公司的立场帮子公司总经理去完成经营目标，这是他的服务职能。当这两种职能发生冲突时，子公司财务总监就会陷入困境之中。

17.5.1 双重领导与双向汇报

子公司财务总监的工作具有双面性：第一，要代表集团履行监督职责；第二，要站在子公司立场协助子公司总经理完成经营目标。这两个维度决定了子公司财务总监具有受双重领导的属性，既要接受总部财务总监的领导，又要接受子公司总经理的领导。

我们可以对总部总经理、总部财务总监、子公司总经理、子公司财务总监这四个人划出两条管理线。

主线：子公司财务总监向子公司总经理汇报，子公司总经理向总部总经理汇报。

辅线：子公司财务总监向总部的财务总监汇报，总部财务总监向总部总经理汇报。

在这个管理结构中，总部的总经理居于塔尖，总部财务总监、子公司总经理都只需对其汇报。唯有子公司财务总监居于末端，既需要对子公司总经理汇报，也需要对总部财务总监汇报。

我们稍加思量就会发现双重领导模式有其天然的弊端。如果总部财务总监与子公司总经理的意见一致，子公司财务总监开展工作无恙；如果总部财务总监与子公司总经理的意见不一致，子公司财务总监很容易受"夹板气"。

17.5.2　子公司财务总监应有高情商

从管理原则看，一个人最好只对一个上级负责，这样汇报关系和管理线条最流畅。双重汇报关系导致子公司财务总监的角色定位尴尬，这种尴尬主要是由子公司财务总监的人事关系和利益关系决定的。

子公司财务总监的组织关系往往留在总部，但他的利益关系却在子公司。例如，子公司财务总监拿多少年薪及年终奖，多数情况下要与子公司的规模以及经营业绩挂钩。这样一来，他到底代表谁工作、要听谁的、怎样平衡个人的利益，有时会变得纠结。

能照顾到方方面面的利益不是件容易的事情，把所有利益关系都处理好并不轻松，因此，做好子公司财务总监需要具有较高的情商。

17.5.3　如何应对子公司总经理的非理性要求

子公司总经理理论上应该按照总部要求行事，但实际情况是个人的利益不见得和集团整体的利益总能保持一致，在这种情况下，如果子公司总经理有他个人的利益诉求，道德风险、逆向选择难以避免会出现。此时，他需要子公司财务总监的配合。子公司财务总监该怎么办呢？

子公司财务总监如果无原则地配合子公司总经理，这等于在隐瞒总部做不道德的跟风。现实在于，如果子公司的财务总监不听子公司总经理的意见，而是摆出总部相关规定对抗之，那么可能会与子公司总经理产生矛盾。因为子公司总经理拥有更多的话语权，可能会向总部投诉财务总监不配合其工作，或者说财务总监的工作能力不行，不能融入公司文化等。无论哪个理由，子公司财务总监都可能会因为子公司总经理的不满意而让工作陷入困境。

子公司财务总监一味地迁就子公司总经理也并非就是好的选择。子公司财务总监在处理冲突性事件时总需要有一个度。如果子公司总经理很过分，那么财务总监也不能一味地听从其要求。

总结一下，只要子公司总经理所作所为不违法违规，在不能劝服的情况下，子公司财务总监应尽量配合。如果事情处于违法违规边缘，子公司财务总监就要留心了，不可盲从。

很多情形下，子公司财务总监需要有足够的情商、智商做好平衡。从这点来看，对子公司财务总监的要求甚至比对总部财务总监的要求还要高。

17.6　财务部的副职如何配备

副职是正职的助手。如果管理幅度较宽，部门人数较多，就有设置副职的必要。通常情况下，副职需要选拔具有专业特长、做事细致的人担任。大大咧咧、不关注细节的人不适合做副职。

17.6.1　只任命副职，不设正职

有些企业在干部任命上存在一种情况，即部门只任命一位副职主持工作，而不设正职。这样任命干部，主要原因有以下几点：

第一，企业没有合适的人选能担任正职，留出空缺，等待合适的人选；

第二，现有的干部能力稍显薄弱，先任命为副职，给其一段缓冲期，待成熟后再任命为正职；

第三，将试用期的干部先任命为副职，待转正时再任命为正职。

华为有许多干部会被任命为"副职，主持工作"，这样任命当属第三种原因。华为这样做，不是因为这名干部能力不够，需要锻炼提高，而是因为其能力足够，但资历不够。在华为，"主持工作"就意味着要履行正职的所有权限、承担正职的所有职责，对其工作要求和直接任命为正职是一样的。可以这样说，任命干部为"副职，主持工作"，可视为华为在破格提拔干部。

17.6.2　副职的设置要有明确的业务分工

抛开副职主持工作的情形不计，财务部的副职如何配备呢？

首先，要明确财务部有无设置副职的必要。站在管理学的角度，一个领导的管理幅度可达七人，如果财务部只有三五名员工，设置一名正职就足够了，设置副职的意义不大。

其次，副职的设置要有明确的业务分工，切忌副职荣誉化。正常情况下，大型企业的财务部往往设一个正职、两个副职。正职负总责，副职一个主管会计核算，一个主管财务管理。如果企业管理体系繁杂，还会增设副职主管，诸如分子公司财务、产品线财务、地区部财务。

作为副职，要有核心意识，注意维护正职权威，甘当绿叶；要有权限意识，不能越位做决策；要有执行意识，做事要考虑细节，帮助正职完善方案，推动决策落地。